中國學術思想 研究輯刊

三七編

林慶彰 主編

第 7 冊

近現代中國佛學考論（上）

姚彬彬 著

花木蘭文化事業有限公司

國家圖書館出版品預行編目資料

近現代中國佛學考論（上）／姚彬彬 著 -- 初版 -- 新北市：
花木蘭文化事業有限公司，2023〔民 112〕
序 2+ 目 2+178 面；19×26 公分
（中國學術思想研究輯刊 三七編；第 7 冊）
ISBN 978-626-344-175-0（精裝）
1.CST：佛教 2.CST：研究考訂
030.8　　　　　　　　　　　　　　　111021698

ISBN-978-626-344-175-0

9 786263 441750

中國學術思想研究輯刊
三七編 第 七 冊　　　　　　ISBN：978-626-344-175-0

近現代中國佛學考論（上）

作　　　者	姚彬彬
主　　　編	林慶彰
總 編 輯	杜潔祥
副總編輯	楊嘉樂
編輯主任	許郁翎
編　　　輯	張雅淋、潘玟靜　美術編輯　陳逸婷
出　　　版	花木蘭文化事業有限公司
發 行 人	高小娟
聯絡地址	235 新北市中和區中安街七二號十三樓
	電話：02-2923-1455／傳真：02-2923-1452
網　　　址	http://www.huamulan.tw 信箱 service@huamulans.com
印　　　刷	普羅文化出版廣告事業
封面設計	劉開工作室
初　　　版	2023 年 3 月
定　　　價	三七編 17 冊（精裝）新台幣 46,000 元

近現代中國佛學考論（上）

姚彬彬　著

作者簡介

姚彬彬（1981～），男，山東龍口人。哲學博士，歷史學博士後。現任武漢大學中國傳統文化研究中心、武漢大學臺灣研究所副教授，碩士生導師。已出版《現代文化思潮與中國佛學的轉型》等著作 5 部，於海內外學術期刊發表論文 40 餘篇，主持國家社科基金後期資助項目「『章門弟子』繆篆哲學思想研究」、「《周易》詮釋與清代新義理學的思想源流」等各級課題 6 項，多次獲省部級科研獎項。主要研究方向：中國思想文化史、佛教哲學。

提　要

　　「近現代佛學復興」是在中國晚近思想學術界發生的重要文化現象，其所謂「復興」，並非傳統寺僧「宗派」意義上的佛教，而是「學派」意義上的佛學。擔負這一「佛學復興」思潮的主體，是出自於具有不同思想學術取向的知識精英，他們對佛學詮釋和抉擇的出發點，也往往並非是傳統意義上的「佛教信仰」，而是或將之作為接引和爭衡於彼時大舉輸入的西方思潮的中介、或將之作為寄託自身文化理想的載體。本書以宏觀與微觀相結合為視角，以「歷史和邏輯相統一」為方法，梳理此一期間佛學思潮之發生脈絡，並針對個體案例和文本進行考據和辨析，涉及唯識學、華嚴學、人間佛教等相關議題，較為全面地展現出近現代中國佛學諸面相。

自　序

　　自 2001 年前後開始學習和研究佛學問題，迄今逾 20 年。現將此期間自己尚較滿意的一些作品整理結集，對其中諸多篇目重新加以修訂。

　　筆者當年作為一名普通青年「打工人」，卻於近現代思想文化頗有所衷，尤服膺於章太炎、梁啟超、魯迅、周作人、胡適、熊十力諸家之說。歷時稍久，注意到所謂「晚清所謂新學家者，殆無一不與佛學有關係」這一歷史現象，隨後日漸專注於此。2007 年起，先後師從宋立道、麻天祥、馮天瑜三先生研習佛學和思想文化史，算是進入了「體制內」。

　　筆者最早撰寫的一篇佛學論文，曾收入已故鄭曉江教授編《一代佛學大師歐陽竟無》（2004 年出版）文集中，該文撰寫於 2003 年下半年，學力所限，當然很不成熟，當時推薦此文發表的朋友又作了不小改動，修改處不全符合自己的想法，今已「悔其少作」。收入這本《近現代中國佛學考論》中最早的文章，是 2008 年所撰的《本覺與本寂》、《理性與正信》，後者曾於該年度獲「第二屆世界佛教論壇」徵文「蓮花獎」，算是筆者初次在學界嶄露頭角的習作，此二文在當時皆由吾師宋立道先生盡心斧正。此外，《〈大乘起信論〉真偽之爭與近現代佛學思想的分野》（完成於 2011 年）一文是對 2005 年所撰的《宗教與哲學的兩難：〈大乘起信論〉義理之爭的百年回顧與反思》的重新改寫，當年蒙吾師麻天祥先生厚愛和提攜，以青年愛好者的身份攜此文參加了 2006 年武漢大學主辦的「佛學百年國際學術研討會」，也正因為天祥師勉勵有加，我才下了「破釜沉舟」的決心，走上學術之路。

　　筆者的學術方法傾向於「歷史」與「邏輯」相統一的思想史研究路徑，也頗有一定「考據癖」。早年間曾對唯識宗的那一套「繁瑣哲學」感興趣，故對

近代佛學重鎮南京「支那內學院」諸公的佛學思想進行過一些研究；後來又涉及到近代新學家和現代新儒家的佛學思想，以及晚近人間佛教思潮的研究。2013 年博士畢業後，蒙吾師馮天瑜先生獎掖，得以留校工作，最初的任職單位是本校臺灣研究所，所以又涉及對當代臺灣佛教社會現象的一些探討。一直以來，個人思想傾向較為認同人文主義和啟蒙主義，故對晚近流行的神秘主義思潮亦有所批評和反思。

　　近幾年，筆者的學術興趣有所拓展，研究領域逐漸轉向清代以降的思想學術史問題。於佛學研究，雖然仍保持一定關注，亦對時下的流行學風有些顯得「另類」的個人愚見：宗教研究與宗教本身的聯結越來越緊密，使得該領域表面看起來頗為繁盛熱鬧，而與之伴生的問題，則是出現了大量的急功近利的「命題作文」，甚至不乏純粹「為稻粱謀」、「結論先行」的所謂「成果」，實在利弊難言，前景堪憂。筆者一向堅持認為，人文研究，特別是在有關宗教和哲學的領域，「研究者」與「研究對象」之間，無論是情感投射還是利益關係，都應該維持一定的「安全距離」，否則會傷害到「研究」的客觀性，「以水濟水」成風，必不利於學科良性發展。——作為本書「代跋」的《五四前後學人的佛教觀與佛教中國化問題》成文最晚（2022 年 3 月），較系統地表達了筆者近年總結確立的「佛教觀」和基本學術立場。

　　今歲筆者適逢「不惑」之年，本文集的出版，算是對個人青年時代學術探索的階段總結，採山之銅，以蠡測海，淺妄之處，或所難免，實盼方家正之。

姚彬彬

辛丑孟夏識（壬寅仲秋修訂），於武昌珞珈山麓

目次

第一章　學派溯源

經學範式與文化轉型
——論近代中國佛學學派的興起

一

　　雷德菲爾德（Robert Redfield）在其《農民社會與文化》著中曾提出「大傳統」（Great Tradition）與「小傳統」（Little Tradition）這一社會二元分析框架。其所謂「大傳統」，係指以都市為中心，社會中少數內省的上層士紳、知識分子所代表的文化。「小傳統」則指散佈在村落中的多數平民或農民所代表的生活文化。〔註1〕余英時教授曾借鑒此說，將中國文化傳統判分為「雅」與「俗」之兩個層次〔註2〕。就近現代佛教思想的發展而言，這一方法視閾顯然亦是貼切的。自19世紀中葉前後，中國寺僧佛教的各宗派進入了有史以來最為衰落的時期，這一點不僅是當代學界的共識，即使是當時的「局中人」若敬安、楊仁山、太虛等人也不得不承認和面對這一狀況。而學界歷來所謂的「近現代佛學復興」，就其主導者們所屬的社會階層來看，「在知識階層中開始的佛學復興，既沒有權力的支持，也沒有得到佛教的呼應，因此也沒有下層百姓的基礎，知識人的自信和對佛教徒的輕蔑使得這次佛學呼應使得這次佛學復興從一開始就是一次少數人的知識活動，佛教的話題始終是少數知識精英的話題」，〔註3〕葛兆光的

〔註1〕Robert Redfield, Peasant society and culture: an anthropological approach to civilization, Chicago & London: The University of Chicago Press, 1956. p.68~75.

〔註2〕參見余英時：《中國思想傳統的現代詮釋》，臺北：聯經出版事業公司，1987年，167～169頁。

〔註3〕葛兆光：《西潮又東風：晚清民初思想、宗教與學術十論》，上海：上海古籍出版社，2006年，96頁。

這一論述雖未暇顧及這次復興思潮在其後期對世俗佛教所發生的影響（顯然「人間佛教」的開啟便是這種影響的產物），總體而言還是敏銳的，這也就是說，促使晚清佛教復興的開啟並掀動一代風氣的潮流，並非傳統寺僧宗派意義上的佛教，而是文化意義上的佛學。當時的「先進知識分子」們對於佛學的選擇，並非是通常意義上的「信仰」，更多是因為佛學中的一些學說在形態上頗為類似於正在大舉輸入中的西方新思潮——這一點在時人若章太炎、譚嗣同、梁啟超諸君身上體現得尤為明顯，正如梁啟超在《清代學術概論》中所說：「晚清思想有一伏流曰佛學……晚清所謂新學家者，殆無一不與佛學有關。」〔註4〕這些「新學家」們推重並深入佛學，乃是因抱持著從中探尋真理和知識的歷史使命感。在當時知識群體中的佛學形態，其中幾乎已看不到隋唐以來宗派佛教「門戶見深、入主出奴」〔註5〕等制度化宗教的思想桎梏，若回溯於歷史，「近現代佛學復興」這一文化現象更近於向梁啟超所說的兼具「研究心」與「創作之能」〔註6〕的魏晉南北朝時期在士大夫群體中風行草偃的「門戶之見不深，攻擊之事不烈」〔註7〕的佛學學派的回歸。

就主導近現代「佛學復興」的知識群體而言，他們對各派佛學義理的選擇，卻又各有其不盡相同的傾向和側重。已故的鐮田茂雄教授便曾指出，以康有為為代表的維新派更傾向於華嚴學，而以章太炎為代表的革命家則更傾向於唯識學，形成了一個鮮明的對照。〔註8〕我們認為，導致這種學派分野的重要原因應在於他們無論身為「新學家」去闡揚西學，抑或兼為「佛學家」深入經藏而抉擇佛理，其思維方法顯然都不是從零開始的無條件納入，他們在學術思想事業的早期均受到過系統的儒家經師之方法訓練。在研求西學和佛學之前，他們幾乎無一例外的身份，多為名重一時的傳統經學家。曾經沉潛和出入於不同學派之經學所塑成的學術視野與方法取向，構成了他們後來理解佛學的前提範式。

概括而言，有清一代的儒家經學要之可判分為三系〔註9〕，首先，居於正

〔註4〕梁啟超：《清代學術概論》，見《梁啟超論清學史二種》，上海：復旦大學出版社，1985年，81頁。

〔註5〕湯用彤：《隋唐佛教史稿》，武漢：武漢大學出版社，2006年，101頁。

〔註6〕梁啟超：《中國佛法興衰沿革說略》，見《梁啟超佛學文選》，武漢：武漢大學出版社，2011年，12～13頁。

〔註7〕湯用彤：《隋唐佛教史稿》，武漢：武漢大學出版社，2006年，101頁。

〔註8〕參見【日】鐮田茂雄：《中國佛教通史》第1卷，高雄：佛光出版社，1994年，18～19頁。

〔註9〕參見湯志鈞：《近代經學與政治》，北京：中華書局，19～20頁。

統的一派為古文學派，他們視孔子為史家，尊為「先師」，以六經為孔子整理
古代史料之書，所以偏重於「名物訓詁」之學，其特色為文獻考據的開展，吾
人所謂之「清代樸學」，事實上便主要是建立在古文經學所建構的方法論上，
顯然，古文學派在其治學價值取向上頗近於現代歷史學之徑路。其次則為今文
學派，他們以孔子為政治家，尊為克里斯馬般的「素王」，以五經〔註10〕為孔
子「致治之術」，所以偏重於「微言大義」，其特色為希圖直接致用於現實政治
的功利主義，清代今文經學發軔於清中期常州學派的出現，其代表人物有莊存
與、劉逢祿、宋翔鳳等，他們雖以《春秋公羊傳》為主要研究對象，但實際上
是一種「六經注我」的路數，也就是立足於當下社會政治狀況，借用經書中的
文句，天馬行空般地自由解釋而對之表達「致用」的訴求，顯然，這用現在的
學科分野來講，應是一種頗為典型的「政治哲學」之徑路了。其三則為經學中
的宋學派，他們以孔子為哲人，以四書五經為儒家載道之具，偏重於理氣心性
之辨，其特色是「玄想」的，清代宋學雖不振，但仍保持主宰科舉制度的官方
學說地位，直到清代後期尊宋學的名臣曾國藩的崛起才為斯學的發展帶來了
一股活力，宋學的徑路，無疑應屬一種「道德哲學」。在晚清民初之際，梁啟
超所謂的「無一不與佛學有關係」的「新學家」中，「正統派之殿軍」章太炎
為古文大師；康有為、譚嗣同輩則歸屬於今文經學。稍後的「第一代新儒家」
馬一浮、熊十力們則屬宋學派。

二

太炎先生的學術思想立足於古文經學之「求是」的軌範而與現代學術之
價值理念相通，他堅決反對以學術為功利主義的干蠱之術，明確提出：「學說
是學說，功業是功業。不能為立了功業，就說這種學說好；也不能為不立功業，
就說這種學說壞」。因為「學說和致用的方術不同。致用的方術，有效就是好，
無效就是不好。學說就不然，理論和事實合才算好，理論和事實不合就不好，
不必問他有用沒用」。〔註11〕故他認為經學研究的目的是，「說經者所以存古，
非以是適今也」，強調「字字徵實，不蹈空言，語語心得，不因成說」，反對在
學術研究中摻雜個人主觀好惡，故此，他以「稽古之道，略如寫真，修短黑白，

〔註10〕 儒家六經，謂《詩》、《書》、《禮》、《易》、《樂》、《春秋》，然今文學派認為古
　　　　無《樂經》，《樂》包含於《詩》《禮》中，故只承認五經。
〔註11〕 章太炎：《論教育的根本要從自國自心發出來》，湯志鈞編：《章太炎政論選集》
　　　　上冊，北京：中華書局，1977 年，507 頁。

期於肖形而止，使妍者孋，則失矣，使孋者妍，亦未得也」，而對於今文經學的「通經致用」之價值觀，他甚至認為這乃是束縛思想的桎梏，「故通經致用，特漢儒所以干祿，過崇前聖，推為萬能，則適為桎梏矣」。〔註12〕他在其名文《徵信論》中更從方法論的角度辨明康有為等人「三統三世」之社會預言的粗率和武斷，他指出：

> 三統迭起，不能如循環；三世漸進，不能如推轂。心頌變異，誠有成型無有哉？世人恣以成型定之，此則古今之事得以布算而知，雖燔炊史志猶可。且夫因果者，兩耑之論耳。無緣則因不能獨生。因雖一，其緣眾多，故有同因而異果者，有異因而同果者。愚者執其兩耑，忘其旁起，以斷成事，因以起其類例。成事或與類例異，則顛倒而綻裂之，是乃殆以終身，嫛之至也。凡物不欲絓，絲絓於金柅則不解，馬絓於受荊則不馳。夫言則亦有絓，絓於成型，以物曲視人事，其去經世之風亦遠矣。〔註13〕

這段話的大意是，社會變遷之機制雖亦有其規律，但絕非如器物的變化一樣從屬單線的因果關係可推算而知，而是要受到多重複雜因果和「緣」（條件）的種種制約，康梁基於今文經學的三世進化論卻沒有注意到社會變遷的這些複雜性，實在是把複雜的社會系統當做了簡單的器物去看待。顯然，章太炎的論述充滿了歷史卓識，當代風靡一時的西人波普爾的名著《歷史主義貧困論》中對歷史決定論的批判所闡述者，其實也無外此理。——由此亦可看出，太炎為學不僅強調理性，而且精析邏輯名言，其中特別是對「因」「緣」諸範疇的細密分析風格顯然應來源於佛教唯識學的影響（這些術語本身亦便是唯識典籍中所常用的）。章太炎利用唯識學的三性、四分、八識諸概念，建構起他的「以唯識為宗」的「萬法唯識」的思想體系，並試圖以唯識學來融通莊子《齊物論》，兼以唯識學的觀念闡明佛教無我平等之主張，「以宗教發起信心」，促進士民奮起。故太炎之自述「專修慈氏世親之書。此一術也，以分析名相始，以排遣名相終。從入之途，與平生樸學相似，易於契機」〔註14〕云云，

〔註12〕章太炎：《與人論樸學報書》，見《章太炎全集》（四），上海：上海人民出版社，1985年，154頁。

〔註13〕章太炎：《徵信論（下）》，見《章太炎全集》（四），上海：上海人民出版社，1985年，59頁。

〔註14〕章太炎：《自述學術次第》，見《章太炎生平與學術自述》，南京：江蘇人民出版社，1999年，166～167頁。

無疑於可以在其古文經學思想中得到印證。

在當時佛學重鎮支那內學院的推動下，唯識學在知識階層中蔚為顯學，此種狀況，「就認識論、方法論而言，近代佛教哲學偏重法相唯識學的鉤深致遠。毫無疑問，法相唯識宗義實在是比較純粹的印度佛學，其種姓之說，思深義密、繁難艱澀的名相分析，偏重方法論探究的傾向，與以佛性為核心，而且日趨簡易的中國佛教大相異趣，與傳統文化心理亦多不合。故晚唐之後，禪宗日盛，法相益衰，而幾致絕滅。近代科學思潮興起，實證哲學、分析哲學風靡一時，學者心理為之一變，學術研究也棄空就實，而重客觀考察。佛教界也一反禪宗束書不觀之習，精細的名相分析更是趨之若鶩。法相唯識學則大契其機，在近代哲學領域中如日中天。」〔註15〕——古文經學「實事求是」的路數與西方理性主義相契，而唯識學復又與二者相契，近現代唯識學的隆盛顯然於這種三位一體的契合中可以得到理解。

三

康有為之今文經學思想本受廖平的重要影響，經學對康有為而言，並非是他的目的，而是作為其實現用世之心的工具。他曾坦承其用意曰：「布衣改制，事大駭人，故不如與之先王，既不驚人，自可避禍」。〔註16〕他實是借孔子之權威，作為面向守舊派對變法阻撓的擋箭牌，這在他上光緒帝的《恭謝天恩並陳編纂群書以助變法摺》中講得明白，他說：「臣所著書，或旁採外國，或上述聖賢，雖名義不同，務在變法，期於發明新義，轉風氣，推行新法，至於富強」，因而，「發明孔子變法之大義，使守舊者無所謂藉口，以撓我皇上新法」。〔註17〕康氏弟子梁啟超在《南海康先生傳》中，更直截地說破了康有為利用今文經學設孔教的原因。他指出，康氏看到如欲救中國，須從中國的傳統習慣出發，「擇一舉國人所同戴而誠服者」，才足以「結合其感情，而光大其本性」，「於是乎以孔教復原為第一著手」；於是，康有為本人也就竭力想成其為「孔教之馬丁路得」了。〔註18〕康氏利用今文經學的形式把孔子塑造成「託古改制」的教主以推行變法，事實上就是把維新派從西方學來的一些有關社會

〔註15〕麻天祥：《中國近代佛教的再思考》，見《雲夢學刊》，2004 年 5 期。
〔註16〕康有為：《孔子改制考》，北京：中華書局，1958 年，267 頁。
〔註17〕故宮博物院藏《傑士上書匯錄》卷三。
〔註18〕梁啟超：《南海康先生傳》，見《飲冰室合集·飲冰室文集之六》，北京：中華書局，1989 年，67 頁。

制度的學說和政治觀念，一股腦都附會到孔子身上，希圖用「六經注我」來實現「舊瓶裝新酒」。任公總結說：

> 康先生之治公羊治今文也，其淵源頗出自井研（引者按：即廖平），不可誣也。然所治同，而所以治之者不同，疇昔治《公羊》者皆言例，南海則言義。惟牽於例，故還珠而買櫝；惟究於義，故藏往而知來。以改制言《春秋》，以三世言《春秋》者，自南海始也。改制之義立，則以為《春秋》者，絀君威而申人權，夷貴族而尚平等，去內競而歸統一，革習慣而尊法治，此南海之言也。……南海以其所懷抱，思以易天下，而知國人之思想束縛既久，不可以猝易，則以其所尊信之人為鵠，就其所能解者而導之，此南海說經之微意也。〔註19〕

康有為對佛學的借鑒和汲取，其方式與其治經形式相同，若其闡釋「三世」之社會變遷觀念時謂：「每世之中又有三世焉，則據亂亦有亂世之升平、太平焉；太平世之始，亦有其據亂、升平之別。每小三世中，又有三世焉；於大三世中，又有三世焉。故三世而三重之為九世，九世而三重之為八十一世，展轉三重可至無量數，以待世運之變，而為進化之法」〔註20〕云云，顯然便是照搬了華嚴宗「一即一切，一切入一」之法界緣起模式而賦予其社會理想。梁啟超早已指出，乃師的大同思想的淵源，便是佛教的華嚴宗，他說：

> 先生此種理想，既非因承中國古書，又非剿襲泰西今籍，然則亦有所憑藉乎？曰有。何憑藉？曰藉佛學。先生之於佛學也，純得力大乘，而以華嚴宗為歸。華嚴奧義，在於法界究竟圓滿極樂。先生乃求其何者為圓滿，何者為極樂。以為棄世界而尋法界，必不得為圓滿；在世苦而出世樂，必不得為極樂。故務於世間造法界焉。又以為軀殼雖屬小事，如幻如泡，然為靈魂所寄，故不度軀殼，則靈魂常為所困。若使軀殼無缺憾，則解脫進步，事半功倍。以是原本佛說捨世界外無法界一語，以專肆力於造世界。先生常言，孔教者佛法之華嚴宗也。何以故？以其專言世界，不言法界，莊嚴世界，即所以莊嚴法界也。佛言當令一切眾生皆成佛。夫眾生根器，既已

〔註19〕梁啟超：《論中國學術思想變遷之大勢》，見《飲冰室合集・飲冰室文集之七》，北京：中華書局，1989 年，99 頁。

〔註20〕康有為：《中庸注》，見《孟子微・禮運注・中庸注》，北京：中華書局，1987 年，223 頁。

不齊，而所處之境遇，所受之教育，又千差萬別，欲使之悉成佛，
難矣。先生以為眾生固不易言，若有已受人身者，能使之處同等之
境遇，受同等之教育，則其根器亦漸次平等，可以同時悉成佛道。
此所以苦思力索，而冥造此大同之制也。〔註21〕

蕭公權亦指出：「『大同』使人想到『一真法界』——華嚴宗所認為的宇
宙四界的最高層次——為一由『十玄門』所形成的和諧妙境，謂各物共存而
統一，一切生命交通無礙，各自認同，因而完成一綜合的認同。」〔註22〕康氏
的諸門人中，「譚嗣同善華嚴」〔註23〕，譚嗣同在華嚴義理架構的影響下撰成
《仁學》，其中更明確提出：「佛外無眾生，眾生外無佛。雖真性不動，依然隨
處現身；雖流轉世間，依然遍滿法界。往而未嘗生，生而未嘗往。一身無量身，
一心無量心。一切入一，一入一切」。〔註24〕顯然，華嚴法界緣起之理境也是
其「獨從性海救靈魂」理想的精神根源。維新家們推崇華嚴的內在原因，亦應
如杜繼文指出的：

第一，現實即理想，理想入現實，將彼岸的淨土落實到此岸的
濁土。時空的相即相入，成為通向「人間淨土」構想的理論橋樑之
一。第二，一即一切，一切入一，把個人責任同民族的安危緊密結
合起來，從而深化了「國家興亡，匹夫有責」的社會呼喚。〔註25〕

要之，作為近代思想啟蒙文化環境下出現的華嚴哲學，體現出一種能夠
契合時代的理想主義色彩，在這種背景下，無論是「心佛眾生，三無差別」，
還是「一即一切，一切入一」的華嚴教理，皆被賦予了契合於自由平等啟蒙理
念的入世意義。

四

古文經學與今文經學二者之於原始儒學之本義而言，前者欲圖源源本本
地還原紹述，是以「求真」為務的「我注六經」；後者則是將之作為寄託自己

〔註21〕梁啟超：《南海康先生傳》，見夏曉虹編：《追憶康有為》，北京：三聯書店，
2009 年，25 頁。
〔註22〕蕭公權：《康有為思想研究》，北京：新星出版社，2005 年，73 頁。
〔註23〕歐陽竟無：《楊仁山居士傳》，見《歐陽竟無佛學文選》，武漢：武漢大學出版
社，2009 年，379 頁。
〔註24〕譚嗣同：《仁學》，北京：高等教育出版社，2010 年，256 頁。
〔註25〕見魏道儒《中國華嚴宗通史》之杜繼文《序言》，南京：江蘇古籍出版社，2001
年。

思想理念的容器，是以「致用」為務的「六經注我」。而漢傳佛教中的唯識宗
與華嚴宗之於印度佛學的關係，與這二種關係絕相類似——唯識宗旨在忠實
地援入和闡釋印度瑜伽行派之學；而華嚴宗則是將印度佛學中的名相加以重
構而賦予新詮，實是以期迎合中國文化的大傳統。用現在的學術話語來講，古
文經學與唯識宗所立足的，實為以文本意義具有客觀性的「古典詮釋學」；而
今文經學與華嚴宗實立足於以文本意義有相對性，每個時代均可進行「不同
理解」（Andersverstehen）的所謂「哲學詮釋學」〔註26〕。顯然，晚清時期的
經學詮釋模式，也決定了「近代佛學復興」潮流中「新學家」們對於佛學的抉
擇和解讀模式。——與古、今文經學相呼應的這兩種詮釋方式，在受近代佛學
復興影響而出現的 20 世紀「人間佛教」思潮中亦可見諸相應的解經模式，早
期的太虛和當代的星雲，應近於今文經學的風格；而早期的印順與後來的聖
嚴，則無疑更近於古文經學的風格。

　　至於經學中的宋學派，也就是所謂的「新儒家」們，他們是將經學進行道
德哲學維度的解讀，若熊十力嘗謂：「哲學者，所以研究宇宙人生之根本問題，
能啟發吾人高深的理想。須知高深的理想即是道德。從澈悟方面言之，則曰理
想；從其冥契真理、在現實生活中而無所淪溺言之，則曰道德。」〔註27〕而開
出道德意識的主體則為人的「心性」，故「心性之學乃中國文化之神髓所在」
〔註28〕，這一價值立場則為幾代新儒家的全體性共識，故有論者指出，新儒家
所講的「道德的形上學」，實際上就是傳統儒家的「心性之學」，這方面新儒家
所作的工作主要是解釋的工作，是包含了主體的發揮、創造的「六經注我」。
他們的對經典的解釋維度不僅包含了對傳統哲學、文化的理解和認識，也包含
了新儒家對於西方哲學、文化的理解和認識。〔註29〕——宋學派新儒家們對於
心性義理的探討，顯然是立足於建構主體性道德哲學維度的有別於今文家的
又一種「六經注我」之經學詮釋模式。

　　新儒家將心性主體視為「自家寶藏」，因此對於漢傳佛教向所倡導的眾生
皆有佛性、佛性本來覺悟這類理念頗為投契。當支那內學院力持唯識學立場的
呂澂先生提出「心性本覺」之說源於華人偽造經典《大乘起信論》，而本非印

〔註26〕參見洪漢鼎：《詮釋學——它的歷史和當代發展》，北京：人民出版社，2001 年。
〔註27〕熊十力：《十力語要》，上海：上海書店出版社，2007 年，159 頁。
〔註28〕牟宗三、唐君毅、張君勱、徐復觀共同起草：《為中國文化敬告世界人士宣言》，
　　　　1958 年。
〔註29〕參見鄭家棟：《現代新儒家概論》，南寧：廣西人民出版社，1991 年，71 頁。

度佛教原意時，熊十力先生起而辯護說：

> 偽論如《起信》，其中理，是否無本於梵方大乘，尤復難言。此
> 等考據問題，力且不欲深論。但性覺與性寂相反之云，力竊未敢苟
> 同。般若實相，豈是寂而不覺者耶？……吾以為性覺、性寂，實不
> 可分。言性覺，而寂在其中矣。言性寂，而覺在其中矣。性體原是
> 真寂真覺，易言之，即覺即寂，即寂即覺。二亡，則不見性也。主
> 性覺，而惡言性寂，是以亂識為自性也。主性寂，而惡言性覺，是
> 以無明為自性也。即曰非無明，亦是枯寂之寂，墮斷見也。何可曰
> 性覺與性寂相反耶？〔註30〕

　　佛學對熊十力平生思想的影響是全面、深遠和複雜的，他雖不以唯識學為
然，卻曾借門人黃慶之口自述：「大乘透悟真源，至《涅槃》《華嚴》已歎觀止；
先生乃由《涅槃》《華嚴》而歸宗大易，亦盛事哉！」〔註31〕顯然，這裡所提
到的《大般涅槃經》與《華嚴經》，皆為大乘佛教中側重講「佛性」「真如」之
類強調眾生成佛的主體性問題的經典。

　　新儒家之所以竭力維護中國佛教的佛性論，馬一浮先生對此一語道破：
「《起信論》一心二門，與橫渠心統性情之說相似。」〔註32〕「橫渠」即宋儒
張載，其學說認為性善情惡，而統攝於一心。而《起信論》中的佛性論力主心
本體說，認為一心同時開出作為淨法的真如門與染法的生滅門，眾生通過「真
如薰習無明」最終捨染成淨而修成佛道。馬一浮認為這與宋儒理欲二分的模式
顯然是類似的。他更明確指出：「要知《起信論》一心二門方是橫渠本旨，性
是心真如門，情是心生滅門。心體即真如，離心無別有性，故曰唯一真如。」
〔註33〕——由此可見，在新儒家中，漢傳佛教的「佛性」或「真如」，應被視
作與儒家「本善之性」或「天命之性」相類似的主體意識。

　　至於馬一浮、熊十力之後的新儒家們，他們更對華嚴宗（如方東美、唐君
毅）、天臺宗（如牟宗三）等典型中國化佛學義理著意汲取和解讀，對此牟宗
三曾一語道破，華嚴、天臺等中國化佛學中的佛性論，皆「不自覺地以中國儒

〔註30〕呂澂、熊十力：《辯佛學根本問題：呂澂、熊十力往復函稿》，見《中國哲學》
　　　　第 11 輯，北京：人民出版社，1984 年，172 頁。
〔註31〕熊十力：《摧惑顯宗記》（託名「黃慶」述），上海：上海書店，2008 年，99 頁。
〔註32〕馬一浮：《涵養致知與止觀》，見《馬一浮集》第一冊，杭州：浙江古籍出版社，
　　　　1996 年，81 頁。
〔註33〕馬一浮：《示張立民》，見《馬一浮集》第一冊，杭州：浙江古籍出版社，1996
　　　　年，560 頁。

家本有之骨格為背景，此所以謂之為中國心態之反映，謂之孟子靈魂之再現於佛家也」。〔註34〕新儒家對於佛學義理的選擇性接受，其奧妙蓋在於斯。

五

金觀濤等提出，漢代以來的中國文化意識中以儒家天人合一思想之「道德價值一元論」為主體，此亦構成中國社會長期以來比較穩定的「一體化結構」之基石，「一體化結構」也是維繫中國宗法專制社會形態近兩千年，歷經改朝換代卻並沒有明顯結構變化的根本原因。這種「一體化結構」迄今只在兩個時期受到過外來的衝擊，引發動盪後重新融合。第一次是魏晉南北朝時期，在少數民族大量遷入中原和佛教傳入等因素干擾下，導致漢代以來的基於儒教而建立的農業社會組織整合方式失範，於是出現了長達二三百年的動盪分裂，這次動盪導致儒教意識形態不得不尋求重新整合，直至宋代理學的興起方告完成，這是中國文化第一次大規模融合外來文化的時期。另一次是晚清，在西方工業文明的船堅炮利和廉價商品衝擊下，中國被迫簽訂一系列喪權辱國條約，這時中國原有社會整合方式不再代表「好」的價值，開始進入不可抗拒的西學東漸、歐風美雨時代，這是第二次融合。〔註35〕這兩次文化重組的起因和過程無疑具有頗多的歷史相似性，而我們所注目的佛教發展亦頗耐人尋味——正是從晚清開始回歸到了類似於魏晉南北朝時期的「學派」形態，這顯然不能以簡單的偶然性視之。

漢末魏晉之時，儒教經師的章句之學在其發展過程中逐漸暴露出弊端，「一經之說，至百萬餘言」(《漢書·儒林傳》)，「說五字之文，至於二三萬言」(《漢書·藝文志》)，學者以尋章摘句為標榜，形式上繁瑣不堪卻並無什麼實質性內容，思想發展上自漸失其活力。加之漢末社會動盪不安，自然災害頻仍，標榜「天人感應」的讖緯之說，在面對如此惡劣的環境時，其解釋維度牽強附會，顯然漸難服人之心。故經學作為維繫兩漢近四百年的意識形態，終於喪失了其穩定性，「漢師拘虛迂闊之義，已為世人所厭」，漢代的世家巨宦多以經學標榜，至魏晉時卻是「高門子弟，恥非其倫」，所謂「百餘年間，儒教盡矣」(《宋書·臧燾傳》)，其式微趨勢之顯明，以至如《後漢書·儒林傳》中所謂「自中智之下，靡不審其崩離。」——克服經學章句之繁瑣妄誕，走向一種

〔註34〕牟宗三：《心體與性體（下）》，上海：上海古籍出版社，2007年，101頁。
〔註35〕參見金觀濤，劉青峰：《中國現代思想的起源——超穩定結構與中國政治文化的演變》，北京：法律出版社，2011年，42～43頁。

精微易簡的學風，自是此一時期思想「內在理路」的必然要求，於是，放棄尋章摘句，而致力於清談和玄思的魏晉玄學終成風行草偃之勢。在魏晉玄學中，以王弼的「貴無」論、裴頠的「崇有」論和郭象的「獨化」論為代表，他們無不正是汲取了莊老道家的思想資源，用「寄言出意」、「忘象得意」等思維方式和方法，來討論「有無」、「本末」、「眾寡」、「動靜」、「名教自然」等關係，以之建構以「無」為本的本體論，引領了當時的思想風潮。

而此時正值佛教自域外輸入的一個勃興期，這種外來學說的衝擊，除了加劇了傳統經學形式的崩解，亦為玄學發展提供了重要的思想資源。——無論是玄學還是佛教，均不像兩漢經學那樣只拘泥於世俗「天人」宇宙論的解說，而更重「六合之外」形而上存有的思辨，這成為雙方進行對話的基礎。故彼時的士人究心於佛學，自不是尋求某種「信仰」形式，而是為了滿足「學問欲」的需求，將佛家典籍視為重要的思想資源而進行再詮釋。因之，佛家般若空觀之旨，在彼時的文化背景的影響下，無不多少具有了莊老自然無為的詮釋風格，「六家七宗」之興起，莫不如是。魏晉南北朝佛學之為種種「學派」，殆所必然。

清末民初之際，與漢末魏晉時期最為相似的，亦是傳統意識形態的崩離與域外文化傳入的同步。儒家「三綱六紀」之舊禮教長期以來束縛人心，侯外廬、蕭萐父所謂的「明清早期啟蒙思想家」，若李卓吾倡「童心說」，主張人性解放；黃宗羲反對君主獨裁，主張忠孝不可等同，並提倡恢復唐代方鎮制；顧炎武則重構了儒家大一統理念，主張寓封建於郡縣；王夫之鼓吹社會革命和民族主義；顏元批判心性玄思，倡導實踐至上；戴震謂「血氣心知即是天理流行」，辯護人性慾望的合理性，他們對君主宗法專制和儒家禁慾主義已經進行了持續數百年的批判和瓦解。而清代樸學的興起，其「無徵不立」、「實事求是」之學術範式的構建，亦已為西方理性主義的傳入奠定了基礎。——以清廷甲午戰敗為轉捩，士大夫群體意識到在越來越強的西方潮流衝擊下，中國再也不能自滿於儒教理學興起後重建的「一體化結構」而立足於世界。因此，舊有的道德理想再次在外來文明的衝擊下面臨崩解，「儒學意識形態再次解體，出現了一個類似於魏晉南北朝那樣社會和思想巨變的時代，中國文化進入第二次大融合的時期。」〔註36〕在這一時期，亦正如張灝指出的，

〔註36〕金觀濤，劉青峰：《中國現代思想的起源——超穩定結構與中國政治文化的演變》，北京：法律出版社，2011年，254頁。

傳統文化中已有所安頓的生命和宇宙的基本意義問題再次發生「精神取向危機」，康有為、梁啟超、譚嗣同、章太炎這些人之走向佛學，都與這種取向危機所產生的精神掙扎有關係。〔註37〕

然至清末之時，各種思想派系的情況仍還是比較複雜的，雖然智識階層中已隱隱彌漫著一種「向西方求真理」的啟蒙風氣，仍是古文學派、今文學派、宋學派三足鼎立之態勢，此亦決定了 20 世紀前後中國士人汲取西學方式的複雜性和多樣性。——而他們對於佛學的抉擇，其立場亦與魏晉名士「學問欲」的前提相近，亦無不是將佛學視為一種思想資源，希圖從中尋找新力以接引西學之衝擊，或是希圖「以宗教發起信心」，開展民主革命。如是種種，固非「入主出奴」之信仰形式，這無疑便是作為「學派」的現代佛學形態之形成契機。

無論是魏晉南北朝抑或近現代時期的佛教，均處於因王綱解鈕、權力崩離而導致社會正統意識形態喪失權威，知識分子卻正在此時能處於相對自由的環境。思想界桎梏業已倒塌，因而呈現出相對「百無禁忌」的景象，「華夷」之辨與「異端」意識均已淡化。所以在魏晉時期屬「殊方之教」、在晚清則屬「二氏之學」的佛學，均被當時的「先進」士人們寬容地平視為域外智慧之源泉，他們上下求索於梵筴貝葉，是一種欲探索真知而為我所用之態度，這種海納百川般的「拿來主義」，顯然亦應是作為「學派」形態的近代佛學能夠給予今日的現實啟示。

〔註37〕張灝：《幽暗意識與民主傳統》，北京：新星出版社，2010 年，145 頁。

從「宗派佛教」到「學派佛教」
——現代性思潮下的中國佛學轉型

一

中國佛教之構成，傳統有「八宗」〔註1〕或「十宗」〔註2〕等說法，各宗皆有所標榜的神聖譜系學統，上溯至天竺祖師乃至於釋尊佛陀。然此多傳說性的歷史建構，意在營造自身源遠流長之優越性質。不過，這類傳說性記載長時期被多數學人視為史實，直至近代，若黃懺華、周叔迦等學者的有關佛教史之著作，仍頗受其說之影響。而此種歷史觀念發生轉變的契機，則為 20 世紀初以來西洋史學觀念之傳入，若梁啟超、湯用彤、胡適諸先生的佛教研究，多一反此說。湯用彤先生在其《隋唐佛教史稿》中便明確指出：

> 隋唐以前中國佛教主要表現為學派之分歧，隋唐以後，各派爭
> 道統之風漸盛，乃有各種教派之競起。〔註3〕

湯氏截斷眾流而闡明，中國宗派佛教之形成，實於隋唐方始，之前的中國佛教，並無後世所理解和定義的「宗」，而是以不同學說的分野形態而存在的。而佛教自兩漢之際傳入華土，吾國學者所理解之佛法，東漢時先視其為一種希圖長生久視之道術；後魏晉時玄風飆起，在當時的名士清流眼中，佛法遂成理

〔註1〕八宗為大乘佛教之律宗、三論宗、天臺宗、法相宗、華嚴宗、真言宗、禪宗、淨土宗。

〔註2〕上述八宗再加上成實、俱舍二宗，則為十宗。此外尚有九宗、十一宗、十三宗等之說，不贅。

〔註3〕湯用彤：《隋唐佛教史稿》，武漢：武漢大學出版社，2006 年，189 頁。

解宇宙人生真際的一形上學說。可以說，隋唐以前的佛學，被中國士人主要理解為一種通向真理之學問，與吾人今日所理解的科層制井然的教團宗教，恐非全然一致。若梁啟超所說：

> 我國思想界，在戰國本極光明。自秦始皇焚書，繼以漢武帝之「表章六藝罷黜百家」，於是其機始窒。兩漢學術，號稱極盛，攬其內容，不越二途：一則儒生之注釋經傳，二則方士之鑿談術數。及其末流，二者又往往糅合。術數之支離誕妄，篤學者固所鄙棄，即碎義逃難之經學，又豈能久屬人心者？凡屬文化發展之國民，其「學問欲」曾無止息，破碎之學既為社會所厭倦，則其反動必趨於高玄。我國民根本思想，本酷信宇宙間有一種必然之大法則，可以範圍天地而不過，曲成萬物而不遺。孔子之《易》，老子之五千言，無非欲發明此法則而已。魏晉間學者，亦欲向此方面以事追求，故所謂「易老」之學，入此時代而忽大昌。王弼、何晏輩，其最著也。正在縹緲彷徨，若無歸宿之時，而此智德巍巍之佛法，忽於此時輸入，則群趨之，若水歸壑，固其所也。〔註4〕

顯然，正如任公所言，兩漢魏晉之中華佛法，在士人「學問欲」的理解中，誠為一派外來學說，可謂之「學派佛教」。此種情況發生之深層因素，或由於中華文化中本便側重理智，較少偏於熱烈的宗教信仰情感，梁漱溟便曾指出，中國人之社會生活，在孔教的影響下，凡事偏重自省，於宇宙人生，側重道理之闡發，更傾向於道德倫理之追求，故「缺乏宗教興味」。〔註5〕魯迅先生更從地理文化論的維度指出中國先民於神話宗教興趣薄弱之因，謂「華土之民，先居黃河流域，頗乏天惠，其生也勤，故重實際而黜玄想」〔註6〕。——至少，在當時印度已然頗為完備的佛教之「制度化」性質，在其傳入中國後的較長一段時期顯然尚未完全具備，中國士人之所採，偏重於佛理中的學問意味。而所謂「制度化」，即托馬斯·奧戴所謂：

> 制度化是在崇拜、教義和組織這三個互相貫通的層面上進行的。

〔註4〕梁啟超：《中國佛法興衰沿革說略》，見《梁啟超佛學文選》，武漢：武漢大學出版社，2011年，6頁。

〔註5〕參見梁漱溟：《中國文化要義》，上海：上海世紀出版集團，2005年，12頁，90～98頁。

〔註6〕魯迅：《中國小說史略》，見《魯迅全集》第9卷，北京：人民文學出版社，1981年，23～24頁。

　　而制度化過程之所以能進行下去，是出於對持續性和穩定性以及維護宗教信仰的需要。（在這種制度化過程中）初創時的克里斯瑪被轉化成了教職的克里斯瑪，早期的相對自發性在所有這三個層面上都已被制度化了的形式所取代。這種在內部衝突（這種衝突常常是殘酷的）中得到進一步界定的制度化過程一直持續了幾個世紀之久。因為它既要回答教義自身含義中所出現的問題，也需要對傳統教義重新解釋，以使他們適應於新的情境，同時還需要抵制所有影響這一過程的外來勢力。〔註7〕

　　簡單地說，宗教制度化的完成，在崇拜對象、教義和組織上，都有了比較固定的社會模式。毫無疑問，「教職的克里斯瑪」的出現，應以等級森嚴的教團科層制組織為必要基礎；而教義的固定化和模式化，則必然出現一套排斥其他不同學說的理論辯護體系。制度化宗教的最終形成和完善，則需要較長期的，甚至幾百年的過程。湯先生曾指出，魏晉南北朝時期佛教雖亦有所謂「宗」（如六家七宗之類）的說法，然此「宗」意謂「宗旨」，指學說或學派，所謂「宗」者，如「儒家」、「道家」之「家」。直至隋唐時期，佛教之「宗」方具備了近於制度化宗教的意涵，「是有創始，有傳授，有信徒、有教義，有教規的一個宗教集團」。〔註8〕另外，關於魏晉與隋唐的佛教宗教組織的問題，任繼愈先生曾從寺院經濟之角度指出：

　　　　在隋唐時期，寺院有了自己的產業，必須保持它，於是發生了廟產繼承權的問題。佛教徒也發生了像世俗地主封建宗法制度的傳法關係。這樣，一個廟的師父傳授的佛教學說觀點，只能連同廟產一併傳給他嫡系的弟子們，而不能傳給另外學派的弟子。南北朝時，還不是一個寺院只講一派的理論，一個寺的主要主持者死了，可以另外請一個學派的僧人來主持。這個寺院就屬另一個學派。由於寺院主持人的變更，該寺院所屬的學派並不是固定的。所以說，南北朝時中國的佛教只有學派，還沒有宗派。〔註9〕

〔註7〕【美】托馬斯・奧戴：《宗教社會學》，劉潤忠等譯，北京：中國社會科學出版社，1990 年，90 頁。

〔註8〕湯用彤：《論中國佛教無「十宗」》，見《會通中印西》，上海：東方出版中心，2012 年，203 頁。

〔註9〕任繼愈：《漢唐時期佛教哲學思想在中國的傳播和發展》，見《任繼愈禪學論集》，北京：商務印書館，2005 年，92～93 頁。——著重號為引者所加。

　　當然，由於魏晉南北朝時期的佛教也出現了頗具規模的寺院經濟和組織制度，並不能說完全沒有「制度化」的成分，但由於其組織產業，並無一固定的所有權派系，故這應該是從佛教「學派」的形態逐漸向制度化宗教過渡的漸進過程。實則至隋唐時期所形成的「宗派佛教」方具有名副其實的典型「制度化宗教」之性質，若湯先生指出隋唐時期的佛教宗派之特點，要之有三：

　　　　佛法演至隋唐，宗派大興。所謂宗派者，其質有三：一、教理闡明，獨闢蹊徑；二、門戶見深，入主出奴；三、時、味說教，自誇承繼道統。〔註10〕

　　所謂「教理闡明，獨闢蹊徑」者，隋唐諸宗所倡之學說各自歧異，若天臺宗以《法華》為聖典，倡「一心三觀」等說；華嚴宗則以《華嚴經》為聖典，倡「法界緣起」等說；法相宗以《解深密經》等為聖典，倡「轉識成智」諸說；禪宗又以《金剛經》為聖典，倡「見性成佛」之說……如是等等，各具一套固定的教義特色。所謂「門戶見深，入主出奴」者，凡為某一宗之學者，必有門戶之見而排斥貶低他宗，此種成見之形成，與所謂「學問欲」之追求，顯然有一定矛盾。所謂「時、味說教，自誇承繼道統」者，「時、味」謂判教觀，「時」者，謂釋迦說法之不同階段，若天臺有五時八教之說、法相有三時教之說等；「味」者，也是判教觀的另一種說法，在《涅槃經》中，以乳、酪，生酥、熟酥和醍醐為五種味道，來比喻不同教法的深淺，醍醐為最高，此說天臺宗多用；無論說「時」說「味」，無一例外的，各宗皆標榜本宗之教義為佛陀的最高和最究竟的說法，亦皆編造道統譜系，自誇神聖。——這三點，說明了隋唐宗派佛教的創立，在教義上具有了非此即彼的明確排他性，而在教團組織上也出現了森嚴的門戶界限，顯然已具備了制度化宗教的諸特徵。

　　而以斯三點衡諸魏晉南北朝之佛教，則顯然尚無典型和明顯的制度化宗教之特性，湯先生繼又指出：

　　　　用是相衡，南北朝時實無完全宗派之建立。蓋北雖弘三論，大說空理，然門戶之見不深，攻擊之事不烈。南雖弘成實，而齊之柔、次，梁之旻、云，未嘗聞以承繼道統自詡。雖有慧導拘滯，疑惑大品；曇樂偏執，非撥法華；僧淵之謗涅槃，法度之創異議（見《祐錄》卷五），然爭執限於一時，立教僅行一方，未為重要。故中國舊說，謂

────────────

〔註10〕湯用彤：《隋唐佛教史稿》，武漢：武漢大學出版社，2006年，101頁。

六朝時有三論、成實、涅槃諸宗，嚴格論之，實過言也。〔註11〕

依此可確鑿印證，魏晉南北朝之佛教，「門戶之見不深，攻擊之事不烈」，近似於求學問之團體，彼時之「儒家、道家、佛家三者之間，雖多少有過摩擦、論難，但大多止於議論，並未發展到由排斥進而迫害的實際行動，三者調合妥協的色彩，倒是很濃厚」〔註12〕，此固非類後世佛教「入主出奴」之宗派，故可名之為「學派」。

二

「學派佛教」與「宗派佛教」之立名，實以社會形態為視角之切入點。然由魏晉南北朝之「學派佛教」演化而至隋唐以降之「宗派佛教」，顯非一蹴可成，按奧戴所言，這種「制度化過程」應持續「幾個世紀之久」〔註13〕，乃是一漫長之漸進歷程。故「宗派」之萌蘗，於學派佛教之發展中，應有草蛇灰線可尋。對此，梁啟超認為，其轉向發軔之標誌性事件，肇於西域鳩摩羅什之來華，任公謂：

> 要之羅什以前，我佛教界殆絕無所謂派別觀念，自羅什至而大小乘界線分明矣。自覺賢至而大乘中又分派焉。同時促助分化之力者，尚有曇無讖之譯《涅槃》。蓋《華嚴》之「事理無礙」，《涅槃》之「有常有我」，非直小乘家指為離經叛道，即大乘空宗派亦幾掩耳卻走矣。故什門高弟道生精析《涅槃》，倡「闡提成佛」之論，旋即為儕輩所擯，憤而南下〔註14〕。吾儕將此事與覺賢事比而觀之，足想見當什門上座，大有學閥專制氣象，即同門有持異義者，亦不能

〔註11〕湯用彤：《隋唐佛教史稿》，武漢：武漢大學出版社，2006年，101頁。

〔註12〕【日】塚本善隆：《魏晉佛教的展開》，見《日本學者研究中國史論著選譯》（第七卷），北京：中華書局，1993年，244頁。

〔註13〕【美】托馬斯·奧戴：《宗教社會學》，劉潤忠等譯，北京：中國社會科學出版社，1990年，90頁。

〔註14〕梁啟超原注曰：《梁高僧傳》卷七《竺道生傳》：生著《佛性當有論》……等，籠罩舊說，妙有淵旨，而守文之徒，多生嫌嫉，與奪之聲，紛然競起。又六卷《泥洹》（即《涅槃》）先至京都，生剖析經理，洞入幽微，乃說一闡提人皆得成佛。於是大本未傳，孤明先發，獨見忤眾。於是舊學以為邪說，譏憤滋甚，遂顯大眾，擯而遣之……（生）投跡廬山，……眾咸共敬服，後《涅槃》大本於至南京，果稱闡提悉有佛性，與前所說合若符契。」讀此可見長安舊侶之若何專制，與夫創立新說之若何忤俗，又可見遠公之在廬山，實為當時佛教徒保留一自由天地也。

相容。雖然，自茲以往，佛教界遂非復空宗嫡派之所能壟斷，有力
之新派，句出萌達矣。〔註15〕

　　吾人應知，在中國佛教史上，羅什來華之所傳之學說，是華人首次系統完整地接觸印度大乘教理之標誌，如謂其在傳揚教理之同時，亦將印度佛教中已然完備的制度化宗教中之門戶觀念濡染於華土，乃應情理中之事。按任公之說，自茲而後，為「宗派佛學」開展之發軔。

　　就世界各大宗教的一般發展規律而已，「制度化」的過程是一個必然的走向，中國佛教至隋唐完成了「宗派佛教」這一制度化的轉型，實標誌中國佛教的完成形態。不過，制度化宗教的發展，向來便存在諸多的兩難問題，如奧戴指出：「制度化是必要的，這並不意味著抹殺它的消極因素。對生活來說結構雖然是必要的，但也會與創造性發生衝突，由此可見，制度也能成為過分僵化的東西，同時，它非但不能為生活提供井然有序的關係，反而會過分抑制生活中富有創造性的活力。……由於宗教的制度化過程使兩種根本上互相異質的因素結合在一起。——一種是與來世相聯繫的開放性、自發性、非凡性和創造性，另一種是社會制度的固定性、規範性和日常性，所以它不可避免地要成為反抗活動的誘因。由於宗教從人類生存狀況的那種極境或臨界特徵中產生，所以它一方面要制度化，另一方面同時又受到制度化的阻礙。制度化之所以是必要的，是因為沒有它，宗教也就無從重現自己並傳遞給他人，制度化保證了宗教的持續性和有效性。而制度化之所以有礙於宗教，是因為制度化過程中大量的世俗和瀆神的因素始終與宗教的本質特徵處於一種矛盾對立的關係之中。因此，制度化帶來的往往是與它自身發展的對抗。」〔註16〕——宗教的制度化，必然面臨僵化的制度和世俗因素對思想活力的限制，構成了諸多發展中的「二律背反」〔註17〕，這也正是隋唐以降宗派佛教各自「門戶見深，入主出

〔註15〕梁啟超：《佛教教理在中國之發展》，見《梁啟超佛學文選》，武漢：武漢大學出版社，2011年，145頁。

〔註16〕【美】托馬斯·奧戴：《宗教社會學》，北京：中國社會科學出版社，1990年，96～97頁。

〔註17〕奧戴所說宗教問題中主要五個二律背反為：其一，就動機而言，超越的，無利害關係的追求與趨利動機的二律背反。其二，象徵意義則是超驗的神聖形象同借助經驗表述的例行公事的采板形式的二律背反。第三是行政機構打造的秩序既保證了組織結構的穩定性，也會將對終極的追求激發的變化與創造視作威脅，進一步使組織結構複雜而精緻，從而變成自身發展的障礙。第四就是通常說的言意關係，為保證教旨的一致性，必須借用日常的語言表述超凡性的感召，

奴」之現象發生的根本原因，歷時既久，積弊必然明顯暴露出來。由於思想活力漸漸衰歇，而與世俗社會妥協的因素日漸增多，至唐末，若天臺、華嚴、法相等各大本甚注重學問的義學宗派漸次衰微，法相宗事實上甚至已然消亡，到了宋代，佛教幾乎只剩下強調心靈境界的禪宗與渲染宗教經驗的淨土宗。對此，梁啟超甚至謂「唐以後無佛學」。他說：

> 唐以後殆無佛學。唐以後何故無佛學耶？其內部之原因，則禪宗盛行，諸派俱絕。踞座棒喝之人，吾輩實無標準以測其深淺。其外部之原因，則儒者方剽竊佛理自立門戶，國中上駟咸趨此途，而僧界益乏才。〔註18〕

事實上，宋元以降，就獨盛的禪宗而言，情況也是毫不樂觀，因禪門日益龐大，魚龍混雜，流弊雜生，看話禪、默照禪、文字禪等分途，只是賣弄技巧，並無思想上的創新，正如釋聖嚴所說，禪宗末流，「天天賣弄公案，玩耍話頭，徒逞鋒利的口舌，沒有真修實證的工夫」，於是，「談公案的人越多。體悟禪味的人便越少。」〔註19〕至清末，情況更加令人憂慮，如號稱「八指頭陀」的名僧敬安所慨歎：「嘉道而還，禪河漸涸，法幢將摧。咸同之際，魚山輟梵，獅座蒙塵，池無九品之花，園有三毒之草。」〔註20〕——窮則思變，世事皆然，當此狀況，佛教如欲重振思想活力，必須要尋回作為宗教最深層最本質的內涵，那也就是恢復追問「無限」的精神渴求，這就是宗教學創始人麥克斯·繆勒所說的：

> 宗教是一種內心的本能，或氣質，它獨立地、不借助感覺和理性，能使人們領悟在不同名稱和各種偽裝下的無限。沒有這種才能，

以致言詮成為一種得言忘意，墨守陳規的程序，於是強調「言雖滅意，而意猶生言」。第五就權利而論，對具有感召力的神聖形象的皈依，原本基於信眾的自願，而制度化的宗教組織不僅規範信眾的意願，同時，組織的領袖又仰仗權利強化信仰，實現教權與王權、教會與國家，即宗教與權利的聯結，隨時隨處表現宗教組織的張力與衝突。上述種種，無論對宗教組織，還是對社會，既可能是積極的，也可能是消極的，在功能上，這也是一種二律背反。——參見氏著《宗教社會學》，中國社會科學出版社，1990年，98～109頁。

〔註18〕梁啟超：《中國佛法興衰沿革說略》，見《梁啟超佛學文選》，武漢：武漢大學出版社，2011年，15頁。

〔註19〕聖嚴：《禪的體驗·禪的開示》，見《法鼓全集》2005網絡版，第4輯第3冊，93頁。

〔註20〕敬安：《衡山清涼寺碑》，見《八指頭陀詩文集》，長沙：嶽麓書社，1984年，471頁。

也就沒有宗教,甚至連最低級的偶像崇拜和物神崇拜也沒有。只要我們注意傾聽,就可以在所有的宗教中聽到這種精神的呻吟,這是一種渴望,力圖要認識那不可認識的,說出那說不出的,渴望得到神和上帝的愛。〔註21〕

克實而言,宗教本身便可理解為「借助心力,即認知能力的擴張,超越有限,領悟無限,乃至把握無限,從而實現人生的終極價值的合理性過程,或者說思想實踐」。因此,「宗教組織不等於宗教,缺乏理性的信仰也非宗教;惟利是圖,單純偶像崇拜,尤其是現世神的崇拜,而無關於無限的系統理論支持的宗教組織和信仰,不是困於固陋,便將流於妖邪」。〔註22〕——只有面向無限的追問,才有宗教思想活力的重燃。對於佛教而言,反思隋唐以來宗派佛教的弊端,須重振中古學派佛教「求學問」的熱忱,從「宗派佛教」歸復「學派佛教」之源頭活水〔註23〕,構成了中國現代佛教思想的基本走向。

這一方向,肇始於「現代佛教復興之父」楊仁山居士,「晚有楊文會者,得力於華嚴,而教人以淨土,流通經典,孜孜不倦。今代治佛學者,什九皆聞文會之風而興也。」〔註24〕就仁山居士而後的現代佛教群體分野,若著眼於彼時文化思想領域之全體,可謂居士、學者、寺僧,鼎足而三〔註25〕,他們在近現代以來逐漸開啟的社會啟蒙思潮的鼓蕩下,發展出各具特色的佛學思想。

三

自史學家侯外盧先生把中國 19 世紀中葉到 20 世紀二三十年代的這段歷史定義為「近代啟蒙思想階段」以來,在中國學術界得到了廣泛的認同。所謂

〔註21〕【英】麥克斯‧繆勒:《宗教的起源與發展》,金澤譯,上海:上海人民出版社,2010 年,14 頁。
〔註22〕麻天祥:《中國宗教哲學史》,北京:人民出版社,2006 年,35 頁。
〔註23〕必須指出,吾人所理解的 20 世紀以來「學派佛教」的興起,並非是對「宗派佛教」的全然替代,而是以之為能代表時代精神特點的佛學新思潮。——正如清代樸學之興起後,亦不妨礙宋明理學的持續傳承,然今講清代思想學術之特色者,必以樸學為宗。現代「學派佛教」與「宗派佛教」之關係,亦應如是。
〔註24〕梁啟超:《中國佛法興衰沿革說略》,見《梁啟超佛學文選》,武漢:武漢大學出版社,2011 年,15 頁。
〔註25〕其中居士與學者的身份,略有交叉,不過基本的分野還是清晰的,體現在佛學的研究方法上,學者的態度立足於求知而非基於信仰,是歷史、理性的分析而非如居士群體的「結論後之研究」,重在知解而非信行。——參見麻天祥:《科學與理性的佛學百年》,見《佛學百年》,2008 年,武漢:武漢大學出版社,11~12 頁。

「啟蒙」，其西文詞彙對應德文的 Aufklärung（意為「澄明」）或英文的 Enlightenment（意為「光照」），在西方啟蒙思潮的發源地的法國，則為複數形式的 lumières（意為「光」），1694 年法國出版的《科學院辭典》解釋為：「光，喻義為智慧，思想清晰，亦指一切啟示靈魂的事物。」法國啟蒙思想者們希圖用知識之光照耀到人類心智的黑暗角落，用科學排除迷信，用理性打破盲從，此為「啟蒙」一詞的本來含義。康德在他的關於啟蒙哲學的經典論述《答覆這個問題：什麼是啟蒙運動？》一文中指出：

> 啟蒙運動就是人類脫離自己所加之於自己的不成熟狀態。不成熟狀態就是不經別人的引導，就對運用自己的理智無能為力。當其原因不在於缺乏理智，而在於不經別人的引導就缺乏勇氣與決心去加以運用時，那麼這種不成熟狀態就是自己所加於自己的了。Sapere aude！要有勇氣運用你自己的理智，這就是啟蒙運動的口號。〔註26〕

康德所指出的「啟蒙」的本質意義，乃是每個人自由運用理性的能力，他指出「必須永遠有公開運用自己理性的自由，並且唯有它才能帶來人類的啟蒙」〔註27〕。因此，對於違反人性的，束縛自由與理性的傳統，成為每個個體有責任和義務去反對和批判的對象，他明確指出：

> 一項向人類永遠封鎖了任何進一步啟蒙的契約乃是絕對無效的，哪怕它被國會和最莊嚴的和平條約所確認。一個時代決不能使自己負有義務並從而發誓，要把後來的時代置於一種決沒有可能擴大自己的（尤其是十分迫切的）認識、清除錯誤以及一般地在啟蒙中繼續進步的狀態之中。這會是一種違反人性的犯罪行為，人性本來的天職恰好就在於這種進步；因此後世就完全有權拒絕這種以毫無根據而且是犯罪的方式所採取的規定。〔註28〕

這樣，通過康德的解析，我們可以把「啟蒙」的含義總結為，爭取自由運用理性去認識事物的能力，並以批判精神去反對和打破一切有悖人性的傳統權威導致的束縛。──進一步，吾人還可將「啟蒙」之精神剖析為兩個層面，

〔註26〕【德】康德：《答覆這個問題：什麼是啟蒙運動》，何兆武譯，見《歷史理性批判文集》，北京：商務印書館，1990 年，22 頁。

〔註27〕【德】康德：《答覆這個問題：什麼是啟蒙運動》，何兆武譯，見《歷史理性批判文集》，北京：商務印書館，1990 年，24 頁。

〔註28〕【德】康德：《答覆這個問題：什麼是啟蒙運動》，何兆武譯，見《歷史理性批判文集》，北京：商務印書館，1990 年，26～27 頁。

也就是，在「有勇氣運用你自己的理智」的層面，應該說是一種理性主義傾向；而從「人性進步」的角度而言，則可以說是一種理想主義的。美國學者卡爾·貝克爾曾將法國啟蒙時代思想家的種種理想願景，稱之為一種新的「天城」，如他指出：

> （在 18 世紀啟蒙思想家中）關於進步、關於可完美性的學說就成為新的人道宗教的信仰中最為根本的一條。……對完美境界的烏托邦式的夢想、那種對目前狀態的侷限性的挫折的必要補償，曾經長期被人認同為伊甸園中的黃金時代或是上帝的天城中的永生的，……終於就被投射到人們在大地上的生活中來，並被認同為人們所渴望的和希冀著的社會的重生。〔註29〕

「啟蒙運動」絕不僅僅應只是歐洲史上特定的偶然事件，可以認為，人類歷史上不同國家不同民族，凡是具有追求自由理性以及破舊立新的傳統批判精神的歷史現象，均不妨定義為「啟蒙時代」，正如張芝聯所說：

> ……給予啟蒙運動一個統一的定義……不如從反面來加以界定，即把它看作一個掙脫、排除、批判一切人為的、意識形態上的、妨礙政治、經濟、社會、文化發展的枷鎖和束縛的思想運動，其具體內容必然隨各國的歷史特點和文化背景而異。〔註30〕

雖有論者（如鄧曉芒先生）提出中國近代啟蒙思潮的諸理念未必全然符合歐洲的「啟蒙運動」〔註31〕，我們亦不妨理解為這是「啟蒙運動」在不同的社會、文化背景而表現出的不同特點，均為「舊思想必將崩解的徵兆，新思想必將出現的先聲」〔註32〕。侯外盧先生把中國近代思想史定義為「啟蒙階段」，應該是符合歷史真實的，而且，我們所剖析的，啟蒙精神中理性主義與理想主義的雙重變奏，亦明顯地見諸中國近現代文化先驅們的思想中。

就晚清時期影響於社會文化的眾多啟蒙思想家而言，「開啟民智」是他們的一個共同追求，若嚴復提出「鼓民力、開民智、新民德」，其中，「三者又以民智為最急也」（《原強》）。梁啟超亦提出「言自強於今日，以開民智為第一義」（《變法通議》），開啟民智的提出，顯然寄託於西方科學理性精神能夠日漸深

〔註29〕 【美】卡爾·貝克爾：《18 世紀哲學家的天城》，何兆武譯，北京：三聯書店，2001 年，128～129 頁。
〔註30〕 張芝聯：《二十年來演講錄》，北京：三聯書店，2007 年，168～169 頁。
〔註31〕 參見鄧曉芒：《新批判主義》，北京：北京大學出版社，2007 年。
〔註32〕 蕭萐父：《文化反思答客問》，見《吹沙集》，成都：巴蜀書社，1991 年，65 頁。

入人心，在此，理性主義精神已為近代思想啟蒙奠定了基調。而他們理想中的終極追求，亦甚為高遠，若維新導師康有為，以烏托邦式的「大同社會」為人類最終福祉，「有學問的革命家」章太炎，則以絕對自由的「無政府、無聚落、無人類、無眾生、無世界」的「五無論」為存在之終結。──顯然他們這種天馬行空的理想主義思想，與卡爾‧貝克爾所言的法國啟蒙思想家心目中的「天城」，亦決不遑多讓。

「五四」以降，倡導「德先生」「賽先生」的新文化思潮大張其軍，開啟一代風氣，科學與民主之理念，始系統地輸入華土，以五四時期最能體現這一期間啟蒙精神的胡適、魯迅二先生而言，胡適先生畢生致力於弘揚「科學方法」以希圖引導後學，他平生始終如一地信奉自由主義，是立足於「科學」與「民主」的最堅定的思想家；而魯迅先生畢生以批判國民（乃至於人類）劣根性為己任，希圖以理性精神開啟民智，他早年提出的，未來之中國，若欲「生存兩間，角逐列國」，「其首在立人，人立而後事舉」〔註33〕──這裡所說的「立人」中的「人」，乃是在精神上能獨立，人格上有尊嚴，思想上獲得意志自由的每個獨立的個體的「人」，而非後來出現的一些的意義空泛，雖然號稱「民主」，實則本質意義仍為是「為君牧民」的，諸如國民黨專制政府常用的「民眾」等概念。正如魯迅先生所指出的，要「立人」，必須「尊個性而張精神，捨物質而張靈明，任個人而排眾數。」先生所提出的「立人」，完全可與追求人格獨立，批判傳統與尊崇理性的「啟蒙精神」相印證，誠可作為「中國近代思想啟蒙階段」的核心性理念。──蔡元培在《魯迅全集序》中所言「先生閱世既深，有種種不忍見不忍聞的事實，而自己又有一種理想的世界，蘊積既久，非一吐不快」，此所言之「理想的世界」，亦為此一期間啟蒙思想家之共有者。

在以「啟蒙」作為時代文化精神背景的影響下，中國近代的思想學術界的不同領域，不同維度，均受到此種文化風氣的濡染而各自具有了「啟蒙精神」的種種特點。即使是那些被後來的學術界稱之為「文化保守主義者」們的新儒家們，也不同程度地接受了西方科學與民主觀念的內容。──早期的新儒家以馬一浮、熊十力、梁漱溟三人為代表，綜觀他們的思想，雖然因留戀幾千年來中國的儒家傳統而對當時的西化學風頗表不滿，同時也正是在作

〔註33〕魯迅：《文化偏至論》，見《魯迅全集》第 1 卷，北京：人民文學出版社，2005年，58 頁。

為當時的主流的啟蒙思潮的影響下尋找儒家的新出路，最明顯的，近代的新儒家們雖然號稱「承繼宋學」，但已都不再留戀宋明儒學以來形成的那一套頗不人道的禮教道德觀，而是更熱衷於汲取西方理性方法，建構形而上的本體論體系，這本身就是一種儒學「現代化」的進路。近現代新儒家的思想中有一共同特色——即注重「返本」而言「開新」，所謂返本，非僅言固守，守成，而是試圖固守中國傳統文化中的精神力量，確立儒學的文化本位，以之統攝和容納西方新學問。新儒家中在「開新」一面表現的最為明顯者，應數馬一浮欲建立以「六藝統攝」體系納入西方文化的構想，而熊十力的傳人「第二代新儒家」牟宗三，一生都在尋找用儒學融通西方科學民主思想的路徑，也就是他所說的「舊內聖」開出「新外王」的努力。——內聖外王，重建王道理想之社會，亦為近現代這些新儒家的共同終極理想主義追求，無論是梁漱溟早年的「鄉村建設運動」之實踐，還是熊十力晚年欲於六經中闡發社會大同之思想，皆印證了這一點。——在此，可以看出，在啟蒙時代文化精神的主導下，即使是路向不同的學術思想，也都會受到其影響和感召。誠如湯用形先生所說的：

> 觀察往者之哲學思想而歸納之稱為屬某時代者，固有其特殊之方法、態度分野。而此一時代之哲理家（思想家）亦罕能超出其時代之定式。……此一時代各種文化活動，靡不受此新方法、新理論之陶鑄，而各發揮此一時代之新型。〔註34〕

佛學之復興亦為中國近代文化思潮的重要特色之一，從較早的魏源、龔自珍，到章太炎、康有為、梁啟超、譚嗣同、嚴復、楊度、夏曾佑、宋恕、汪康年、沈曾植、陳三立等眾多著名的啟蒙思想家、學者，多曾出入於佛學之門，不同程度地受到了佛學思想的影響和啟示。正如梁啟超在《清代學術概論》中所說：「晚清思想有一伏流曰佛學……晚清所謂新學家者，殆無一不與佛學有關。」〔註35〕魯迅先生亦曾謂：「夫佛教崇高，凡有識者所同可」〔註36〕。百年以來的新儒家們，亦多出入三藏，希圖汲取釋家之精華。

〔註34〕湯用彤：《魏晉玄學和文學理論》，見《魏晉玄學論稿》，上海：上海世紀出版集團，2005年，178頁。

〔註35〕梁啟超：《清代學術概論》，見《梁啟超論清學史二種》，上海：復旦大學出版社，1985年，81頁。

〔註36〕魯迅：《破惡聲論》，見《魯迅全集》第8卷，北京：人民文學出版社，2005年，29頁。

四

近代佛學復興之特點，首先，按學界共認之說法，為唐代玄奘所倡導的唯識學之勃興。以晚清不同的兩個政治思想派系——「革命派」與「改良派」中的思想家為例，屬革命派的章太炎，利用唯識學的三性、四分、八識諸概念，建構起他的「以唯識為宗」的「萬法唯識」的思想體系，並試圖以唯識學來融通莊子《齊物論》，兼以唯識學的觀念闡明佛教無我平等之主張，「以宗教發起信心」，促進士民奮起。而曾為改良派的梁啟超，則以唯識學為基礎，闡述他的「佛教心理學」，並試之與西方康德、馬赫諸家的哲學思想相會通。〔註37〕——為什麼佛教各派思想中一向被認為名相繁瑣，晦澀難解，且為佛教各宗學說中最少受到中國本土文化影響的唯識學會在近代受到學人們的鍾愛？誠如一些學者所總結的，唯識學嚴謹細密，且以印度特有的邏輯「因明學」為方法論骨架，具有一定的理性主義精神，在當時西學東漸、「新學」肇興的文化背景下，對於當時的得風氣之先的學人來講，大契時機。誠如麻天祥教授指出的：

> 就認識論、方法論而言，近代佛教哲學偏重法相唯識學的鉤深
> 致遠。毫無疑問，法相唯識宗義實在是比較純粹的印度佛學，其種
> 姓之說，思深義密、繁難艱澀的名相分析，偏重方法論探究的傾向，
> 與以佛性為核心，而且日趨簡易的中國佛教大相異趣，與傳統文化
> 心理亦多不合。故晚唐之後，禪宗日盛，法相益衰，而幾致絕滅。
> 近代科學思潮興起，實證哲學、分析哲學風靡一時，學者心理為之
> 一變，學術研究也棄空就實，而重客觀考察。佛教界也一反禪宗束
> 書不觀之習，精細的名相分析更是趨之若鶩。法相唯識學則大契其
> 機，在近代哲學領域中如日中天。〔註38〕

實則，近現代佛學思想之中，亦體現了理性主義與理想主義的雙重變奏，這種劃分雖然不必是絕對的，但大致而言，如果以唯識學對應啟蒙思潮中的理性主義，近代華嚴思想的興起應可對應啟蒙思潮中的理想主義。

近代華嚴學之重振，當以「近代佛教復興之父」楊仁山居士主持的金陵刻經處的開創為一重要起點，楊氏平生「教尊賢首」，他對華嚴學的闡發弘唱，在晚清啟蒙思想者中，無論是維新派人士譚嗣同，還是革命派人士章太炎，均受到其重要影響。除此，維新領袖康有為，亦宗華嚴。這種現象，揭示了華嚴哲學與

〔註37〕參見麻天祥：《晚清佛學與近代社會思潮》，開封：河南大學出版社，2005 年。
〔註38〕麻天祥：《中國近代佛教的再思考》，見《雲夢學刊》，2004 年 5 期。

近代啟蒙思想間應具有某些相契應的成分。——從譚嗣同的《仁學》思想來看，華嚴學「一入一切，一切入一」之理念，引發其視群體如自我，視世界如己身的擔當情懷，構成其人生救世理想之基石；章太炎則由《華嚴經》發揚的菩薩救世諸行，寄託其嚮往中的完美道德人格，並開出其平等自由之社會理想。要而言之，作為近代思想啟蒙文化環境下出現的華嚴學，體現出一種能夠契合時代的理想主義色彩，在這種背景下，無論是「心佛眾生，三無差別」，還是「一即一切，一切入一」的華嚴教理，皆被賦予了契合於自由平等啟蒙理念的入世意義。

然自楊仁山居士逝後，其學術傳人歐陽竟無開創支那內學院，「寧系」佛教學者的研究重心轉向了唯識學。特別是在 1920 年代後，日本《大乘起信論》辨偽研究被梁啟超介紹至中國，支那內學院一系的學者若王恩洋、呂澂等以之為契機，立足於奘傳唯識，深入展開對《起信》義理的批判，甚至認為其「非佛說」，因之，以華嚴為首的深受《起信》影響的宗派亦受到支那內學院一系學者的強烈攻擊。歐陽竟無甚至提出「自天臺、賢首等宗興盛而後，佛法之光愈晦。」〔註39〕內學院一系的這種佛學態度對當時的佛教知識界影響頗大。——實則，如果我們更加全面地考察近代思想學說的幾大流派，會發現近代華嚴學的思想史學統事實上並未斷絕，而是流入了近現代新儒學中。張曼濤總括新儒家之佛學思想曰：「以中國傳統為主，特以儒家精神為主，吸取佛學之系統及境界層次，自身發揮，成一家之言，為一時代思想之代表者」〔註40〕，無疑，從思想史的宏觀維度著眼，新儒家顯然亦構成一個佛學的學派。

在近現代新儒家中，深受華嚴學影響和啟發，並給予華嚴學極高評價的學者頗不乏人，若馬一浮、熊十力、唐君毅，皆以華嚴哲學為借鑒而建構自己的思想體系，或若方東美，徑以華嚴寄託自己最高的哲學理想。他們並不在意內學院一系對漢傳主流佛教的批判與辨偽，而是因華嚴學之理論性格，更投契於他們的「華夏文化本位」之理想。新儒家對於華嚴學的理解，可以說是一種「道德理想主義」，他們對華嚴學進行的「創造性詮釋」，其中蘊含了挺立中國文化慧命於世界哲學之林的歷史使命感，故華嚴思想在他們的手中大放異彩。〔註41〕

然則近現代的啟蒙文化潮流中，何以這些佛學中的傳統遺產亦體現了如此

〔註39〕歐陽竟無：《唯識抉擇談》，見黃夏年編：《歐陽竟無集》，北京：中國社會科學出版社，1995 年，90 頁。

〔註40〕張曼濤：《當代中國的佛教思想》，見《哲學與文化》1979 年第 6 期。

〔註41〕參見姚彬彬：《近現代新儒家的華嚴思想探析》，見《貴州大學學報（社會科學版）》2012 年 2 期。

應時契機的文化功能？吾人應可從兩個維度進行回顧，首先，在人類之各大宗教中，由於佛教中的哲學思辨成分比較突出，跟「現代性」之文化特色容易找到對話的契合點，佛教哲學的這一特質，本身亦在「現代性」之發源地，為頗多的歐美學人所著意詮釋，若 19 世紀末期英國「巴利聖典學會」的創始人，賴斯·戴維斯（Rhys Davids）在其《佛教：歷史與文獻》便認為，佛教乃是一種理性的，甚至是科學的宗教。──在與之同期的維多利亞時代的歐洲知識分子中這種看法頗為流行，佛教常被描述為先天與科學觀念相一貫，尤其與孔德的實證主義、達爾文主義、斯賓塞的社會進化論、畢希納（Buchner）的唯物主義和海克爾（Haeckel）的一元論相契合，若埃德溫·阿諾德（Edwin Arnold）便說：「佛教和現代科學之間存在緊密的智力聯繫。」包括尼采、赫胥黎都把佛教和實證主義聯繫起來。而因佛教的平等觀念和強烈的自我反思意識，其開創者佛陀也多被視為一個偉大的文化英雄，也成了現代人可資效法的道德楷模。〔註42〕──有意思的是，早在 17 世紀耶穌會士的傳教士那裡，華嚴思想中「佛性作為人、動物、植物和礦物的內在原則」的成分，已被他們看成而類似於啟蒙思想先驅斯賓諾莎的泛神論式的學說。〔註43〕上述西人的說法，在中國近代思想者們中間亦時時可以見到，佛教思想在近世以來的這種被類比於「現代性」的詮釋維度〔註44〕，應是其在啟蒙文化背景下受到重視的內在契機。

　　此外，這種回歸古典，以寄託新義的思想發展形式，在侯外盧先生探討「啟蒙時代」的論述中，也可找到相應的啟示，侯先生在探討中國的「早期啟蒙階段」的明末清初期間的學術特徵時指出：

　　　　為什麼像歐洲的啟蒙哲學要回到希臘，像中國的啟蒙哲學要回到先秦呢？這自然是由於他們企圖擺脫封建統治階級的迫害，不得不託古改制，但更要的原因卻在於，在古代哲人的思想體系裏，曾出現後世方法的胚胎形態……中國的先秦哲學也是類似這樣。中國的啟蒙學者為了追尋自己當時的一般命題，並為自己開拓道路，也

〔註42〕參見【美】克拉克：《東方啟蒙：東西方思想的遭遇》，上海：上海人民出版社，113 頁，123 頁，120 頁。

〔註43〕參見【法】梅謙立：《耶穌會士對中國佛教的早期研究》，見《漢語佛性評論》第二輯，上海：上海古籍出版社，2011 年，213～216 頁。

〔註44〕現在看來，佛教的那些思想成分顯然不能直接等同於「現代性」的因子，如果毫無顧忌地進行生硬的比附，恐怕也是有些淺薄的。彼時學者的這種理解，毋寧說是一種詮釋學意義上的，為我所用式的解讀，不過，對於佛教而言，存在能夠使近人產生這種詮釋向度的成分，本身已頗值得研究和思考了。

就不自覺地回溯到古代中國的經學和子學，因為古代哲學「總的說來……比（中古）形而上學要正確些。」〔註45〕

侯外廬並舉出顧炎武「理學，經學也」、傅山的「六經皆王制」、顏元的「性命之作用為詩書六藝」、黃宗羲的「古者以天下為主，君為客」的命題為例來說明此。

到了近代，這種將理想寄託於先秦學術的風氣仍然保存在眾多啟蒙思想家的理論意識之中，如康有為把其維新變法的理據寄託在他所斷言的「孔子改制」上；章太炎則推重荀子；胡適則非常看重先秦墨家名辯中體現的邏輯理性；如是等等，皆頗與西方啟蒙時代將理想寄託於古希臘的思想形式相類似。對此，日本學者島田虔次曾做過一個頗為形象有趣的描述：

> （在中國晚清）打破了二千年來儒教獨尊的諸子學、佛教乃至其他東西一齊出現在了歷史舞臺上。這正是以堂皇的陣容和傳統自負的中國之「學」，在攻進來的歐洲學術、思想面前不願屈服，動員和集結了所有能夠動員的「學術」部隊，試圖進行的徹底抵抗和最後決戰，實乃一個壯觀而豪華場面。〔註46〕

實則，這不僅是一種文化抵抗，更是希圖發掘本土固有之學問，以接引和容納西學，促成文明對話的一種文化努力。在當時的思想通達之士看來，「學無新舊也，無中西也」〔註47〕，正所謂「東聖西聖，其揆一也」〔註48〕，故頗多時人以為，闡揚舊學，亦開新風之一途。近現代佛學復興的文化潮流，亦為這種思想環境下的一個重要現象。

〔註45〕侯外廬：《中國思想通史》第 5 卷，北京：人民出版社，1956 年，34 頁。

〔註46〕【日】島田虔次：《中國思想史研究》，鄧紅譯，上海：上海古籍出版社，2009年，373 頁。

〔註47〕王氏且言：「世界學問，不出科學、史學、文學。故中國之學，西國類皆有之；西國之學，我國亦類皆有之，所異者，廣狹疏密耳……由此學問之事，本無中西。」見氏著：《〈國學叢刊〉序》，《觀堂集林》（下），石家莊：河北教育出版社，2001 年，876～877 頁。

〔註48〕語出《孟子》，錢鍾書亦有言：「東海西海，心理攸同；南學北學，道術未裂。」——筆者按：當代學界，多願致力考索文化之差異，若中西之異，古今之異，此人與彼人之異，似無往而不異者。此種研究，雖亦有其價值意義，然談異者竟多忘其同，古今聖哲之所關注，無外人類生存與宇宙終極之重大問題。舉凡人類各族群之文化，雖地域有別，然生存之困境乃至終極之關懷，顯非迥異，而思考主體「人」之思維先天結構，生理心理，日用常行，非有二致。故古今中西之學，固應同在異先，此顯而易見者也。

五

在啟蒙思潮的文化背景下，作為宋代以來「制度化」佛教宗派的主流禪宗，也開啟了其「世俗化」的發展進路。──所謂宗教世俗化，彼得·貝格爾在其《神聖的帷幕──宗教社會學理論之要素》一書中多方面探討了有關理論問題，他認為：「我們所謂世俗化意指這樣一種過程，通過這種過程，社會和文化的一部分擺脫了宗教制度和宗教象徵的控制。」〔註49〕──貝格爾接下來說到其在西方現代史上的表現，即「表現為基督教教會之撤出過去控制和影響的領域──他表現為教會與國家的分離，或者對教會領地的剝奪，或者教育之擺脫教會權威。」〔註50〕這些，顯然是以西方歷史上逐漸出現的政教分離為世俗化的過程。但就其核心思想宗教勢力「撤出過去控制和影響的領域」而言，在中國近代以來的西學東漸過程中，也是儒、釋、道三教所同樣面臨的過程，這個過程主要表現在對文化的控制力和解釋力上。也正如貝格爾所指出的，基督新教的世俗化環境，是「來自啟蒙運動的理性主義」，「在神學思想當中，啟蒙運動的理性主義是一種國際性思潮」〔註51〕。──近現代以來中國佛教所面臨的世俗化環境，也恰恰正是處於與西方所類似的啟蒙理性的社會文化潮流中。

歷史上的禪宗本已具有一定的「世俗化」的之思想元素，如《壇經》云「佛法在世間，不離世間覺，離世覓菩提，恰如求兔角」，其中已存在將佛教的人生觀從彼岸的來世向此岸的現世轉化的傾向。而 20 世紀中國人間佛教的先行者太虛，本身便是禪宗臨濟法脈的傳人，他提出：

> 佛教的本質，是平實切近而適合現實人生的，不可以中國流傳的習俗習慣來誤會佛教是玄虛而渺茫的；於人類現實生活中瞭解實踐，合理化，道德化，就是佛教。〔註52〕

這其中顯然體現了一種世俗化的思想傾向，基於此種認識，太虛積極反思傳統中的神秘主義弊端，以期淨化佛教。太虛平生雖以「八宗並弘」為標榜，

〔註49〕【美】彼得·貝格爾：《神聖的帷幕──宗教社會學理論之要素》，高師寧譯，上海：上海人民出版社，128 頁。

〔註50〕【美】彼得·貝格爾：《神聖的帷幕──宗教社會學理論之要素》，高師寧譯，上海：上海人民出版社，128 頁。

〔註51〕【美】彼得·貝格爾：《神聖的帷幕──宗教社會學理論之要素》，高師寧譯，上海：上海人民出版社，182 頁。

〔註52〕太虛：《人生的佛教》，見印順編：《太虛大師全書》3 冊，印順文教基金會光碟版，2006 年，238 頁。

但其判教思想，顯然更為推重作為「法界圓覺宗」的中國佛教，特別寄望於禪宗，太虛已然指出「中國佛學特質在禪」，「中華之佛教如能復興也，必不在於真言密咒與法相唯識，而仍在乎禪，禪興則元氣復而骨力充，中華各宗教之佛法，皆藉之煥發精彩而提高格度矣。」〔註53〕

於太虛之後進一步闡揚和探索人間佛教之理論與實踐的，代表者應為太虛的思想傳人印順法師，印順以佛教的人間化為佛陀之本心本懷之所在。其平生於雖特重「性空唯名論」，也就是大乘空宗，亦對禪宗偶有青眼，他注意到了禪宗開祖慧能的思想，乃是向佛陀時代人間性的一種回歸，他指出：

> 慧能不重宗教儀式，不重看心、看淨等禪法，卻重視德性的清淨。「諍是勝負之心，與道違背」；「自若無正心，暗行不見道」；「常見在己過，與道即相當」。想「見性成佛道」，一定要三業清淨，成為法器。不起諂曲心，勝負心，顛倒心，憍誑心，嫉妒心，人我心；離十惡業，八邪道，這才有領受般若法門，啟悟入道的分兒。將深徹的悟入，安立在平常的德行上，宛然是釋迦時代的佛教面目！〔註54〕

顯然，印順已將禪宗開祖慧能理解為人間佛教的一位古代的思想先驅。人間佛教之世俗化進路可追溯至禪宗之開展，吾人亦可於此得到重要之提示。降至當代，人間佛教的踐行者若聖嚴、淨慧等兩岸僧侶，無不提倡禪宗且祧承禪門法脈。要之，20 世紀人間佛教的開展，若從啟蒙文化的背景下去考察，吾人應可理解為作為制度化佛教禪宗的一種現代轉型。

毫無疑問，無論是唯識學之於居士群體，還是華嚴學之於現代新儒家，主要都是一種對學問的追求探索，即使是教內的「人間佛教」，也是一種思潮的興起，並非某種絕對律令，均甚符合「學派佛教」之概念範疇。以支那內學院為中心的居士佛教，他們注重學理的同時亦恪守信仰，故以既有理性思辨特色，又有一定近乎「基要主義」立場的唯識學為其趣向；至於以新儒家為代表的「學者型的佛教」，他們不僅著意於佛法的思想內容和社會功能，亦著意於佛教的歷史演變與文化的積澱與滲透，由於這一群體人士多有中華本土文化傳統的親緣血脈，故與以華嚴宗為典型的「中國化」佛學相投契，亦

〔註53〕太虛：《評寶明君〈中國佛教之現勢〉》，見印順編：《太虛大師全書》25 冊，印順文教基金會光碟版，2006 年，103 頁。

〔註54〕印順：《中國禪宗史》，見《印順法師著作集》40 冊，印順文教基金會光碟版，2006 年，134 頁。

理所誠然；至於近世以來的寺僧群體，究其實質，無外禪門涵蓋天下，禪宗
本早已開啟中國佛教入世性轉向之先河，故現代僧團中「人間佛教」思潮之
發生，亦當可視為禪宗之進一步的世俗化轉型。至此，中國佛學在現代性文
化思潮的鼓蕩下，重振「學派佛教」之格度，開啟了坎坷曲折而又波瀾壯闊
的復興之途。

《大乘起信論》真偽之爭與
近現代佛學思想的分野

　　楊仁山居士開創金陵刻經處後所主持的刻經與興學事業是近代佛學復興之重要起點，如梁啟超在其《清代學術概論》一書中說：「晚清所謂新學者，殆無一不與佛學有關係，而凡有真信仰者，率歸依文會。」〔註1〕自茲而後，近代的眾多政治家、思想家、學者，如梁啟超、譚嗣同、章太炎、宋恕、汪康年、沈曾植、陳三立、夏曾佑等，都曾直接或間接受到楊文會倡導佛學的影響。特別是後來作為近代佛教思潮主流的寧、漢兩系佛學的領袖歐陽竟無與太虛大師，皆出自楊仁山之門。──楊仁山之佛學思想，雖以「行在彌陀，教尊賢首」知名，但其平生志在諸宗並弘，在教理抉擇上，對於佛教的不同學派間並無明顯的好惡和褒貶。因之，在他生前時，其門下諸家雖其學各有所重，然仍不失「和合一味」的樣態，大概正因為他的圓融風範，即使是近現代不同文化領域的大家，若作為啟蒙文化倡導者的魯迅與新儒家開山的馬一浮，乃至於道教宗師陳攖寧等，亦均對楊仁山其人其學讚歎有加〔註2〕。

　　然楊仁山逝後，約自1920年代始，日本學者松本文三郎、望月信亨和村上專精等人對《大乘起信論》的文獻辨偽研究被國內學者所注意，1922年，梁啟超將他們的研究觀點歸納總結編撰成冊，介紹與國人，是為《《大乘起信

〔註1〕梁啟超：《清代學術概論》，見《梁啟超論清學史二種》，上海：復旦大學出版社，1985年，81頁。

〔註2〕魯迅對於楊仁山的讚譽，見其弟子徐梵澄的回憶文章《星花舊影》；馬一浮對楊仁山刻經事業的推崇，見其《爾雅臺答問續編卷六‧告書院學人書八》；陳攖寧對楊仁山思想的敬仰，見其《讀〈化聲敘〉的感想》一文。

論〉考證》。但梁氏卻未因此而改變對《起信論》的義理的推崇,並言「一旦
忽證明其出於我先民之手,吾之歡喜踴躍乃不可言喻。」〔註3〕然此書一出,
對佛教界的震動甚大,成為一時之焦點,特別受到了由於學風傾向法相唯識,
已將《起信論》判為「非了義」經典的寧系學者,也就是支那內學院的歐陽竟
無等人的重視,他們得到了這個文獻考據結果的支持後,比日本學者和梁啟超
更進一步,開始大舉攻擊《起信論》中的佛教思想。——歐陽弟子王恩洋對此
過程有所介紹:

> 初,師(引者:指歐陽竟無)作《唯識抉擇談》,駁《起信論》
> 真如無明互相薰習義。太虛大師作《佛法總抉擇談》以救之。時適
> 梁任公先生著《大乘起信論考證》,及日本佛學界均考證《起信論》
> 為唐人偽作,非西土實有此書也。但謂其立義精深博大,反以見佛
> 法入中國後之進步。並謂佛法實乃由小乘而大乘,而中國,次第演
> 變進化而成,非全出於佛說也。故當時佛學思想界對《起信論》之
> 態度,或以為理實書真,或以為書偽理真。乃云書真者,固無以救
> 於書之偽。以為理真足以超越性相者,則且以大乘經論皆為偽作矣。
> 蓋《起信論》一派思想之籠蓋佛教已千餘年矣。在昔窺基大師、慧
> 沼大師師弟曾力辨似教之非,唐以後更無繼者。故使法相唯識之真
> 義無人見聞。今更益以學說進化之論,使聖言皆成假託,為害滋甚。
> 吾為此懼,作《起信論料簡》,以簡別偽義。根據性相兩家之言,
> 成立緣生法性之理,然後比較同異,覈其是非,使知《起信論》立
> 義之違反緣生法性唯識者昭明若是,如《金七十論》等,決非佛教
> 論也。〔註4〕

由於《大乘起信論》本是中國漢傳佛教主流天臺、華嚴乃至於禪宗皆所推
崇的重要經典和教理依據,顯然,支那內學院這些學者的批判立場不會被絕
大多數的漢傳正統佛教界人士所接受。——除了太虛大師外,若常惺法師、
唐大圓、陳維東諸氏紛紛撰文反擊《起信論》的文獻辨偽以及內學院的義理批
判。〔註5〕由此,雙方論戰不休,至 1932 年,武昌印經處將此一階段的有關
辯難文章彙集為《〈大乘起信論〉研究》,方暫告一段落。

〔註3〕梁啟超:《〈大乘起信論〉考證》,上海:商務印書館(民國),1934年,5頁。
〔註4〕王恩洋:《五十自述》,內江:東方文教院,1946年,23頁。
〔註5〕參見張曼濤編:《〈大乘起信論〉與〈楞嚴經〉考辨》,臺北:大乘文化出版社,
　　　1978年。

　　不過，作為歐陽竟無的首席弟子呂澂，其後在其深厚紮實的佛教文獻功底的基礎上，立足於維護師說的立場，對《大乘起信論》的真偽問題展開了進一步的研究，陸續撰寫了《起信與楞伽》《大乘起信論考證》等文，希圖對此公案「畢其功於一役」。——在這些文章中，呂澂發現《起信論》的思想與魏譯《楞伽經》甚為近似，而魏譯《楞伽》本身與梵文本相比又頗多異解。又通過回顧日本學者的考辨過程，覺得他們的研究頗為支離，缺乏一錘定音的論據。——他認為，只要證明《起信論》思想來源於魏譯《楞伽》之誤，便可判定其為偽經，故他結合《楞伽經》的梵文本與宋譯本，跟魏譯本進行了細緻對勘，得出的結論是，《起信論》的基本義理結構，是在魏譯本的誤譯之處誤上加誤而形成的。他的考辨方法，自謂是將義理的辨析與文本的比較相結合，定名為「義據批評法」，將證成《起信論》思想主旨與魏譯《楞伽》之誤相合者，歸之為七點：

　　　　一，《起信》以一心二門為宗，視真如與如來藏為一，其說本於魏譯《楞伽》。魏譯云，寂滅者名為一心，一心者名為如來藏，入自內身智慧境界得無生法忍三昧。元曉，賢首並解云，依經寂滅一心而言心真如，依經一心如來藏而言心生滅，是也。然勘之梵本經文，則魏譯全非，《起信》尤謬。……二，《起信》視真如與如來藏為一，亦即於真如，正智不分，故謂真如自體不空，具足性德，有大智慧光明，遍照法界，又謂生滅心體離念本覺等虛空相。此以如來藏智空不空義悉歸之真如，亦由誤據魏譯《楞伽》而來。……三，《楞伽》以阿賴耶解如來藏，如來藏為善不善因，實阿賴耶為善不善因，故云如來藏，阿賴耶，一法而異義，一事而殊名……魏譯《楞伽》於此正義獨持異見，凡經文合說如來藏阿賴耶之處，皆強析為二。……《起信》獨取其說，謂依如來藏而有耶識，因轉變不同，舉水波為喻，顯然大悖於《楞伽》。使《起信》真為梵土之作，安所得此謬解，恰與魏譯符合哉。……四，《起信》立真如隨染之義云，依如來藏故有生滅心，所謂不生不滅與生滅合和非一非異，名阿黎耶識，此又純用魏譯《楞伽》之說也。……五，《起信》解生滅因緣，云三界虛偽唯心所作，所據在魏譯《十地經論》之第六地，故三細六粗之談，完全模仿十二因緣，對比兩文，顯而易見，其因魏譯之錯而錯，固矣。……六，《起信》之釋染淨緣起以為出於真如與無明之互薰，而皆無始以來未嘗間息，其說本不可通，然其誤解則又出於魏譯《楞

伽》也。……七,《起信》以修行禪觀為指歸,而寄樞紐於真如三昧,

與《楞伽》之義相近,然其釋真如三昧曰,不住見相,不住得相,

則與《楞伽》相反,此又因魏譯之錯而妄為之說也。〔註6〕

具體推演過程,見於《大乘起信論考證》一文,茲不詳述。要而言之,呂澂通過將《起信論》與魏譯《楞伽》誤譯之間的細緻具體和多方面的義理和文本比較,得出結論——認為作為《起信論》主導思想的「一心二門」與「心性本覺」諸說,皆是從誤譯而妄加引申的。這樣,呂澂通過縝密的文本考證,使《起信論》之為中國人偽託之作的說法,得到了似乎是非常紮實的鐵證。使得至少在較長一段時間內,就文本本身而言,類乎《起信論》不偽的觀點,似乎絕少再有人再提出了。

不過呂澂的研究也並非完全無懈可擊,比如在 1970 年代,臺灣新儒家學者牟宗三在其《佛性與般若》中便對呂澂的文本分析提出了批評,他在書中又認真比對了《楞伽》的宋譯本和魏譯本,認為呂澂所說的「誤譯」,多屬成見在先的牽強之解甚至存在有意讀破句子的地方,故牟氏認為《楞伽經》的兩譯本並無二致。〔註7〕不過,由於牟宗三畢竟不懂梵文,其論述雖然亦頗精密,總還留有缺憾。2004 年,程恭讓重新結合梵文本對勘了《楞伽經》兩個譯本的《剎那品》,認為呂澂的解讀的確頗有牽強和過度詮釋之處。〔註8〕由此看來,這個問題尚頗有進一步探討的餘地。

如上所述,關於近代以來關於《起信論》的探討,雖不敢說已經完全定案,不過正如杜繼文先生所言,《起信論》到底出於誰人之手,儘管一時難以弄得具體清楚,但說他們是中國人的撰述,當不再成為問題,除了近代以來學者們的提出的考證外,還因為它所表達的思想內容具有明顯的中國特色,是中國佛教思潮發展到一定時期帶有必然性的產物。〔註9〕——筆者以為,關於《大乘起信論》公案,除了文本本身問題的探討,更具歷史意義的,是以真偽之爭的現象為標誌和分水嶺,由此近現代的中國佛學思想大體上可以

〔註6〕呂澂:《起信與楞伽》,見《呂澂佛學論著選集(1)》,濟南:齊魯書社,1991年,294~303 頁。

〔註7〕見牟宗三:《佛性與般若(上)》,長春:吉林出版集團有限責任公司,2010 年,346~356 頁。

〔註8〕見程恭讓:《〈楞伽經〉剎那品中如來藏段梵漢對勘與新譯——兼評呂澂先生關於魏譯本段經文的批評》,見《哲學研究》,2004 年第 3 期。

〔註9〕杜繼文:《漢譯佛經經典哲學(下卷)》,南京:江蘇人民出版社,2008 年,552頁。

確定為比較涇渭分明的三個流派。分別是：（一）堅持《起信論》是「偽經偽教」的內學院居士佛教群體，他們傾向印度原旨，倡法相唯識學；（二）承認《起信論》的義理價值，以太虛大師和印順法師為代表的「人生佛教─人間佛教」；（三）雖以《起信論》為中國人撰述，卻正因其「中國特色」而對之倍加推崇的新儒家佛學。本文以下結合他們對待《起信論》的態度，對此三派佛學的分野略加闡述。

一、《大乘起信論》與支那內學院一系佛學

　　支那內學院的歐陽竟無對於《大乘起信論》義理的反思在時間上還稍早於日本考據辨偽研究的傳入──梁啟超的《〈大乘起信論〉考證》序上已經提及了歐陽對其的批評態度。歐陽竟無在其早期並未懷疑《起信》本文本身的真偽，而是在義理上進行質疑。他在 1922 年撰寫的《唯識抉擇談》中認為：「真如緣起之說出於《起信論》。《起信》作者馬鳴學出小宗，首宏大乘；過渡時論，義不兩牽，誰能信會，故立說粗疏遠遜後世，時為之也。」〔註 10〕──認為《起信》只是一部「立說粗疏」的「未了義」佛學典籍，不若後世的唯識學純粹精深而已。他指出：

> 　　《起信》無漏無種，真如自能離染成淨，乃合正智真如為一，失體亦復失用也。《深密》平說八識，故八識可以同時而轉，以是俱有依故；又識各有種，種生現行不妨相併故，因緣增上二用俱有故。
>
> 　　《起信論》豎說八識，三細六粗次第而起，幾似一類意識，八種差別遂不可立矣。從史實與理論觀之，《起信》與分別論大體相同也如彼；以至教正理勘之，《起信》立說之不盡當也又如此；凡善求佛法者自宜慎加揀擇，明其是非。〔註 11〕

　　這裡需要說明的是，歐陽竟無之佛學要之以唯識為歸，他於為收入《藏要》中的《攝大乘論》所作之敘言上曾言：「唯異生、聖人，以唯識判；唯外道、內法，以唯識衡；唯小乘、大乘，以唯識別。……學莫精於唯識。」〔註 12〕

〔註 10〕歐陽竟無：《唯識抉擇談》，見《歐陽竟無集》，北京：中國社會科學出版社，1995 年，105 頁。

〔註 11〕歐陽竟無：《唯識抉擇談》，見《歐陽竟無集》，北京：中國社會科學出版社，1995 年，108〜109 頁。

〔註 12〕歐陽竟無：《攝大乘論敘》，見《藏要敘經》，南京：金陵刻經處，2004 年，29 頁。

他以唯識為最圓滿究竟之學而希圖揭出印度佛教之根本精神，故十分重視唯
識學中的「轉依」之義，——所謂「轉依」，即轉識成智，依賴於正聞薰習以
對治無明，促使阿賴耶識中的無漏種子不斷增長而有漏種子漸次斷滅，轉變
我執、法執二障，證得涅槃、菩提二果而修成佛道。歐陽竟無曾謂：

> 諸佛得果，曰二轉依，從無漏種起一切有為，而生四智，曰菩
> 提所生得。〔註13〕

> 二轉依之謂佛空其所知之障，轉所依為智曰菩提；空其煩惱之
> 障，轉所依為寂曰涅槃。……二障全空，真如出纏，頓證佛果，圓
> 滿轉依，謂為究竟道。〔註14〕

是否符合上述的唯識學「轉依」的根本義理，也是他判斷傳世佛典是否
如法的準則。所以，歐陽竟無在《唯識抉擇談》中批判《大乘起信論》的佛學
思想，其重要理據，便是認為其違背了作為他所以為的佛法根本，即「轉依」
之義。他認為《起信》不講「無漏種子」，把本應在「正聞薰習」過程中不斷
開顯的「正智」與真如合併為一，故謂「失體亦復失用」。而且，正統的唯識
學所講的「轉依」是「轉八識成四智」，八識需要各自同時轉化——轉前五識
為成所作智，第六識轉為妙觀察智，第七識轉為平等性智，第八識轉為大圓鏡
智。而《起信》則不同於此，只講真如與無明互薰，而八識在修成佛道過程中
的各自的獨立地位已然消泯，加之因其不講「正智」，而轉依本身便是立足於
「正智」與「無明」的對待關係上，這樣「轉依」的理念亦在《起信論》中消
解了。故歐陽認為《起信》的義理「不盡當」，只是一部非了義佛籍。

後來歐陽竟無應該接觸到了日本學者的辨偽研究，方毫無顧忌地開始對
《起信》進行全盤否定和徹底批判。他在《大乘密嚴經敘》中說：

> 《起信論》之所以謬，則知凡根據於《起信》而立教之所以謬
> 也。《起信》立真如、生滅二門，是也，立生滅門，不立正智為本，
> 而一本於真如，謬也。說心性不起，即是大智慧光明義，而不知此
> 是智如一味之義，因是而不立正智之法，謬也。正智是淨之本，無
> 明是染之本，本之謂法爾如是也。故經說客塵，不推客塵所自；經

〔註13〕歐陽竟無：《維摩詰所說經敘》，見《藏要敘經》，南京：金陵刻經處，2004年，
3頁。

〔註14〕歐陽竟無：《孔佛》，見《孔學雜著》，南京：金陵刻經處，2004年，11～12
頁。

說無明，不窮無明所由。而《起信》說無明因於依覺，是為因緣本，
非法爾本。說不達法界，忽然念起，即為無明。念即無明，似為一
事。然又說不知真如法一，不覺心起，而有其念，依於不覺，而生
無明，與不覺應。則明明以念在無明先，為先一事；無明依念後生，
為後一事。說無明，不說法爾本，謬也。〔註15〕

　　這裡的批判態度，顯然已經從比較委婉的「不盡當」轉為了直截了當的
「謬也」。其弟子王恩洋所作《〈大乘起信論〉料簡》便是發揮歐陽的這種思
想，認為《起信論》是「附法外道」的作品，出於「梁、陳小兒」之手。〔註
16〕——歐陽雖承繼推崇《起信》的楊仁山老居士之學，但在《起信》問題上，
表現了他「依法不依人」的堅定理論信念。歐陽在其所撰《楊仁山居士傳》中
涉及《起信》的方面，亦明確指出：

　　　　《起信論》出，獨幟法壇，支離儱侗之害，千有餘年，至今不
熄。蓋《起信》之謬，在立真如門，而不立證智門，違二轉依。《般
若》說：與生滅合者為菩提，不與生滅合者為涅槃；而《起信》說：
不生不滅與生滅合者為阿梨耶識。《瑜伽》：薰習是識用邊事，非寂
滅邊事；而《起信》說：無明、真如互相薰習。賢首、天臺欲成法界
一乘之勳，而義根《起信》，反竊據於外魔，蓋體性智用，樊亂淆然。
烏乎！正法乘教何分，而教網設阱，都談一乘，胡薄涅槃，天臺過
也。不明增上一皆合相，圓頓奚殊，襲四而五，賢首過也。奘師西
返，《瑜伽》、《唯識》日麗中天，一切霾陰蕩滌殆盡，誠勝緣哉！有
規矩準繩，而方圓平直不可勝用，法界一乘建立，自無殞越之殊。
獨惜後人以唯識不判五法，圓頓甘讓《華嚴》，而一隅自守。職其法
義，精審有餘，論其法門，實廣大不足耳。〔註17〕

　　由此所論，亦可見他立足於奘傳唯識，對《起信》進行強烈批判的同時，
亦將依據義理《起信》建立的中國臺、賢諸宗全盤否定，認為臺、賢皆延續
《起信》之誤，故「乃無一紙切當示要之論」。歐陽指出：

〔註15〕歐陽竟無：《大乘密嚴經敘》，見《藏要敘經》，南京：金陵刻經處，2004 年，
　　　　26～27 頁。
〔註16〕王恩洋：《〈大乘起信論〉料簡》，見張曼濤編：《〈大乘起信論〉與〈楞嚴經〉
　　　　考辨》，臺北：大乘文化出版社，1978 年，115 頁。
〔註17〕歐陽竟無：《楊仁山居士傳》，見《內學雜著》（下），南京：金陵刻經處，2004
　　　　年，1～2 頁。

自天臺、賢首等宗興盛而後，佛法之光愈晦。諸創教者本未入聖位（如智者即自謂係五品位。）所見自有不及西土大士之處。而奉行者以為世尊再世，畛域自封，得少為足，佛法之不明宜矣〔註18〕

對於臺，賢二宗的判教思想，歐陽亦大加質疑：

如天臺有四教之判，賢首亦有五教之稱。尋其依據，天臺則《無量義經》，賢首則《瓔珞本業經》，皆以事義判別，教味無殊；故說四說五，以義言則可，以教言則不可。教所趣歸，三乘無別，故謂三獸渡河、河流是一也。諸有昧此義者，豈識圓音無非一妙，聞者識上故局一偏，瀛渤潢污率視其量〔註19〕。

唯識之與賢首、天臺，體系各異，宗旨大殊，自玄奘始便已與賢首祖師法藏發生牴牾，歐陽之批判賢首，亦所承學理之必然。

歐陽之於天臺之批判，則曰：

天臺智者，三觀三止，已譯經論百八三昧，百三三昧都無其事，未譯經論，或無或有，爾猶懸度，我固茫然，是事若何，姑勿議論，然其詞語處處乖違，無生非緣而彼於緣外談生，無心非緣而彼於緣外談心，率意隨情不顧經論。既說因緣所生法，又說心自生心，不須藉緣，藉緣無力心無緣生（《玄義》卷二），既說無病道人，一色一香無非中道，又說一日一夜常造種種當自選擇，何道可從（《玄義》第二），既說諸法不自生，又說問觀自生心，一念自生心（觀心篇）。如是種種，犯自語相違過，犯自教相違過，又犯隨一，似此隨情立教，誰能受過盲從？〔註20〕

又說：

天臺智者，奈何立論，涅槃為世眾說法，苟得《法華》意，亦復不事翔實，不屑漸，不事小，不能細，拘執而穿鑿，籠統而風談，大法凌夷，誰之過歟！〔註21〕

〔註18〕歐陽竟無：《唯識抉擇談》，見《歐陽竟無集》，北京：中國社會科學出版社，1995年，第90頁。

〔註19〕歐陽竟無：《唯識抉擇談》，見《歐陽竟無集》，北京：中國社會科學出版社，1995年，第95頁。

〔註20〕歐陽竟無：《〈大般涅槃經〉敘》，見《歐陽竟無佛學文選》，武漢：武漢大學出版社，2009年，256頁。

〔註21〕歐陽竟無：《〈大般涅槃經〉敘》，見《歐陽竟無佛學文選》，武漢：武漢大學出版社，2009年，258頁。

　　統而言之，歐陽批判臺、賢，其主要依據，為其因延續《起信》「真如緣起」之義理，加之其靈活多樣並且融合中國儒道本體論的「隨情立教」之學風，與他所理解的「純正佛法」，也就是唯識宗學的條理精密，注重理性思辨之宗旨不合，故認為其說顢頇真如，儱侗佛性，導致千年來中土佛教學風不求甚解，離佛愈遠。——他所言之「中國人之思想非常儱侗，對於各種學問皆欠精密之觀察；談及佛法，更多疏漏……著述愈多，錯誤愈大」〔註22〕者，亦指此也。故而，他甚至將「大法凌夷」之過，皆歸罪於臺、賢宗學。

　　而繼承歐陽竟無衣缽的呂澂的《大乘起信論》研究則進一步發揚師說，他認為漢傳佛教傳統乃是因《起信論》等「偽經」錯解印度原典之義理，而形成了「本覺」之觀念，從根本上走向了與印度正宗相反的錯誤方向。——呂澂對於印度佛教之根本宗旨亦有相應的總結，他以「本寂」一義概括之。「本覺」與「本寂」的劃分，構成呂澂的《起信論》批判之根本理論。

　　呂澂對《起信論》為「偽經」之說進行了縝密的文本考證，但其辨偽的目的自然不僅在此，而是要通過「偽經」而批判「偽教」，進而全面置疑建立在「心性本覺」思想上的漢地天臺、華嚴、禪諸宗派，希望中國佛教能回到「心性本寂」，合乎印度原旨的路線上。他說：

　　　　中國隋唐的佛學，受了《起信論》似是而非的學說影響，不覺變了質，成為一種消極的保守的見解，並且將宇宙發生的原理，籠統地聯繫到「心」上面，而有「如來藏緣起」之說，又加深了唯心的色彩。這些都喪失了佛學的真精神，成為統治者利用的工具。後來義學家更變本加厲，將《起信》思想看成印度佛學最後進展的一階段，以為馬鳴之傳，由堅慧等發揚，自成一系，還超越了無著世親之說。這是虛構歷史（堅慧說與無著貫通，原屬一系，而誤會為兩事），抹煞了學說變遷的真相。今天，如果要認識我國過去佛學的實質，判明它的價值，並撇開蔽障去辨別佛學的真面目，都非先瞭解《起信論》思想的錯誤不可。我們用考證方法，揭露了《起信論》的偽書、似說，並始終堅持這樣的論斷，其用意就在於此。〔註23〕

〔註22〕歐陽竟無：《唯識抉擇談》，見《歐陽竟無集》，北京：中國社會科學出版社，1995 年，90 頁。

〔註23〕呂澂：《大乘起信論考證》，見《呂澂先生佛學論著選集（1）》，濟南：齊魯書社，1991 年，369 頁。

　　呂澂之所以批判《起信論》的「心性本覺」之義理而推崇「本寂」為印度佛學之根本奧義，亦與乃師一樣，因其所宗者亦為唯識學。——呂澂在《楞伽如來藏章講義》中，曾明確指出過「心性本寂」乃是「由果溯因」之談，也就是從當下的「染位」來推知未來成佛之「因性」之淨相。而從染位開始之修習途徑，呂澂認為，「淨相之現別無方便，多聞薰習而已。」〔註24〕「多聞薰習」乃唯識宗的有代表性之教義，是其所認為的佛教修行者必須的前提條件，即《成唯識論》中所謂的「謂聞法界，等流法已，聞所成等，薰習所成。」〔註25〕，就是說，只有一生中不斷地聽聞和學習佛法的正確言教，才有修行成佛之可能。「多聞薰習」亦為唯識宗所倡「轉依成佛」之前提，《成唯識論》中說：「無得不思議，是出世間智，捨二粗重故，便證得轉依。」——從多聞薰習開始，歷經資糧位、加行位、通達位、修習位，通過「轉依」，「轉捨」煩惱障和所知障，「轉得」涅槃和菩提，亦即「轉識成智」，而至佛果之究竟位。

　　呂澂所提出的「本寂」，乃是對佛果之究竟位的「不生不滅，本來寂靜」，證得「法爾如是」的「自性涅槃」的終極境界的描述〔註26〕，這種描述立足於唯識思想，乃是由當下「染位」推知的，而非眾生當下所已然具備的，重點則在於依靠唯識宗所言的「聞薰」而達「轉依」的無間斷的修習過程。以「轉依」為成佛之必經階梯。呂澂在《試論中國佛學有關心性的基本思想》的注釋中有過說明：

　　　　「轉依」是晚出大乘佛學用來代替「解脫」這一概念的。他的
　　　　意義說，從根本上（即所依上）著眼，來消滅由錯誤認識所構成的
　　　　一切對象，而另建立起由正確認識所構成的一切。〔註27〕

　　這裡所說「晚出大乘佛學」，無疑即唯識學，而這裡著重指出的「從根本上（即所依上）著眼」，這個「根本」或「所依」者，即是「本寂」之心性。——也就是說，在「轉依」完成之前，「本寂」乃是一個可能性的目標，而「轉

〔註24〕呂澂：《楞伽如來藏章講義》，見《呂澂佛學論著選集（1）》，濟南：齊魯書社，1991年，262～265頁。
〔註25〕《大正藏》卷31，48頁。
〔註26〕呂澂：《楞伽如來藏章講義》，見《呂澂佛學論著選集（1）》，濟南：齊魯書社，1991年，263～264頁。
〔註27〕呂澂：《試論中國佛學有關心性的基本思想》，見《呂澂佛學論著選集（3）》，濟南：齊魯書社，1991年，1423頁。

依」之謂，如呂澂所說，「不是簡單地從名想認識的轉移便直接有了改變，卻是由認識的不斷矯正，事象實相的顯現益加了然，這再引起行動，革新事象，使它更和實相隨順地發展。」〔註28〕，乃是難以窮盡和不可稍微懈怠的人生全體精進之過程。

由以上討論可見，呂澂所總結的「本寂」一義，顯然亦是由唯識學思想推導而成。他之所以以「本寂」為印度佛教之根本，亦因其繼承和延續了其師歐陽竟無之說，以奘傳唯識為佛法之究竟了義。——毫無疑問，無論歐陽竟無還是呂澂、王恩洋，支那內學院一系佛學批判《起信論》，並進一步批判在其義理模式影響下的漢地佛教主流若臺、賢、禪諸宗派，歸根結底的目的，還是為了彰顯自宗，也就是以唯識學的代表的印度佛教傳統。

二、《大乘起信論》與「人生佛教—人間佛教」

歐陽竟無撰《唯識抉擇談》以唯識思想為標準來分判佛教教理，並批判《大乘起信論》及與之相關的臺、賢宗學。針對歐陽的觀點，漢系也就是武昌佛學院一系的佛學領袖太虛大師撰《佛法總抉擇談》，力圖維護漢傳佛學的正統地位。《佛法總抉擇談》中，太虛大師借鑒唯識學三性說的義理，將佛教大乘學派的學說以三宗總括之，對應「遍計執性」的，為般若宗；對應「依他起性」的，為唯識宗，對應「圓成實性」的，為「真如宗」。這個分判，顯然以真如宗為佛法之最高和最究竟之學。對於歐陽的《起信論》批判，太虛認為《起信論》作為真如宗的經典，不僅不違背唯識之基本義，且自有其完滿體系，亦不能以唯識教理為是非標準來衡量，他指出：

> 《起信論》以世出世間一切法皆不離心，故就心建言，實無異
> 就一切法建言也。一切法共通之本體，則真如也，即所謂大乘體。
> 真如體上之不可離不可滅相——真如自體相，如來藏也。換言之、
> 即無漏種子，亦即本覺，亦即大乘相大。所起現行即真如用，即能
> 生世出世間善因果之大乘用。其可斷可離相，則無明也——一切染
> 法皆不覺相。換言之、即有漏種子，即違大乘體之逆相；所起現行
> 則三細六粗等是也。無始攝有順真如體不可離不可滅之本覺無漏種
> 未起現行，亦攝有違真如體可離可滅之無明有漏種恒起現行，故名

〔註28〕呂澂：《觀行與轉依》，見《呂澂佛學論著選集（3）》，濟南：齊魯書社，1991年，1378頁。

阿黎耶識；譯者譯為生滅不生滅和合爾。言依如來藏者，以如來藏
是順真如體不可離滅之主，而無明是違真如體可離可滅之客，故言
依也。又《起信論》宗在真如，從真如以起言，而此上真如門中唯
以體名為真如，不可言依真如而有生滅。譬不可言依濕性有波浪，
但可言依水有波浪，故取真如體上不可離斷之本淨相，言依如來藏
也。標如來藏是主，不可離滅，而應離滅可離滅之無明有漏，亦此
論宗旨之所存。〔註29〕

並針對內學院指責《起信論》「真如無明互薰」之義與唯識經典所違背的
看法，太虛以為這是因為「唯識宗」講的真如與「真如宗」的真如含義有廣狹
之別，互不妨礙，他說：「唯識宗以擴大依他起故，祇以諸法之全體名真如，
而真如宗時兼淨相淨用統名真如；此於真如一名所詮義有寬狹，一也。唯識宗
於薰習專以言因緣，真如宗於薰習亦兼所緣、等無間、增上之三緣以言，二也。
明此、則唯識宗正智現行唯識薰正智種子，無明現行唯薰無明種子，且不可言
正智無明相薰，何況可言無明真如相薰！而真如宗則可言無明薰真如，真如薰
無明也。二者各宗一義而說，不相為例，故不相妨。」〔註30〕按太虛此文的三
宗分判，他將漢傳佛教中深受《起信論》影響的天臺、華嚴禪諸宗皆納入「真
如宗」，而真如宗「所宗尚則在一切法皆即真如，而其教以能起信求證為最勝
用」。〔註31〕——顯然，太虛在對《起信論》的辯護中維護中國佛法正統地位
的苦心昭然可見。

此外，太虛對日本學者及梁啟超的對於《大乘起信論》文本的歷史考證亦
不以為然，他一直堅持《起信論》是馬鳴造、真諦譯的說法並無問題，他在
《評〈大乘起信論考證〉》一文中提出：

用西洋學術進化論以律東洋其餘之道術，已方柄圓鑿，格格不
入，況可以之治佛學乎？吾以之哀日本人、西洋人治佛學者，喪本
逐末，背內合外，愈趨愈遠，愈說愈枝，愈走愈歧，愈鑽愈晦。……
要之、以佛學言，得十百人能從遺言索隱闡幽，不如有一人向內心

〔註29〕 太虛：《佛法總抉擇談》，見《太虛大師全書》9 冊（光碟版），新竹：印順文
教基金會，2006 年，1377〜1378 頁。
〔註30〕 太虛：《佛法總抉擇談》，見《太虛大師全書》9 冊（光碟版），新竹：印順文
教基金會，2006 年，1379 頁。
〔註31〕 太虛：《佛法總抉擇談》，見《太虛大師全書》9 冊（光碟版），新竹：印順文
教基金會，2006 年，1374 頁。

薰修印證，一朝證徹心源，則剖一微塵出大千經卷，一切佛法皆湛
心海。應機施教，流衍無盡，一切名句文皆飛空絕跡，猶神龍之變
化無方。〔註32〕

以太虛的上述觀點為根本立場，其門人唐大圓、陳維東等紛紛撰文，與
《內學院》的王恩洋等往復論難，維護《起信論》在佛教上的合法性。他們的
這種立場，歸根結底，當出於太虛希圖立足於漢傳佛教正統來進行改革，建設
「人生佛教」的構想。為達此目的，必須圓融一切佛教宗派方有可能。但如果
按照內學院一系的看法，以《起信》為偽經，以臺、賢、禪為偽學，那將置皈
依漢傳佛教的百萬僧伽、信眾於何地？——離開了漢傳佛教正統學說的深厚
土壤，奢談任何改革或建設，恐怕都將成為空談和戲論，這顯然也是洞察佛教
歷史發展態勢並致力改革實踐工作的太虛絕不能接受的。

沿著太虛的基本立場對《起信論》進行研究，是繼承他的「人生佛教」改
革事業的學生，也就是「人間佛教」開創者印順法師。眾所周知，印順將大乘
佛學亦分判為三個學派：性空唯名論，虛妄唯識論，真常唯心論。其說之淵源
便來自太虛法師的三宗判教：法性空慧宗（般若宗），法相唯識宗（唯識宗），
法界圓覺宗（真如宗）。在印順的早年，他大概是受到了支那內學院一系學者
的一些影響，對於「真常唯心論」有所批判而「間致微詞」，不過在其後期，
思想日趨圓融，如他在《遊心法海六十年》中所言：「對於大乘佛法，覺得虛
大師說得對，應該有『法界圓覺』一大流。」〔註33〕對於漢傳佛教主體的「真
常唯心」一系的佛學，亦兼容並蓄了。

印順與太虛對待《起信論》的觀點稍有不同，他並不堅持《起信》是馬鳴
造，真諦譯的說法不可商榷，他覺得歷史文獻考證的方法還是有可取之處的，
認為「（太虛）大師所說佛法不應該以進化發展的方法來考證，可能為一時的
方便之談！我以為：考證的方法不應該推翻。」〔註34〕——印順通過對《大乘
起信論》文本的考察，印順雖同意其「術語出自魏譯《楞伽》，而立意全非」
等考證之說，亦指出《起信論》中「『真如薰無明』等，在印度後期大乘佛教

〔註32〕太虛：《評〈大乘起信論考證〉》，見《太虛大師全書》25 冊（光碟版），新竹：
　　　　印順文教基金會，2006 年，29～37 頁。
〔註33〕印順：《遊心法海六十年》，見《印順法師佛學著作集》29 冊（光碟版），新竹：
　　　　印順文教基金會，2006 年，9 頁。
〔註34〕印順：《大乘起信論講記》，見《印順法師佛學著作集》7 冊（光碟版），新竹：
　　　　印順文教基金會，2006 年，7 頁。

中似乎還沒有這樣的見解」〔註 35〕，但從思想之立意根本上看，認為《起信論》仍符合於印度「真常唯心論」之特質。他指出：

> 「真常唯心論」，經多論少；國人輒以《大乘起信論》為主，視為馬鳴所說，近人於此多疑之。「虛妄唯識論」者，以所見不同而撥之，是未知《起信》也（引者按：此無疑是指內學院一系之呂澂等學者）。考證者，以馬鳴時不應有此思想，且非真諦所譯而非之。《起信論》立一心二門：真如門有空、不空二義；生滅門有覺、不覺二義，真妄和合名阿賴耶。立義大本，吻合於「真常唯心論」，此不可非也。〔註 36〕

並且，印順在《〈大乘起信論〉講記》中通過對《起信論》真偽之爭始末的回顧，尤針對內學院一系因文本證偽而全盤否定抹殺其思想價值的態度，作出一番公允切要的評述：

> 即使考證得非馬鳴作、非真諦譯，《起信論》的價值，還得從長討論。我的看法是：一、印度傳來的不一定都是好的。……二、中國人作的不一定就錯。……在佛教思想上，《起信論》有它自己的價值。這不能和鑒別古董一樣，不是某時某人的作品，就認為不值一錢！……站在唯識學的立場，評論《起信論》的教理不對，這不過是立場的不同，衡量是非的標準不同，並不能就此斷定了《起信論》的價值。……現在來研究佛法，對各部各派的教理，可以比較、評論，但切不可專憑主觀，凡是不合於自宗的，就以為都是不對的、錯誤的。這種宗派的獨斷態度，是萬萬要不得的。站在唯識的立場，說別宗不對，不合正理；別的宗派，也可以站在另一立場，說唯識的不對，不符正理；但決不會因此而問題就解決了。我覺得，唯識學者對於《起信論》，應以討論、商榷的態度，不應以「同我則是，異我則非」的態度來否定起信論。然對於以唯識融會《起信論》，似乎也終於多此一舉。《起信論》與唯識論，各有獨特的立場，……所以，我們先應瞭解他們的不同；不要偏執，也不要附會。先明白各

〔註 35〕印順：《如來藏之研究》，見《印順法師佛學著作集》39 冊（光碟版），新竹：印順文教基金會，2006 年，247 頁。

〔註 36〕印順：《印度之佛教》，見《印順法師佛學著作集》33 冊（光碟版），新竹：印順文教基金會，2006 年，281 頁。

論的特殊意義，再來考慮它在佛法中的地位。〔註37〕

印順法師這種通達明斷之理性的治學態度，在其這本《〈大乘起信論〉講記》中可見一斑，此種貫穿歷史主義的識斷而出自一位虔誠的佛教長老之筆，不得不令人覺得可敬可佩。——印順的《大乘起信論》研究工作的成績，聖嚴法師曾有比較全面的總結，他說：

> 印順長老處理真常唯心論，是站在循末見本的角度，他不會否定此一系的佛法，更不會認為那是寄生於佛教的外道。因為發展的佛教，就是從根本的原始的法義基礎上開展出來，不可以說不是佛世的產品就不是佛法，其實發展後的大乘精神，更能顯現出佛陀積極救世化世的本懷。真常唯心系的佛教，雖屬後期大乘，但它確有阿含佛教的基礎依據，也有南方大眾部分別說系的基礎，也有經量部譬喻師的影響，印老也特別指出，《起信論》受有錫蘭佛教《解脫道論》的影響。更有不少的大乘經論如《楞伽經》、《勝鬘經》、《如來藏經》等作後盾，甚至談到《大乘起信論》的背景資料中，也有古傳唯識《攝大乘論》的內容。印老的目的，便是假借講說《起信論》的因緣，把真常唯心論的佛法，自成一系的條理出來，點明它的來龍去脈，不用籠統和會，不必擔心發現了諸系法義的互相出入而會讓人感到懷疑不信。這也正是歷史的方法論，所表現出來的治學態度及其可信的成果。〔註38〕

顯然，作為「人間佛教」事業的踐行者，印順確實做到了圓融與抉擇並重，通過理性反思而言思想建設，體現出了並不囿於一宗一家之言教的思想氣度。

就 20 世紀「人生佛教—人間佛教」太虛、印順兩位大師對待《起信論》的態度而言，他們對待佛教義理的取向或有不同——太虛傾向於「真如宗」，印順則更傾向於大乘空宗——卻都是圓融和理智的。除了太虛對文獻考據的輕視態度或可商榷，他們的基本立場，大體上應是我們現在學界和教界多數人都能認可的。

〔註37〕印順：《大乘起信論講記》，見《印順法師佛學著作集》7 冊（光碟版），新竹：印順文教基金會，2006 年，7～10 頁。
〔註38〕聖嚴：《印順長老著述中的真常唯心論——以〈大乘起信論講記〉為主》，見《中華佛學學報》，第 13 期，2000 年，6～7 頁。

三、《大乘起信論》與新儒家佛學

1920 年初，梁啟超遊歐歸國，撰《歐遊心影錄》——這也就是在他撰寫《〈大乘起信論〉考證》的兩年前，在《歐遊心影錄》中，梁氏感於一戰以來作為當時大多國人心目中的文明典範的歐洲諸國百孔千瘡，由社會現象而進一步質疑文化根源，他認為當時的西方社會「科學愈昌，工廠愈多社會偏枯亦愈甚，富者益富，貧者益貧。」〔註39〕，疾呼以東方文化「救拔」「破產了的西洋文明」。——這個表述直接引發了張君勱等人發起的「科學與人生觀」論戰，並成為了中國近現代「文化保守主義者」，也就是新儒家們的一個在世界文明面前保持一種優越感的心理依據。——梁啟超此後的文化觀念與新儒家們很多地方有一致性，可見應該不是偶然的，包括在對待《大乘起信論》的問題上，也體現了這一點。我們知道，梁啟超在《〈大乘起信論〉考證》中欣然接受了日本學者的辨偽結論，但他卻不像內學院人士那樣，因為《起信》是「偽經」便全然抹殺了其義理價值。正恰恰相反，梁氏卻因《起信論》這麼一部重要佛學作品被證明是中國人的著述而極為自豪，他說：

> 《起信論》在思想界價值之偉大，稍治佛學者皆能知之，無待吾詞費。松本氏之言曰：「昔叔本華極口讚美印度奧義書，謂為『最高人智之所產出』。以《起信論》校彼，有過之無不及也。」斯言雖或溢美，要亦近真。本論自出世以來，注釋者百七十餘家，為書不下千卷，其影響於我國民思想之深厚，可以概見。朝鮮日本千年誦習無論矣，逮近世而英譯且有三本，巍然成為世界學眾界之一重鎮。前此共指為二千年前印度大哲所撰述，一旦忽證明其出於我先民之手，吾之歡喜踊躍乃不可言喻。本論是否吻合佛意且勿論，是否能闡宇宙唯一的真理更勿論，要之在各派佛學中能擷其菁英而調和之，以完成佛教教理最高的發展；在過去全人類之宗教及哲學學說中，確能自出一頭地有其顛撲不破之壁壘；此萬人所同認也。〔註40〕

梁啟超在承認《起信論》為中國人造的前提下，還給予其義理價值以極高的評價，他認為：

> 本論發端說造論因緣總相曰：「為令眾生離一切苦得究竟樂，非

〔註39〕 梁啟超：《歐遊心影錄節錄》，見《飲冰室合集》專集 23，北京：中華書局，2008 年，7 頁。

〔註40〕 梁啟超：《〈大乘起信論〉考證》，上海：商務印書館，1934 年，4～5 頁。

求世間名利恭敬故」。安知非當時有一悲智雙圓之學者，憫諸師之哄
爭（引者：指南北朝的地論、攝論學派間。），自出其所契悟者造此
論以藥之，而不欲以名示人。此在我國著述界中，殊不足為奇也。
在論主之意，並未嘗欲託古人以為重。及既傳於世，共賞其玄異而
不審其所自來。有好事者則謂是非馬鳴不能作，非真諦不能譯也。
輒以署之而傳者因之，於是轉成作偽之文矣！以吾所見，或是如此，
姑陳之以備一解。〔註41〕

　　顯然，梁氏的看法與內學院王恩洋等認為《起信論》的作者為無知的「梁
陳小兒」的論斷相較，在好惡取向上可謂截然相反，也更合乎情理得多。——
古時學者所處社會之狀況，無名學人撰成新說，因流傳不易，往往託名古人，
以廣傳揚，此亦為無可奈何的辦法，對此，我們還是應該有幾分「瞭解之同情」
的態度為是。

　　與梁啟超相似的意見，在當時的新儒家中常可見到，若新儒學之奠基人馬
一浮便對《大乘起信論》亦推重有加，他常謂「《起信論》一心二門，與橫渠
心統性情之說相似」〔註42〕。——橫渠即宋儒張載，其學說認為性善情惡，而
統攝於一心。而《起信論》則認為一心同時開出作為淨法的真如門與染法的生
滅門，馬一浮則認為二者的模式是類似的。顯然，他對《起信》的重視，在於
其義理模式與其所推崇的宋明儒學有相通的地方。

　　1940 年代，新儒家熊十力與內學院的呂澂之間出現了一場「辯佛學根本
問題」的論戰，在這場論戰中，熊十力對呂澂將印中佛教義理劃分「本寂」和
「本覺」表示不滿，並還以此為《大乘起信論》辯護，他說：

　　　　偽論如《起信》，其中理，是否無本於梵方大乘，尤復難言。此
等考據問題，力且不欲深論。但性覺與性寂相反之云，力竊未敢苟
同，般若實相，豈是寂而不覺者耶？如只是寂，不可言覺，則實相
亦數論之闇也。佛家原期斷盡無明，今冥然不覺之寂，非無明耶？
而乃謂自性是，毋乃達自宗乎？吾以為性覺、性寂，實不可分。言
性覺，而寂在其中矣。言性寂，而覺在其中矣。性體原是真寂真覺，
易言之，即覺即寂，即寂即覺。二亡，則不見性也。主性覺，而惡

〔註41〕梁啟超：《〈大乘起信論〉考證》，上海：商務印書館，1934 年，85 頁。
〔註42〕馬一浮：《涵養致知與止觀》，見《馬一浮新儒學論著輯要》，北京：中國廣播
　　　　電視出版社，1995 年，93～94 頁。

言性寂，是以亂識為自性也。主性寂，而惡言性覺，是以無明為自
性也。即曰非無明，亦是枯寂之寂，墮斷見也。何可曰性覺與性寂
相反耶？〔註43〕

自此而後，在新儒學界中，熊十力的意見可稱為代表性的，其他新儒家
們若方東美、唐君毅等，均雖接受了《起信論》為中國人造的觀念，但無一
不對《起信》義理模式大加讚譽。其中最有代表性的，當為熊十力的學術傳
人牟宗三。

從牟宗三在其晚年的思想中，對《大乘起信論》的「一心開二門」義理架
構給予了無上推崇，並利用這個模式熔冶儒佛中西學問於一爐，他認為「一心
開二門」是一個有普遍性的哲學模型，可以適用於儒道釋三教，亦可保有西方
科學知識的合理性。——心真如門，可對應儒家的內聖學；而心生滅門，則通
過「良知的自我坎陷」而能夠開出西方的科學與民主精神，也就是「新外王
學」。牟氏並詮釋「自性清淨心」為「智的直覺」，按此模式回應康德的道德形
上學，以為智思界與先驗法則，皆由一心開出，可從現象直通物自身，因之認
為「一心開二門」的模式可涵蓋和超越康德的哲學系統。〔註44〕

牟氏「一心開二門」體系的形成，首先建立在他對《起信論》本身思想
價值乃至於中國佛學思想的整體判斷上。與印順法師一樣，牟宗三亦認為《起
信論》思想屬「真常心」一路，而與印順有差別的是，他認為《起信論》思
想的形成，是大乘佛學發展的必然趨勢與最高成就。他在《中國哲學十九講》
中指出：

《大乘起信論》所提出之如來藏系統，則是講「如來藏自性清
淨心」；自性既是清淨，則非虛妄污染，所以是屬真常心。真是真實
不虛，常是恒常不變。依佛教而言，此則是「智心」。而「智心」乃
是由「識心」對翻而來的，所以由唯識宗的阿賴耶系統推進至《大
乘起信論》的真常心繫統，這種推進是佛教內部教義的發展中，必
然要出現的一種推進。因為順著阿賴耶識系統中問題的展現，自然
會逼顯出「如來藏自性清淨心」的思想系統。〔註45〕

〔註43〕熊十力、呂澂：《辯佛學根本問題》，見《中國哲學》第 11 輯，北京：人民出
版社，1986 年。

〔註44〕參見牟宗三：《中國哲學十九講》，上海：上海古籍出版社，2005 年，219～241
頁。

〔註45〕牟宗三：《中國哲學十九講》，上海：上海古籍出版社，2005 年，220 頁。

牟宗三認為，唯識宗的阿賴耶識只是妄識，只能開出生死流轉法，卻開不出作為佛性內在依據的無漏清淨法。——雖然唯識宗也講「無漏種」，但不是由阿賴耶識直接生出，而是經正聞薰習所成，這樣「一切眾生皆可成佛」這一大乘佛學的基本前提便無法證成了。「一心開二門」思想之生成，亦是對唯識體系的修正與完善。

牟宗三還通過他在《現象與物自身》中所建構的二重存有論理念，說明《起信論》之心生滅門，即是言執的存有論，《起信論》之心真如門，即是言無執的存有論。藉此說明一心開二門思想的合理性而言其必然性，他在《佛性與般若》中提出：

> 蓋由《般若經》只言般若作用地具足一切法，而對於一切法卻並無一根源的說明，即，只有作用的具足，而無存有論的具足，是故再進而言存有論的具足，由此進一步的說明所必至者。一心開二門，二門各總攝一切法即是存有論的具足也。依心生滅門，言執的存有論；依心真如門，言無執的存有論。是則由實相般若進而言心真如之真常心，此乃由問題之轉進所必至者。〔註46〕

牟宗三的上述觀點，亦是建立在他對中印佛學發展史的整體判斷上，他認為只有一個佛學，中國佛學的發展是對印度佛學的繼承和發揚，而不是背離。他說：

> 近人常說中國佛教如何如何，印度佛教如何如何，好像有兩個佛教似的。其實只是一個佛教之繼續發展。這一發展是中國和尚解除了印度社會歷史習氣之制約，全憑經論義理而立言。彼等雖處在中國社會中，因而有所謂中國化，然而從義理上說，他們仍然是純粹的佛教，中國的傳統文化生命與智慧之方向對於他們並無多大的影響，他們亦並不契解，他們亦不想會通，亦不取而判釋其同異，他們只是站在宗教底立場上，爾為爾，我為我。因而我可說，嚴格，佛教並未中國化而有所變質，只是中國人講純粹的佛教，直稱經論義理而發展，發展至滿之境界。若謂有不同於印度原有者，那是因為印度原有者如空有兩宗並不是佛教經論義理之最後階段。這不同是繼續發展的不同，不是對立的不同；而且雖有發展，亦不背於印

〔註46〕牟宗三：《佛性與般若（上）》，長春：吉林出版集團有限責任公司，2010年，359頁。

度原有者之本質；而且其發皆有經論作根據，並非憑空杜撰。〔註47〕

因此，牟氏對堅守唯識立場批判《起信論》及漢傳佛教正統宗派的內學院學說，持嚴厲的批評態度，如他謂：

> 歐陽竟無先生說藏密、禪、淨、天臺、華嚴，絕口不談；又說自臺、賢宗興，佛法之光益晦。藏密、淨土，不談可以。天臺、華嚴、禪，如何可不談？若謂人力有限，不能全談，則可。若有貶視，則不可。臺、賢宗興，如何便使佛法之光益晦？而呂秋逸寫信給熊先生竟謂天臺、華嚴、禪是俗學。此皆是宗派作祟，不能見中國吸收佛教發展之全程矣。他們說這是力復印度原有之舊。然而佛之教義豈只停於印度原有之唯識宗耶？此亦是淺心狹地之過也。〔註48〕

由此可見，牟宗三等新儒家在對待《大乘起信論》及定位漢傳佛教傳統宗派的問題上，恰與內學院一系居士佛教針鋒相對，構成了近現代佛學思想別具特色的一大流派。

四、結語

在以《大乘起信論》真偽之爭這一佛學公案為契機，逐漸清晰了各自的學術立場而呈現出的近現代佛教思想的上述三個流派中，「人生佛教—人間佛教」一派的有關見解，可謂相對公允執中，逐漸成為了這一問題的主流意見。而支那內學院一系居士佛教與新儒家的佛學思想立場，卻體現了近現代以來中國思想學術領域「文化偏至」的特點，他們針鋒相對而又各具勝義，留給我們頗多值得反思和探討的問題。

縱觀中國自 19 世紀末以來的歷史，不同形態和模式的西學東漸向未停歇，西方的科學理性日益深入到「百姓人情日用」的一切領域。此一期間，立足於儒、佛、道諸家傳統的中國學人們一直面臨如何調適自身的思想體系，以迎合或爭衡於西學的問題。支那內學院一系的歐陽竟無、呂澂、王恩洋等學者，他們對《大乘起信論》及漢傳佛教傳統宗派的批判，就其在主觀出發點言，自然是希圖正本清源以回歸印度唯識學宗旨，但客觀上則反映出一種發掘佛教體系內的理性成分以回應並爭勝於西方科學理性的一種文化努力，

〔註47〕牟宗三：《佛性與般若（上）》，長春：吉林出版集團有限責任公司，2010 年，4 頁。

〔註48〕牟宗三：《佛性與般若（上）》，長春：吉林出版集團有限責任公司，2010 年，6 頁。

他們倡導的「佛法非宗教非哲學」「結論後之研究」等方法建構，莫不顯現如是用意。〔註49〕而新儒家若熊十力、牟宗三等，他們所立足的理論模式，事實上一直都仍在張之洞以來的「中體西用」思維框架內，他們希望解決的，是如何安立一個代表中國文化傳統之優越性的主體作為「本位」，以吸納、消化並「統馭」西學。若牟宗三通過《大乘起信論》之「一心開二門」建立的體系構想，歸根結底，都是這種努力的實施。而深受《大乘起信論》影響的傳統宗派哲學，亦在新儒學領域大放光彩，除了牟宗三之於天臺宗外，若方東美、唐君毅對華嚴宗思想的闡揚，皆如是者。——內學院與新儒家學者對於《大乘起信論》的批判或消化，亦皆是立足於他們各自的思想立場而體現出的不同價值取向。

此外，從思想史研究的視角著眼，內學院學者對待《大乘起信論》的佛學研究立足於中國佛教對印度佛教的誤解和二者的差異性；而「人生佛教—人間佛教」與新儒家們的有關研究則更注重於中國佛教對印度佛教的繼承和二者的一貫性。他們研究工作的具體得失，筆者因學力所限，固不敢妄加評論。不過就思想史發展的一般規律而言，一種文化思想的異地移植，均應是既有對原有宗旨的保留和承繼，也有因適應新的文化環境而出現的內在調適〔註50〕。因之，未來對《大乘起信論》的研究如能將這兩個不同視角結合起來進行整體分析，必將會有更進一步的發展。

〔註49〕參見拙文：《理性與正信——略論內學院一系佛學的修學觀》，見《法音》2009年第 3 期。

〔註50〕參見湯用彤：《文化思想之衝突與調和》，見《中國現代學術經典·湯用彤卷》，石家莊：河北教育出版社，1996 年，777 頁。

第二章　內學辨義

理性與正信
——略論內學院一系佛學的修學觀

　　根據近年所發現的一份呂澂先生寫於 1959 年的自述材料，其中呂先生自謂其「本無宗教信仰」，整理者高山杉指出，呂先生在另一份涉及政治的自述中，也再次表明了此點〔註1〕。讀過呂先生佛學著作的人，應都會對這種說法提出疑問，因為，他的佛學寫作一向具有強烈的宗教情懷。比如，呂先生曾在與熊十力的論學書信中自道心曲，強調其於佛學有「心教交參，千錘百鍊」〔註2〕之功行。事實上，他不僅是廣治經論的佛教學者，更是一個真修實證的大德居士。——因此，呂澂先生「本無宗教信仰」的言說，當視為特殊政治環境下的特殊表白。但進一步思考，我們可以發見，呂先生的言說也是巧妙的，因為，呂先生所立足之內學院一系的佛學修學法門，向不倡導世俗宗教普通意義上的「信仰」而別具印度佛教理性為勝的旗幟，更具深刻的思辨含義。故擬就歐陽竟無先生所開創，並為其後學呂澂先生等所承繼和開展的內學院一系的佛教修學觀略加紹介與探討。

一、佛法非宗教非哲學

　　晚清至民初，面臨國勢凌夷，列強壓境之「三千年未有之變局」，中國佛教於此種文化環境之危機下，亦彰顯出自身的諸多問題，晚清佛教大德楊仁山

〔註1〕呂澂：《我的經歷與內學院發展歷程》（整理者：高山杉），見《世界哲學》2007年 3 期。

〔註2〕呂澂、熊十力：《辯佛學根本問題：呂澂、熊十力往復函稿》，《中國哲學》第11 輯，北京：人民出版社，1984 年，172 頁。

居士（亦歐陽竟無之師）面臨此種狀況，充滿憂患意識地指出當時佛教界「蓋自試經之例停，傳戒之禁弛，以致釋氏之徒，無論賢愚，概得度牒。於經、律、論毫無所知，居然作方丈開期傳戒。與之談論，庸俗不堪，士大夫從而鄙之。西來的旨，無處問津矣。」〔註3〕「支那境內，禪宗一派，空腹高心，西來大意，幾成畫餅。臺教一派，尚能講經，惟泥於名相，亦非古法。且諸方名剎，向無學堂造就人才，所以日趨於下也。」〔註4〕號稱「八指頭陀」的名僧敬安，亦慨歎「嘉道而還，禪河漸涸，法幢將摧。咸同之際，魚山輟梵，獅座蒙塵，池無九品之花，園有三毒之草。」〔註5〕針對當時所流行的已然背離釋尊遺教的種種世俗迷信，對佛法向有好感的梁啟超亦指出：

> 中國人中迷信之毒本甚深，及佛教流行，而種種邪魔外道惑世
> 誣民之術，亦隨而復活，乩壇盈城，圖讖累牘。佛弟子曾不知其為
> 佛法所訶，為之推波助瀾，……率此不變，則佛學將為思想界一大
> 障，雖以吾輩夙尊佛法之人，亦結舌不敢復道矣。〔註6〕

如是種種，加之因近世西學東漸，西方理性主義於中國日漸勃興，包括佛學在內的當時中國固有之文化體系，無不面臨其衝擊。佛教方面，不僅在制度上面臨「廟產興學」等來自社會的諸多打壓，五四以降，更有一些著名學者持「唯理性主義」的態度，對於包括佛教在內的所有宗教文化，均持強烈的批判態度。——身為新文化之倡導者，同時又以治禪宗史命家的胡適先生的佛學研究，便以此種學術視角為立足。佛教界面臨種種危機，如何在新的社會文化環境中振衰起弊，如何建立其可與西學抗衡的學術話語，成為彼時教界有識之士所關注的首要問題。——歐陽竟無先生所揭出的「佛法非宗教非哲學」，便是佛法於近代應時對機的一種新的理論建構。

「佛法非宗教非哲學」是歐陽竟無於 1923 年 10 月在南京高師哲學研究會上所發表的題目，他在此文中，極力辨明佛法中的理性取向，強調佛法以「依法不依人；依義不依語；依了義經不依不了義經；依智不依識」之四依四

〔註3〕楊仁山：《等不等觀雜錄・釋氏學堂內班課程芻議》，見《20 世紀佛學經典文庫・楊仁山卷》，武漢：武漢大學出版社，2008 年，237 頁。

〔註4〕楊仁山：《等不等觀雜錄・與日本南條文雄書二十二》，見《20 世紀佛學經典文庫・楊仁山卷》，武漢：武漢大學出版社，2008 年，344 頁。

〔註5〕釋敬安：《衡山清涼寺碑》，見《八指頭陀詩文集》，長沙：嶽麓書社，1984 年，471 頁。

〔註6〕梁啟超：《清代學術概論》，見《梁啟超論清學史二種》，上海：復旦大學出版社，1985 年，85 頁。

不依為根本原則，而與世間以有神論為特徵的一切宗教絕非同流，他指出：

> 一者崇卑而不平，一者平等無二致；一者思想極其錮陋，一者
> 理性極其自由；一者拘苦而昧原，一者宏闊而真證；一者屈己以從
> 人，一者勇往以從己。二者之辨，皎若白黑，而烏可以區區之宗教
> 與佛法相提並論哉！〔註7〕

由此可見歐陽先生高屋建瓴的學術視野，他多方面深入揭櫫佛法真正精神與世俗宗教間的「不共」特徵，發揚了佛法的理性成分，在涉及佛法與世俗之「宗教信仰」的差別時，他著重指出：

> 凡宗教家類必有其宗教式之信仰。宗教式之信仰為何？純粹感
> 情的服從，而不容一毫理性之批評者是也。佛法異此。無上聖智要
> 由自證得來，是故依自力而不純仗他力。依人說話，三世佛冤，盲
> 從迷信，是乃不可度者。〔註8〕

他認為，佛法中之「正信」之意義，乃「智人之樂欲」，亦「乃丈夫勇往奮進之精神」，為對人生解脫沉淪而達超越境界之堅定信心，固非世俗中必須無條件接受之「宗教信仰」也。綜觀歐陽之全篇宗旨，在於強調佛法非西方學術話語中的「宗教」「哲學」諸概念所可限定，為更高深宏闊之智慧，更廣大精微之學說。他說：

> 宗教、哲學二字，原係西洋名詞，譯過中國來，勉強比附在佛
> 法上面。但彼二者、意義既各殊，範圍又極隘，如何能包含得此最
> 廣大的佛法？正名定辭，所以宗教、哲學二名都用不著，佛法就是
> 佛法，佛法就稱佛法。〔註9〕

從歐陽竟無的論述中，我們明顯可見他挺立佛法之主體性與彼時流行的西方學術話語爭衡之苦心。他否認了佛法是世俗所理解的「宗教信仰」而發揮佛教中以「無漏智」為依託的「正信」──呂澂先生自謂其「本無宗教信仰」的深意亦當在此。歐陽竟無論證「佛法非宗教非哲學」的方式，應來源龍樹中觀學中「遮詮」的邏輯形態，在他看來，無論是宗教還是哲學，都僅僅是世俗

〔註7〕歐陽竟無：《佛法非宗教非哲學》，見黃夏年編：《歐陽竟無集》，北京：中國社
　　　會科學出版社，1995年，4頁。

〔註8〕歐陽竟無：《佛法非宗教非哲學》，見黃夏年編：《歐陽竟無集》，北京：中國社
　　　會科學出版社，1995年，3頁。

〔註9〕歐陽竟無：《佛法非宗教非哲學》，見黃夏年編：《歐陽竟無集》，北京：中國社
　　　會科學出版社，1995年，1頁。

學問，是無法與作為「第一義」佛法相比的，通過「遮俗顯真」，揭出「佛法就是佛法」，是為了維護佛法的獨立性與完整性。然而，面對尚未證得無漏智的世間眾生，如何來說解佛法？則必然又離不開「不依世俗諦，不得第一義」的「以俗說真」，仍要借助世間理性去詮解作為方便之道。歐陽竟無在《以俗說真之佛法談》中認為，釋尊說法之方式，亦是「以俗說真」，因為，佛智本為難以世間語言文字表述的獨境，而為眾生說法，則仍不得不借助世間智慧，也就是「所說者俗而所指者真，此之謂以俗說真也。蓋凡言說，必依事物而發出，若無事物可依，則此言說無從發出」〔註10〕——這就是說，佛法雖高於世間法，但仍需以世間法為普被眾機所權借之舟航，這樣，既堅持了佛法對於「無漏智」的「正信」之高於世間學問的主體地位，又可納入世間理性作為其理論工具，這一點，落實到內學院的修學觀上，則是其「結論後之研究」。

二、結論後之研究

　　佛教修學之本質，歷來都是希圖超越「世智」去企及「出世智（佛現量）」，而這中間的鴻溝是不可能僅靠用世俗之人的經驗手段或能力達到的，在這個終極性的飛躍上面，任何人都需要由「正信」而入道，必須以「佛法如海，唯信能入」作為先驗律令。——這樣，從理性主義的角度去看，問題就出現了：我們為什麼去信？依據何在？——這也是歷來的宗教哲學處理信仰與理性二者關係時多會遇到的兩難問題。歐陽竟無在《佛法非宗教非哲學》對此問題的解說，是將佛家之聖言喻為類似於笛卡爾哲學中幾何算術公理那樣的先在真理，他說：

> 　　所謂聖言量者，非如綸音詔旨更不容人討論，蓋是已經證論，
> 眾所公認共許之語耳。譬如幾何中之定義公理，直角必為九十度，
> 過之為鈍角，不及為銳角，兩邊等，兩角必等之類，事俱如此，更
> 又何必討論耶！此而不信，則數理沒從證明。〔註11〕

　　在歐陽竟無看來，佛法既然為真理，則眾生必須依教修行，因為，佛教之所依為無漏智，乃佛菩薩現量證得，而對於尚未見道的普通修行者，必然要以之為前提。吾人在修學過程中，則須以聖言量為依託，作「結論後之研究」，

〔註10〕歐陽竟無：《以俗說真之佛法談》，見黃夏年編：《歐陽竟無集》，北京：中國社會科學出版社，1995 年，87 頁。

〔註11〕歐陽竟無：《佛法非宗教非哲學》，見黃夏年編：《歐陽竟無集》，北京：中國社會科學出版社，1995 年，2 頁。

他在《支那內學院研究會開會辭》中指出：

> 吾人現在研究，乃結論後之研究，推闡發揮，皆不能外於已定
> 之結論，非由研究遂別得一新結論也。此非迷信之談，處有漏而究
> 無漏，其理則然耳。設不爾者，必須見道以得其教，再用因明以成
> 其理，始得別作主張也。〔註12〕

他並借因明學理論指明，「結論後之研究」，乃是「假聖言量為比量。此雖
非現量，而是現量等流，可以因藉。」〔註13〕——這裡所謂的「現量」，乃是
陳那菩薩所說的「瑜伽現量」，是對於佛教真理的直觀親證，亦稱「現觀」、
「現證」。也就是說，吾人既知聖言之所指，乃佛智所證之「現量」，在佛教看
來這一定是可靠的，故「可以因藉」，然佛智雖高於世間智，吾人亦只能且用
世智先做深入理解，先將聖言量作為比量（推理知識）去研究證實，運用理性
去辨析，以為方便權宜之入道之基。

由此可見，歐陽竟無所倡導的「結論後之研究」的修學方法，顯然與作為
彼時教內修學主流的只倡實證體悟而以佛智為全然為不可言說之境的禪、淨
諸法門不同，他認為佛家之「正信」不能廢棄抉擇教理的佛學研究，他認為
「教理皆為研究探討之所取決，故公認熟於教理者有批評之職，乃屬當然之
事。」他所提出的「假聖言量為比量」在本質上，實為欲借世間理性來證成佛
智的最高真理性質，這一點，頗與西方神學中托馬斯·阿奎那處理「信仰」與
「理性」二者關係方式有一些相似之處，托馬斯·阿奎那認為透過理性的正確
運用所能獲得的知識，與透過信仰所得到的知識，歸根結底是相通的，因此，
理性以正確的方法所獲得的真理，不僅不會損害信仰，還可以佐證信仰之為最
高的真理。——當然，阿奎那這裡的「信仰」乃是基督教的「天啟知識」，與
佛教作為最高智慧的「無漏智」自然不是同一個系統的問題，但在尋求理性
與信仰的會通這一點上，歐陽竟無的「結論後之研究」所欲解決的問題與之是
有共同的視角的。有論者指出阿奎那神學在西方思想史上的意義是：「這種對
信仰問題的理性證明代表了中世紀基督教哲學發展的一個階段，這個階段的
精神特徵就是尋求信仰與理性的和解。」〔註14〕——筆者認為，歐陽竟無之

〔註12〕歐陽竟無：《支那內學院研究會開會辭》，見《內學》第一輯，1924 年，2 頁。
〔註13〕歐陽竟無：《今日之佛法研究》，見黃夏年編：《歐陽竟無集》，北京：中國社會
　　　　科學出版社，1995 年，24 頁。
〔註14〕趙林：《中世紀基督教哲學中的奧古斯丁主義與托馬斯主義》，見《社會科學戰
　　　　線》2005 年 1 期。

「先結論之研究」修學觀的提出，在中國佛教史上的意義或亦當在此。

當然，我們如站在客觀立場的學術視野上，仍不得不感到，歐陽竟無以「結論後之研究」會通理性與作為佛教先驗真理之「正信」，仍然存在其難以迴避的矛盾，正如龔雋指出的：

> 作為一套不證自明的公理系統何以可能及必要取得作為經驗形態的歷史學知識的合法性支持，這裡有方法論上難以解決的困難。竟無想為佛學的合法性重建先驗的依據，但他又不滿於純粹直觀的呈現而要勉為其難的處處為這種依據尋求經驗知識的辯護。這種方法上的二難和雙重性格不僅表現了他內心深刻的悖論，也展示出他在近代西方科學強勢話語下為振興佛學而進行的一種知識上的努力。〔註15〕

不過，吾人綜觀印中佛教之思想史，可以發現，佛教思想發展的一重要特色，即其自發生始，已出現了一方面要運用理性思辨去探尋宇宙人生之終極真理，另一方面則需要維護釋尊言教的自明性與先驗性。二者相輔相成與矛盾統一的長期共存亦構成佛教理論的不斷自我演變發展乃至宗派分支的內在原因。——在某種意義上，佛家浩繁經籍的內容在很大程度上都是在通過各種方面的詮釋以彌和這種兩難。而如何超越此種矛盾，則是歷代佛學家們一直需要面對的問題。也就是說，歐陽竟無所面臨的理論難題，乃是一個佛教思想史上久已存在的兩難問題，他的解答是否圓滿本身並不重要，這種迎合西學衝擊的理論嘗試的本身，開闢了佛法現代化之轉型的先路，已經給予我們甚多啟迪。

「結論後之研究」的修學觀的理論形態，實是一種「經院哲學」（歐陽雖反對用哲學比附佛法，但我們為了論述方便，仍需要借用這些西方術語），目的在立足於佛教經典的神聖性，去梳理和論證佛法義理。同時也通過解析經典之原義，辨明何為純正之佛法，以去偽存真。歐陽竟無在「結論後之研究」的前提下十分注重經典的真偽辨別，他指出：

> 真偽之簡別，在不輕置信，在讀書細心，終於無漏引生，知其相應與否。至為此初基者，則多聞也。多聞乃膽大，乃心細，乃眼明，而有判別。〔註16〕

〔註15〕龔雋：《歐陽竟無思想中的三個論題》，見《哲學研究》1999 年第 12 期。

〔註16〕歐陽竟無《今日之佛法研究》，見黃夏年編：《歐陽竟無集》，北京：中國社會科學出版社，1995 年，25 頁。

　　在中國學術傳統上，這種回歸原典，注重辨偽的態度與清儒的「經學」也有相似。正如清儒們回歸漢學而論證宋明儒學是「非道即禪」的偽學一樣，歐、呂師弟回歸印度大乘有宗義理並以之為立足點，認定中土臺、賢、禪諸學為偽學，並斷定《起信》《楞嚴》《圓覺》等經典為漢地偽造。這種在「結論後之研究」前提下的辨偽，後來呂澂先生名之為「義據批評法」。

三、義據批評法

　　歐陽竟無先生高揚佛學中「四依四不依」之理性精神，此中之根本，為首句之「依法不依人」。然藏經浩瀚，法門多途，佛教史上亦向來宗派林立，貫徹「四依四不依」，無疑必須首先抉擇清楚何者為釋尊遺教之純正佛法，並以之立基，方能對佛教史上林林總總的學說作進一步的判斷而安立「正信」。

　　歐陽之學以唯識為宗，並以此為最圓滿究竟之學而揭出印度佛教之根本精神，他認為佛學之根本，在於以「寂」之一義為宇宙人生之終極真實狀態，他指出：

>　　原夫宇宙人生，必有所依以為命者，此為依之物，舍寂之一字，誰堪其能？是則，寂之為本體，無可移易之理也。寂非無物也。寂滅寂靜，即是涅槃。〔註17〕

>　　夫真實自我者，寂滅寂靜是也。譬如江海，濤勢排山而水勢寂然；譬如日月，光輝流轉而辰次寂然；譬如明鏡，萬象紛呈而鏡體寂然；譬如逆旅，估客奔馳而逆主寂然；譬如虛空，一切所依而空體寂然。〔註18〕

在此「性寂」之基礎上，歐陽十分重視唯識學中的「轉依」之義，他說：

>　　體不離用，用能顯體。即體以求體，過則無邊；但用而顯體，善巧方便。用當而體現，能緣淨而所緣即真，說菩提轉依即涅槃轉依；唯識所以巧妙莫階也。諸有不知如是義者，每以現法樂住為涅槃，如初禪之離欲、二禪之離苦、三禪之離喜、四禪之離樂，乃至於神我周遍、自然（道家以用為體）、自在（上帝造物之類）、哲學真理、儒家世樂（暫時息機），此皆誤以體為可求，妄構似相執著之；

〔註17〕歐陽竟無：《孔佛概論之概論》，見《歐陽竟無佛學文選》，武漢：武漢大學出版社，2009 年，328 頁。
〔註18〕歐陽竟無：《〈大般涅槃經〉敘》，見《歐陽竟無佛學文選》，武漢：武漢大學出版社，2009 年，250 頁。

然此似相轉瞬即非，樂且無常，況云涅槃。〔註19〕

他這裡的意思是說，在佛法之修學過程中，「轉依」是一個即體（涅槃）即用（菩提）的功能，而世間的其他哲學、宗教，多以本體為可求而能顯現，按他的理解，佛法之所以高於此者，在於發菩提心後不斷對治無明的「轉依」過程本身即是本體（涅槃），這種二元（轉依與無明）對立動態的緊張關係，對於修行者來說，是不可窮盡和懈怠的。——後來，呂澂先生寫《觀行與轉依》，比較透徹地解說了「轉依」之意義，他認為，主觀方面，「轉依」是由認識的質變，即由錯誤的認識轉變為正確的認識，間接改變行為，而造成身心的全盤改變；客觀方面，由於認識的質變而造成事象的變革；事象的變革「不是簡單地從名想認識的轉移便直接有了改變，卻是由認識的不斷矯正，事象實相的顯現益加了然，這再引起行動，革新事象，使它更和實相隨順地發展。」〔註20〕

在內學院一系佛學的邏輯系統中，「轉依」必然要依託於「性寂」，呂澂先生曾在《試論中國佛學有關心性的基本思想》一文中解說了「性寂」的本質含義，他說：

印度佛學對於心性明淨的理解是側重於心性之不與煩惱同類。它以為煩惱的性質囂動不安，乃是偶然發生的，與心性不相順的，因此形容心性為寂滅、寂靜的。這一種說法可稱為「性寂」之說。……從性寂上說人心明淨，只就其「可能的」「當然的」方面而言。〔註21〕

這裡所講的從性寂上說人心明淨，只能是「可能的」，「當然的」，因此「轉依」的過程只能在這種人生不斷精進而對治無明的緊張關係中才得以發用，若本體一開始就可以彰顯無餘，成為「現實的」，「已然的」，則轉依也失去了其與無明的對待關係，其作用也就無從發揮了。——內學院佛學也正是在這種對待關係上安立其「不住涅槃」的大乘菩薩道精神。總之，「性寂」與「轉依」，應是內學院佛學修學體系中最核心的理念，判定某種學說是否合乎釋尊正教，他們也是以此作為判斷標準的。

〔註19〕歐陽竟無：《唯識抉擇談》，見黃夏年編：《歐陽竟無集》，北京：中國社會科學出版社，1995 年，95～96 頁。

〔註20〕呂澂：《觀行與轉依》，見《呂澂佛學論著選集（3）》，濟南：齊魯書社，1991年，1378 頁。

〔註21〕呂澂：《試論中國佛學有關心性的基本思想》，見《呂澂佛學論著選集（3）》，濟南：齊魯書社，1991 年，1417～1418 頁。

　　歐陽竟無斷定《大乘起信論》的思想為中土疑偽的「相似佛學」，其重要理據，便是認為其違背了作為佛法根本的「轉依」之義，他指出：

　　　　《起信》無漏無種，真如自能離染成淨，乃合正智真如為一，失體亦復失用也。《深密》平說八識，故八識可以同時而轉，以是俱有依故；又識各有種，種生現行不妨相併故，因緣增上二用俱有故。《起信論》豎說八識，三細六粗次第而起，幾似一類意識，八種差別遂不可立矣。從史實與理論觀之，《起信》與分別論大體相同也如彼；以至教正理勘之，《起信》立說之不盡當也又如此；凡善求佛法者自宜慎加揀擇，明其是非。〔註22〕

　　他甚至進一步斷言，「《起信論》出，獨幟法壇，支離儱侗之害千有餘年，至今不息」〔註23〕。並認為承襲《起信》義理的中國臺、賢、禪諸學「乃無一紙切當示要之論」。

　　後來，呂澂先生承繼了歐陽竟無的上述判教思想，將《起信》《楞嚴》《圓覺》一系經典的思想判定為違背了「心性本寂」的「本覺」之偽說，並結合文獻考據的方法作用於其辨偽，這種方法，呂澂先生以「義據批評法」名之〔註24〕。其運用於治學，是先判斷義理是非而再作考證，很明顯，這應是從「結論後之研究」之修學觀中發展而來的。──當然，這種「義理先行」的考據是否全然符合歷史真實，其對「偽經」所作的價值判斷是否公允，近世以來爭議不絕。不過，歐、呂師弟的這種教理批判意識，建立在發揚佛教的理性思辨精神的基礎上，其對於何為「純正佛法」的探索並堅持「去偽存真」的嘗試，客觀上是在試圖顛覆宋代以來佛教諸宗以「圓融調和」為主調的思想傳統。──事實上，綜觀佛教思想史，如果不同宗派間的調和多了，爭議少了，反而會影響其本身的發展活力，因為，任何思想的推進，都多發生在不同學派因義理矛盾而產生的動態的爭鳴上，思想間若沒有爭鳴，則易成死水而停滯不前。中國佛教史上的黃金時代，同時也正是諸學派間激烈爭鳴的時代（從南北朝到唐初，莫不如是），任何學術過於講「圓融」的時候，都會出現章太炎在《論諸

〔註22〕歐陽竟無：《唯識抉擇談》，見黃夏年編：《歐陽竟無集》，北京：中國社會科學出版社，1995年，108～109頁。
〔註23〕歐陽竟無：《楊仁山居士傳》，見《內學雜著》（下），南京：金陵刻經處，2004年，1～2頁。
〔註24〕呂澂：《起信與楞伽》，見《呂澂佛學論著選集（1）》，濟南：齊魯書社，1991年，293頁。

子學》中所說的「強相援引，妄為皮傳，愈調和愈失其本真，愈附會愈失其解故」〔註25〕的種種弊端。從近代乃至於今，也許我們的佛教界比任何時候都更需要這種爭鳴意識的尋回，內學院佛學堅持於本學派義理的「義據批評法」，其意義也當在於此罷。

四、結論

近世以來，因西學東漸的衝擊，佛家之學如何於從自身的體系中尋找並發展新力與之抗衡，謀求學理上的合理地位，成為晚清民初佛教界有識之士共同的致思方向。此一期間，若章太炎將佛學比附於康德哲學，梁啟超提出的「佛教心理學」，太虛法師提出的「佛法可涵蓋哲學、科學」，王季同、尤智表等人提出的「佛法是科學」等論述，無不體現了這種文化思潮與彼時佛教思想的發展趨向。而歐陽竟無的「佛法非宗教非哲學」，既維護了佛家「正信」的神聖根基，又能給予世間理性以合理地位，獨張一幟，比較系統地回答了這一問題。

歐陽竟無等內學院學者所主張的「佛法非宗教非哲學」與「結論後之研究」、「義據批評法」諸修學理念，相互間具有其內在聯繫，——由「佛法非宗教非哲學」辨明瞭佛法為先驗真理的「無漏智」而非世俗學問，旨在闡明佛法為注重理性的「正信」；進而立足於佛法與世間學術的差異，在如何處理理性與「正信」二者關係的問題上，借「以俗說真」開出其「結論後之研究」的修學法門；而「結論後之研究」落實到經典解析與抉擇上，則成為其「義據批評法」。內學院一系佛學的修學觀的建立，試圖在近代文化環境的危機下振衰起疲，高揚佛教的主體性而爭取其合法話語地位。——回顧百年以來的中國文化走向，應該說，歐陽竟無、呂澂等先生當時所面臨的問題，目前仍還在一定程度地延續著，因此，內學院一系佛學的修學觀，對我們今天仍將有一定借鑒意義。

〔註25〕 章太炎：《論諸子學》，見《章太炎選集》，上海：上海人民出版社，1981 年，354 頁。

1921 年前後關於柏格森哲學與
佛學關係論辯之始末

　　柏格森（Herri Bergson 1859～1941）是 20 世紀初期在世界範圍內影響頗大的哲學家，其傳記作者波蘭哲學家科拉柯夫斯基（L. Kolakowski）謂：「在 20 年代和 30 年代，他的影響力仍遍及整個歐洲，只是在第二次世界大戰後才幾乎消失殆盡。在其巔峰時期，柏格森的聲望和影響恰好能同薩特在 40 年代末和 50 年代初所享有的時髦地位媲美。」〔註1〕這一評價是毫不誇張的。1927 年，柏格森獲得當年的諾貝爾文學獎，其「授獎辭」中甚至說：「人們如果瞭解柏格森精深的思想體系足以引導一代代的才俊，無疑地會斷定：他的未來影響將比他已產生的重要影響要大得多。」〔註2〕不過在今天看來，柏格森與薩特一樣，事實上他們對於後世的影響恐遠遜於其生前。

　　柏格森哲學早在 1913 年前後便被錢智修、張東蓀、劉文典等介紹與國人，後杜威來華講學，對柏格森大為推許，他在《現代的三個哲學家》之演講（1920 年 3 月）中稱：「從歷史上看來，我們總以為黑格爾以後，世界上不會再有系統的哲學了。詎知先有斯賓塞的哲學系統，最近又有柏格森的，惟他獨有的哲學系統。」〔註3〕杜氏介紹了柏格森學說的構成，也就是其創造進化論、

〔註1〕【波蘭】科拉柯夫斯基：《柏格森》，牟斌譯，北京：中國社會科學出版社，1991 年，5 頁。

〔註2〕【法】柏格森：《生命與記憶——柏格森書信選》，陳勝生譯，北京：經濟日報出版社，2001 年，262 頁。

〔註3〕袁剛等編：《民治主義與現代社會——杜威在華講演集》，北京：北京大學出版社，2004 年，247～248 頁。

注重內省的心理學及試圖超越理性知識的直覺方法。鑒於杜威在中國的新文化運動前後的崇高威望，經其品評後，柏格森在中國文化界的心目中「一登龍門，身價十倍」，其學說在數年間風靡華土學林，梁啟超、張東蓀等還曾計劃邀請柏格森來華講學（後未果）。1921 年，推重柏氏學說的李石岑在其主編的《民鐸》雜誌上專門策劃了一期「柏格森專號」，該期雜誌的預告一出，便令關心哲學問題的讀者「望眼欲穿」（茅盾語）。追究此一文化現象的深層原因，論者多謂標榜「生命衝動」和「直覺」諸說的柏格森哲學，與傳統的東方智慧頗有相合處。如賀麟便講過：「我們讀柏格森的書，常會感到一些中國哲學的意味，譬如他的重哲學而輕科學，他的推崇直覺，他的祛除符號，不要言詮，都會令我們想起先秦魏晉的老莊和宋明陸王之學，而他那整個的綿延創化的變的哲學也容易使人聯想到『天行健，君子以自強不息』、『神無方而易無體』、『以未濟終焉』之類的話頭。」〔註4〕近現代中國眾多文化學術界知名人士對柏氏學說的推重，未嘗不緣於這種「他鄉遇知音的感覺」（高瑞泉語）。——除了與儒道學說的類比，柏格森哲學輸入中國後，亦頗引起了佛學界人士的關注，在探討其與佛學的關係的問題上，一度發生論戰並形成了兩種歧異的看法，這恐怕便不多為人知了。

一、章太炎與呂澂的論辯

馬勇編《章太炎書信集》（河北人民出版社 2001 年版）中收有章氏致李石岑之書信三通。函中所論，涉及頗多重要哲學問題，但該書所收書信均未附對方來函。章氏於函中提及一位「呂君」，謂「呂君除研法相，兼涉禪宗，誠求之不得者」云云，並對這位「呂君」的種種議論有所商榷。後筆者輾轉查到信件發表的原刊（《時事新報》的副刊《學燈》與《民鐸》雜誌），證實這位「呂君」便是「最有資格睥睨於當代國際佛學界的我國學人」（藍吉富語）的支那內學院學者呂澂（1896～1989）。雙方信札均通過編輯李石岑刊布。這一論學公案以往似無人關注到，單從章太炎、呂澂各自的學術史地位來看，他們二人的思想碰撞，其重要性自然是毋須多言的。

在李石岑揭載的章太炎的第一信《實驗與理想》（見《學燈》1921 年 1 月 5 日）中，章氏試圖以佛家知識論中的現量與比量來對應西方哲學中的「實驗」與「理想」二範疇。需要注意的是，章太炎所謂之「理想」，以之

〔註 4〕賀麟：《現代西方哲學講演錄》，上海：上海人民出版社，1984 年，21 頁。

可相通「比量」（推理知識），揆諸文意，其含義應非為今所謂「理想主義」之「理想」，當理解為「理智」之義。章氏進一步提出，在認識論範疇中，「直覺」更需重視，謂「感覺思想以外，尚有直覺可以自知也」，對於「直覺」而言，章氏則認為與唯識學所說的藏識（阿賴耶識）有關，謂「是故伏斷意識，則藏識自現，而向之所謂不可知者，乃軒豁呈露於前」。這是說人在阻斷了日常意識的活動後，藏識可以自然呈現。此後話鋒一轉，又謂「柏格森氏頗能窺見藏識」。於此推測，此函之撰可能是緣起於李石岑就當時傳入不久的柏格森哲學向章氏諮詢意見，章氏所論之「直覺」，顯然係指柏氏哲學中的範疇。

所謂藏識（阿賴耶識），是佛教唯識學提出的諸法之根本，含藏了孕育萬有存在之種子，能夠變現外境，為一切世間現象生起的根由，佛教所謂「萬法唯識」之說即依此而言。——章太炎認為，柏格森所重視的「直覺」之作用，已超越了主宰日常經驗認識活動的第六識「意識」，而達到了佛教所論的構成生命乃至宇宙本質的甚深微妙的第八識，也就是阿賴耶識。

當月 19 日，李石岑又在《學燈》上刊布了呂澂對章太炎觀點商榷的來函摘錄，並附章氏的回應，題名為《關於佛理之辯解》。呂澂在函中首先指出，章氏以實驗為「現量」之說不妥，因為在科學實驗過程中，已經雜入了「名言詮別」等意識的分別作用，此顯然不同於佛家所規定的「現量」之意涵（佛教的「現量」指主體接觸外境後，尚未生起任何意識之一刹那間的純然感覺）。呂澂且批評太炎之「伏斷意識，則藏識自現」一語，認為在唯識學的修行體系中，意識至始至終不能斷滅，反而是學者在修行途中所必須者（因唯識家強調由「正聞薰習」，也就是不斷地研習純正佛法而入道，這期間始終需要意識的是非判斷功能）。呂澂認為，這種看法的錯誤可導源於章氏一貫比較推崇的禪宗，他進一步指出：「我國佛學自禪宗盛行後，謬說流傳，以為宜從斷除意識用功，誤人無限，不可不辯。」顯然，呂澂在此體現了支那內學院一系佛學的一貫特點，也就是立足於純粹的印度佛教立場而對「中國化」佛教禪宗等宗派的嚴厲批評態度。

在呂澂看來，既然藏識之呈現與意識功能的斷除與否無關，因此推論，章氏所稱許的「軒豁呈露於前」的「直覺」說於真正的佛法無涉，並謂「若柏格森之窺見藏識，不過懸想之辭，柏氏之說，自有其固有價值，不能以附會而始貴」，認為將柏格森學說比附於唯識，乃是牽強附會之說。

　　章太炎在對呂澂的回應中，首先堅持了柏格森哲學與唯識學的相似性的看法，認為：「柏格森氏反對主知說，而以生理衝動為言，生理衝動，即是藏識。莊生云：『達生之情者傀（大義），達於知者肖（即小字）』，即同此旨。校從前康德輩甚有進步。」章氏所謂之「生理衝動」，應即柏格森之「生命衝動」（vital impetus），「主知說」則指西方傳統的理性主義哲學。「生命衝動」係柏格森在《創造進化論》中提出的核心性概念，意指主觀而非理性的心理體驗，是創造萬物的宇宙意志。「生命衝動」的本能的向上噴發，產生精神性的事物，如人的自由意志、靈魂等；而「生命衝動」的向下墜落則產生無機界、惰性的物理的事物。〔註5〕——章氏認為，柏格森的生命衝動說與阿賴耶識變現「根身器界」的功能甚為相似，已近東方的莊禪境界，超越了以康德為代表的西方理性主義哲學。此外，章氏對呂澂的其他有關佛學上的質疑也略作辯解，仍堅持了他第一信的基本看法。雙方對佛學不同理解的書信往來論辯一直持續到1922年2月，不過此後未再涉及柏格森哲學的問題。

　　不過，在1921年底出版的《民鐸》之「柏格森專號」中，呂澂又發表了一篇《柏格森哲學與唯識》〔註6〕，集中對這一問題又展開了探討。他說：「今人談柏格森哲學，每以能通於唯識為言，蓋謂舉其大端，萬有綿延不絕轉化，與藏識恒轉如流境界正無所異也」。這裡具體所指，顯然應係就章太炎的看法而言，呂氏對此自然是否定的。在這篇文章中，他系統地以三方面來論證唯識學與柏格森的直覺說之不同：首先，呂澂認為唯識學的藏識種子「剎那起盡，各住本位，未嘗相知，未嘗相到。過去自滅，既無所來；現在不停，亦無所去。是以幻相遷流，自性湛寂。此與柏氏之說萬有綿延悉皆過去擴張，一體流貫，別無更迭，俱相乖反。故謂兩說實不可通」。其次，呂澂指出唯識學認為「草木非情，等同土石，俱是藏識變現色塵相分」，「此與柏氏之說動植以原始衝動傾向分歧、與說自然綿延前後無因果之義，俱相乖反」。復次，呂澂又指出從唯識學角度看，「世俗所謂一心，其實中經多數剎那，諸識更迭，已非一相」，「是則念念當前，別無過去得以保存，或與現念混合為一，此與柏氏之說，記憶可以保持過去，及諸心象能互滲合，俱相乖反」。——綜上所論，呂澂總結說：「柏氏所謂綿延轉化，全非藏識流轉境界」。

〔註5〕參見【法】柏格森：《創造進化論》，肖聿譯，北京：華夏出版社，2000年，89頁。

〔註6〕見《民鐸》第三卷第一號，1921年12月。——本文所引用「柏格森專號」文章均見此期，因《民鐸》雜誌無統一頁碼，以下文中有說明者，均不再注。

章太炎所關注的，是唯識學主張外境為心識變現這一方面與柏格森「生命衝動」說在整體上的相似性；呂澂指出的則是唯識學教理在細節上與柏格森學說的差異性。在我們今天看來，實在難說孰是孰非，也許還是柏格森本人的看法更為允當一些，他在與林宰平的談話中謂，其思想與佛學的關係「不同之中有同者在。即萬殊歸於一本，複雜趨於易簡是已。」〔註7〕

二、梁漱溟與黎錦熙的意見

事實上，最早就柏格森哲學與佛教唯識學的關係公開發表意見的，應是梁漱溟，他在 1920 年所撰的《唯識述義》一書中這樣說道：「柏格森之所成就的，卻又與唯識學頗相密合。假使無柏格森開其先，或者唯識學還不好講；印度化在晦塞的東方本無以自明，唯以有進化論後所產生、所影響之科學如生物學、心理學及其他，所演出、所影響之哲學如實驗主義、柏格森及其他，而後佛家對宇宙的說明洞然宣達，印度化才好講，唯識方法才好講。……若無唯識學圓成反智主義，則柏氏哲學且無以自明。」〔註8〕顯然，他認為唯識學與柏格森哲學可以相互詮釋，特別是在「反智主義」，也就是反對理性主義的絕對有效性方面，二者的基本立場是一致的。

《唯識述義》中所表述的，是強調二種學說的相似性，不過，到了 1921年底，梁漱溟又在《民鐸》「柏格森專號」上發表了一篇談話稿《唯識家與柏格森》（羅常培筆記），這篇文章則是從二者的相異性來著眼的。據梁氏自述，此文之撰亦是針對章太炎給李石岑的信中所表達的「柏格森氏頗能窺見藏識」等事有關。他在文章開頭說：「《民鐸》雜誌的李石岑君前些日子給我一封信，……要我作一篇文章。李君並且對我講：據柏格森自己說，他的學問有得於佛法；還有章太炎先生最近給李君的信，也說柏格森所說的『生命』已竟見到唯識家所謂『藏識』，在李君的意思也看著柏格森對於唯識家或佛家——廣義的唯識家——多少總是有點關係的。……可見這個題目是大家很想討論的。」在此文文末的附言上，梁漱溟又補充說：「余說此既竟，羅君（指羅常培——筆者）以舊日《時事新報·學燈》李君（指李石岑——筆者）與章太炎先生、黎錦熙、呂澂諸君關於此題之討論見示。余初不知有此，可謂疏忽。余

〔註7〕張君勱：《法國哲學家柏格森談話記》，見《民鐸》第三卷第一號，1921 年 12月。

〔註8〕梁漱溟：《唯識述義》，見《梁漱溟全集》（第 1 卷），濟南：山東人民出版社，1989 年，279～280 頁。

於諸先生所論，不欲更有申論；但簡單表示，呂君之言，於佛家一面確是內行而已。」——由此可見，梁漱溟的態度應更近於呂澂，與章太炎的觀點相異。

此文中，梁氏針對時人陳獨秀與黎錦熙以柏格森的「直覺」通於唯識之「現量」的說法（陳、黎二人這一觀點筆者尚未查見其各自著述，或當為平日言及而為梁漱溟所知），指出柏格森所說的「直覺」，乃是「超乎理智的」。而唯識學所講的「現量」乃是「前五識」（眼耳鼻舌身）的直觀感覺而已，而直覺中卻不排除意識思維成分，不純粹是感覺，是「半情半知的東西」，故認為直覺與「現量」並非一事；另外，唯識學所說的「比量」則是理智層面的東西，為邏輯概念，更與柏格森所謂直覺為「本能的得到」完全不合，則直覺亦非比量。綜上而言，梁氏總結說：「所謂『直覺』這個東西與唯識家這兩樣東西都不合的。」

此外，梁氏還指出，在方法論層面上，柏格森以直覺說為認識的最高層次而提出理性主義的侷限，但唯識學所最為強調的思維方式則是「因明」，因明學乃是近於三段論的嚴格的邏輯思維，故「照唯識家的眼光來看柏格森的主張實在不（應）承認的」。——不過梁漱溟與呂澂全然否認二者一切相似性的態度畢竟不同，他認為二家「畢竟有非常契合之處」，此文中對「契合」的問題雖忽略未言，謂「待將來有暇再說」，不過我們若聯繫梁氏的《唯識述義》可知，他所說的「契合」，大體上便應是所謂的「反智主義」立場了。——這裡我們需要替梁氏說明的是，唯識學雖然在闡述教理時方法上借助因明邏輯，但到了修行的究竟地步則還是要超越邏輯思維，最終實現如同圓鏡一般的觀照之慧，在基本價值立場上自然也可以說是「反智」的。

梁氏在此文末還提出了一個未解決的問題，便是「柏格森所說的直覺在唯識家看去究竟是個什麼東西？」對於這一難題，後來到了 1923 年，由當時的唯識學權威，也就是呂澂的老師支那內學院院長歐陽竟無作出了一種解答：「柏格森直覺非現量，但是率爾尋求之獨頭意識。」〔註9〕所謂「獨頭意識」，是唯識學所認為的第六識「意識」的一部分功能，像在追憶、冥想、夢中等狀態中，意識不與外界環境直接發生聯繫時的思維狀態。——當然，這種說法不無有意通過矮化柏格森學說而突顯唯識學優越性的動機，自然是見仁見智的。

〔註9〕歐陽竟無：《佛法非宗教非哲學》，見黃夏年編：《歐陽竟無集》，北京：中國社會科學出版社，1995 年，9 頁。

因梁氏文中提到了柏格森哲學「有得於佛法」係從李石岑處聽來，故李石岑於本文之末以編輯附言的形式述及了此說法的形成始末：

> 柏格森講他的直覺哲學和佛法有多少關係，這句話是由張東蓀先生向我傳說梁任公先生在法國時，親自聽柏格森說出來的。後來漱冥先生由山東給我一信，說是會著由法國回來的林宰平先生，並沒聽見柏格森和佛法有甚麼關係的話，這樣看來，因柏格森講直覺有點和佛法相似的地方，便亂說柏格森的學問有得於佛法，未免神經過敏了，但這種地方有說明的必要，他們說柏格森哲學和佛法有多少關係，是說他的直覺說，大抵受過佛法的影響的，並不是說完全得力於佛法。什麼叫做受佛法的影響？譬如佛法講直覺，柏格森看了覺得很有啟發的地方，但不滿意他那種排除智識的態度，於是用生物學的方法，來規定直覺，那麼，便成了他的直覺說。看君勱先生那篇《法國哲學家柏格森談話記》，柏氏自述他的哲學和佛教不同的地方，便可知道。若是說柏格森哲學和佛法全不相關，恐怕未必。我看凡是一種顯著的學說，總不免了和相同的或是相反的顯著學說，生多少關係，這只要細按便知。至於說到柏氏哲學完全得力於佛法，那恐怕是以辭害意了。

此中提到的張君勱的《法國哲學家柏格森談話記》亦收錄於「柏格森專號」，係張氏與林宰平在法國拜訪柏格森的談話記錄，其中柏格森有如是自述：

> 直覺者，智識的默會為一之謂也（Intellectual Sympathy），故不能如思想之有所謂公例。然用直覺工夫時，少不了思，故比較分析之功，皆不能少。以予所知之佛教，其所謂瑜伽（yoga），專務去智。若歐洲之哲學與其哲學上之所謂直覺，則少不了思，少不了分析，蓋既得了實在後，不能不在語言文字上翻譯之，則不能不依賴智識，故直覺所以輔助智識，並非排除智識，此與佛教不同處也。

柏氏在談話中雖未全然否定自己學說與佛教的關係，不過這裡既然明確指出了其直覺範疇「少不了思，少不了分析」，印證了梁漱溟所提出的「直覺非現量」說的確是正確的。

始終認同章太炎「柏格森氏頗能窺見藏識」之看法，以柏格森哲學與佛學全然相合的，其代表者是語言文字學家黎錦熙（1890～1978）。他在章太炎與呂澂論辯期間，便曾寫了《作用即是性》（見《時事新報・學燈》1921 年 1 月

24 日）一文，明確表示支持章氏的佛學觀點。在「柏格森專號」上又刊出了他的《維摩詰經紀聞跋》一文，則論及了柏格森哲學可通於唯識，認為「柏格森氏之哲學，實足證明第八識之體相，更進一步即可轉成不可思議之真如法性」云云。

黎錦熙此文之撰寫，緣起於聽太虛法師的《維摩詰經》講座受到的啟發，認為《維摩詰經》中所謂的「不可思議」境界，便是西方哲學中所說的以普通理智難以企及的形而上知識。但黎錦熙認為，這種「不可思議」，按第六識的比量（推理）的邏輯「去尋求雖不可得」，「然而第八識中的現量有時倒發生直接的妙悟」。故追尋「不可思議」境界，「必須經過柏格遜（Bergson）的直覺主義（Intuitionism）就是『止觀雙修』看明白這個『恒轉如暴流』、『能持種又能受薰』的阿賴耶識（柏格遜也是用『直覺』的方法，直接體驗吾人意識界的『綿延』、『創化』，這就是他哲學的中心）。」無疑，黎錦熙的看法是章太炎觀點的進一步延伸，代表了與呂澂、梁漱溟不同的觀點。

三、小結

縱觀百餘年來的西學東漸之過程，各派西方哲學輸入中國時，總會有人用傳統固有學說來對其進行「新格義」，於是常會發生像魯迅總結的「古今中外派」的觀點，認為「外國的東西，中國都已有過；某種科學，即某子所說的云云」〔註 10〕。不僅柏格森哲學傳入時是這樣，若康德、海德格爾各家之學在華夏風靡一時之際，也都有類似的看法。當然，與之相對的，也總會有人堅持東西學說各自的獨立性，反對這種文化比較的方法。這兩種態度的對立，雖難說孰是孰非，也的確構成了百年來中國思想文化界的一道獨特風景。

〔註 10〕魯迅：《熱風‧隨感錄三十八》，見《魯迅全集》（第 1 卷），北京：人民文學出版社，2005 年，328 頁。

本覺與本寂——呂澂先生的禪宗研究

　　隨著 20 世紀初敦煌佛教文獻的發現與「五四」以來新史學研究方法的不斷推進，初期禪宗問題——也就是禪宗的思想淵源與早期發展脈絡，成為近現代漢語界佛教研究的一大熱點。教內外諸多著名學者涉於其間，各具觀點。舉其要者，若胡適利用諸多新史料進行抉擇考證，確認了神會在禪宗史上的重要地位，甚至推論神會才是禪宗真正意義的開創者。湯用彤則利用思想史的研究方法，認為羅什門下弟子道生、僧肇等人的思想中已出現了後來禪宗的萌蘗。較後的印順法師撰《中國禪宗史》，汲取和揚棄了諸多早期學者的觀點，在禪宗思想的形成方面，認為牛頭山法融一系起到了重要作用。此外，史學家蒙文通、陳寅恪、錢穆等人，對初期禪宗問題皆進行過不同角度的研究。回顧近現代諸家的研究方法，「內學院」系統的學者呂澂先生的研究大概是最為獨特的，他認為禪宗的發生，源於對印度大乘有宗經典的誤讀或誤譯。綜觀當代的禪宗史研究，對其方法和論斷的探討尚較不多見。筆者擬針對呂澂先生 1943 年發表的《禪學述原》[註1]，並結合其後期的幾篇有關文章，對其研究略加紹介和探討。

　　呂澂先生平生的治學特點與成就，趙樸老在《呂澂先生悼詞》給予了充分概括，樸老指出：

　　　　他在佛學義理研究中的重大發現之一，是從心性這個佛學核心問題上充分論證了印度佛學與中國佛學的根本區別，認為前者主張心性本淨，是自性涅槃的心性本寂，後者主張心性本覺，乃是自性菩提。這一發現找到了一把打開佛學深奧之門的鑰匙，從而使以往

〔註 1〕呂澂：《禪學述原》，見《呂澂佛學論著選集（1）》，濟南：齊魯書社，1991 年，396～409 頁。

那些許多佛學難題得以迎刃而解，使一些偽經假論得以識破，也有
助於正確地闡明宋明理學的實質和淵源。

誠如斯言，呂澂先生博通梵巴，深研藏經，繼承內學院一系立足於法相唯
識的佛學特色，通過對印中佛學源流的考辨，提出將「心性本寂」與「心性本
覺」的不同思想趨向作為分水嶺。並據此致力於對「本覺」一系佛學思想的批
判，是為其平生學術的一大特色。又如他在《試論中國佛學有關心性的基本思
想》一文中說：

> 印度佛學對於心性明淨的理解是側重於心性之不與煩惱同類。
> 它以為煩惱的性質囂動不安，乃是偶然發生的，與心性不相順的，
> 因此形容心性為寂滅、寂靜的。這一種說法可稱為「性寂」之說。
> 中國佛學用本覺的意義來理解心性明淨，則可稱為「性覺」之說。
> 從性寂上說人心明淨，只就其「可能的」「當然的」方面而言；至於
> 從性覺上說來，則等同「現實的」「已然的」一般。這一切都是中印
> 佛學有關心性的思想所有的重要區別。〔註2〕

由此可見，在呂澂先生，「本寂」和「本覺」都是對「心性明（本）淨」
觀的理解。印度佛學的「本寂」重在指成菩提的「可能性」，而中國佛學的「本
覺」則強調的是「現實性」。可能性，要通過無間斷的修習才能引發，而現實
性，則是認為如來一切智慧功德已經是行者本來具有了的，可不假印度佛教中
那種需要漸次持續的修習手段，可一悟而達佛境界。

作為唐宋以來中國佛教主流的禪宗思想，呂澂先生認為屬「本覺」系統。
因此，根據他的《禪學述原》，緣起於他與新儒家熊十力的「辯佛學根本問題」
之論戰，論戰中他援引大量原典，希圖證明「本覺」非印度佛教之本有，以動
搖熊十力「新唯識論」體系的根基。論戰後，他似乎意猶未盡，寫成此文，希
進一步「拔本塞源」，將視角指向了禪宗思想體系。文中考證了文獻中所提示
的中國早期禪宗諸祖的思想，與印度經論進行比對，將初期禪宗的脈絡分為三
個系統如次。

一、慧可與「楞伽禪」

在《禪學述原》中，呂澂先生認為禪宗之濫觴期有五家，為慧可、僧璨、

〔註2〕呂澂：《試論中國佛學有關心性的基本思想》，見《呂澂佛學論著選集（3）》，
　　　濟南：齊魯書社，1991年，1417～1418頁。

道信、弘忍、慧能。學說可分為三個系統：慧可、僧璨所學，呂澂先生名之為「楞伽禪」；道信、弘忍所學，名「起信禪」；慧能之學，名「般若禪」。而三系之來源皆出於印度大乘有宗。

　　所謂「楞伽禪」，呂澂先生認為可導源至部派佛學時期上座系統的化地部，後世南傳佛教仍宗此法。此法門重視戒律與頭陀苦行，習地遍處觀。後大乘有宗繼承之，並以「離影像，住實相」的一乘法門對其進行了修訂，形成的經典即《勝鬘》《楞伽》，多行於南印度，由求那跋陀羅於劉宋時代傳入中土。──由此可見，呂澂先生所謂的「楞伽禪」之所本，為印度佛教的瑜伽（Yoga）止觀之學，即意為靜慮的禪那（Dhyāna）之「禪」。慧可承此學說，習宋譯四卷本《楞伽經》，「托達磨之傳而立禪宗」。

　　然此學何以至慧可之傳而具有了「本覺」之特色？呂澂先生認為，緣於誤讀了《楞伽經》中的「自覺」一詞，他指出：

　　　　（慧可）其說為害最烈者，乃在誤解「自覺」一詞，即由誤會《楞伽》以得自覺聖者智為究竟而來。原意：「自」者，「內」也；「覺」者，「觸證」也（覺猶見聞覺知之覺，身舌鼻三，觸境方知，故謂觸覺也），謂內觸之智（離名言為內，親證實相為觸），離名言而能得實相，亦即是現證也。而慧可訓為自性覺悟（謂此覺不待他），且有本來是覺之義在焉。故彼《答向居士頌》云：「本迷牟尼為瓦礫，豁然自覺為真珠」也。〔註3〕

　　顯然，呂澂先生所理解的「自覺」的原義為「見聞覺知之覺」，正是他所謂的「只就其『可能的』『當然的』方面而言」的，因此，「實相」則是一種很難窮盡的，乃是懸置的境界，把重點放在修證工夫一點點積累的過程上。故他認為「慧可訓為自性覺悟，且有本來是覺之義」，這種「覺不待他」，自然也就是「現實的」「已然的」，與印度原有的修行觀念大相徑庭。林鎮國借呂澂在50年代所揭出的佛教修行實踐的「轉依」觀念來說明「心性本寂」的思想內涵，頗為通透。〔註4〕主觀方面，「轉依」是由認識的質變，即由錯誤的認識轉變為正確的認識，間接改變行為，而造成身心的全盤改變；客觀方面，由於認識的

─────────────

〔註3〕呂澂：《禪學述原》，見《呂澂佛學論著選集（1）》，濟南：齊魯書社，1991年，400頁。

〔註4〕參見林鎮國：《形上學、苦難與解脫──「批判佛教」論爭的反思》，見〔美〕傑米‧霍巴德，保羅‧史萬森主編：《修剪菩提樹──「批判佛教」的風暴》，上海：上海古籍出版社，2004年，307～308頁。

質變而造成事象的變革；事象的變革「不是簡單地從名想認識的轉移便直接有了改變，卻是由認識的不斷矯正，事象實相的顯現益加了然，這再引起行動，革新事象，使它更和實相隨順地發展。」〔註5〕——這裡所否定的「簡單地從名相認識的轉移便直接有了改變」也正是呂澂先生所理解的「本覺」之內涵。呂澂的學術話語中，認為「本覺」思想的泛化所導致的後果，使人們覺得修行在尚未開始時就已經完成，它不具備任何改變人生或世界的動機。

但是，印度與中國的佛學思想之間，是否存在呂澂先生所理解的「本寂」與「本覺」之間的那麼清晰和明顯的區別和界限嗎？筆者覺得應可作進一步探討。「本寂」與「本覺」，都是聯繫到成佛的主體依據，即「如來藏」（或佛性、實相等）。印度大乘佛教時期的「如來藏」觀念，極可能因受當時印度主流神學中普遍的「神我」說的影響，佛教為了應時應機說法而開出此學。印順法師指出，以如來藏學為標誌的「真常唯心論」淵源很早，在「阿含」的時代，佛教便有「於六識之心心相續中，想見其內在不變常淨」〔註6〕。如來藏學無論在印度和中國，都是講成佛的內在理據，眾生與佛不二，也就是「一切眾生皆有佛性」，這一點印中皆同，其間並無什麼本質區別。呂澂先生所劃分的「本寂」與「本覺」的差異，吾人應更多地從他希望革新佛教，正本清源的主觀期望上所立足的批判視角上去理解，他很少談及二者的內在聯繫，當自有其用意。但若取「價值中立」之立場去研究如來藏一系學說的發展史，則不可忽視印中學說內部此二者間的內在聯繫。如巨贊法師曾指出，在《大智度論》等印度經典中，也可以見到很多類似於「本覺」的論述，如：

> 《大智度論》卷三二云：「諸法實相常住不動，眾生以無明等諸煩惱故，於實相中轉異邪曲。諸佛賢聖種種方便說法，破無明等諸煩惱，令眾生還得實性，如本不異，是名為如。」〔註7〕

所以，呂澂先生的學術話語中具有「捨染成淨」功能之「本寂」心性，與本來「靈明不昧」之「本覺」心性，從教內的行持意義上看，以為是兩種方向或無不可，然若謂二者在中印佛教思想史上具有整齊劃一的分水嶺，這一點似難符合思想史發展實際。宏觀地看，「本寂」與「本覺」，實是對同一對象，即

〔註5〕呂澂：《觀行與轉依》，見《呂澂佛學論著選集（3）》，濟南：齊魯書社，1991年，1378頁。

〔註6〕印順：《印度之佛教》，新竹：正聞出版社，1985年，268頁。

〔註7〕巨贊：《探討中國佛學有關心性問題的書札》，見《巨贊集》，北京：中國社會科學出版社，1995年，303頁。

「心性本淨」的兩種差別細微的詮釋，客觀地看，恐非涇渭分明。今人周貴華指出，「心性本淨」中的「淨」，梵文原作「prabhāsvara」，原義即有「光明」的意思在其中，藏文佛典就是直接以「心性光明」義去翻譯的。而分析漢文佛典「本覺」觀念的含義，則可發現其中本已涵攝了印度佛教「心性本淨」觀的全部意義，是在其基礎上引申而形成〔註8〕。吾人應注意，「本覺」說的內涵也十分側重這個「光明」之義，無論後來禪宗所常言的「自性光明，無垢可除」，還是與禪宗大有關係的陽明心學的「此心光明，湛然常照」云云。──如周氏所言，印度佛學的「心性本淨」理論中已經蘊涵了向「本覺」觀發展的可能，所以印度大乘佛典中已能看到不少類於「本覺」的論述，就不足怪了。換言之，印中佛教思想史即使可按「本寂」「本覺」來劃分，其過渡時間也應是漫長的，肯定二者有一個相當長的共存難分的模糊的階段。

　　上世紀末，日本出現了與「內學院」思想理路十分相似的主張「禪宗非佛教」的「批判佛教」思潮，但他們是要徹底反思從印度到中國的一整套「界論」（dhātu-vāda）體系。姑不論「批判佛教」的是非得失，他們把禪宗的「心性論」思想淵源一直上溯到印度佛教中具有本體論特徵的如來藏學本身〔註9〕，不無道理。

　　呂澂先生立足於反思中國佛教，認為「本覺」只是中國佛教特定的誤解，印度佛學中完全不存在，他論證：《楞伽》「自覺」的誤讀只是慧可自己的「有中國特色」的詮釋方式。進一步，呂先生質疑慧可與來自「南天竺一乘宗」的菩提達磨的師承關係。然而，他對這個假設的證成並未成為確然之論。

　　呂澂先生認為菩提達磨只是慧可所依託的人物，實指達磨多羅，他的意思大概以為菩提達磨與達磨多羅指的是同一人。對此，呂先生所援引的文獻證據，是《洛陽伽藍記》及後世諸多典籍中記載的達磨在約齊梁之時來華，「自言一百五十歲」，而佛馱跋羅多翻譯《達磨多羅禪經》約在410年左右，按150歲的年齡上推，菩提達磨與達磨多羅同為一人則是可能的，這種看法後世禪宗也曾有過。不過，近世以來質疑此種說法者甚多，若日本學者忽滑谷快天在《中國禪學思想史》中已提出疑問。而據湯用彤、胡適等考證，菩提達磨應該在公元470年左右來華，在華生活了五六十年，按正常的情況推測，菩提達磨初達中國南

────────────

〔註8〕參見周貴華：《唯識、心性與如來藏》，北京：宗教文化出版社，2006年，202～206頁。

〔註9〕參見〔日〕松本史朗：《緣起與空──如來藏思想批判》，北京：中國人民大學出版社，2006年。

越時年齡不應過大。〔註10〕至於達磨「自言一百五十歲」的說法，從常識出發，我們一般不予採信，呂先生將其作為考證的重要依據，似乎不夠穩妥。

況且，距離達磨、慧可年代尚不很久遠的道宣的《續高僧傳》中，明確記載了二人的師承關係，呂澂先生既然認為菩提達磨其人是慧可所說，他就還得作相應舉證。呂先生對於這些史料是十分熟悉的，他在建國後所作的《中國佛學源流略講》和《談談初期禪宗思想的幾個問題》中，多次徵引《續高僧傳‧菩提達磨傳》史料，也不再明確提及《禪學述原》中的這個觀點。但在《唐代佛家六宗學說略述》中，他仍舊談及「菩提達摩原來指的是佛馱跋羅多所譯禪經中的達摩多羅禪師」。〔註11〕可見，關於此主張，呂澂先生後來也是為之猶豫而有所懷疑的，一直沒有滿意的交代。

從呂澂先生對達磨、慧可關係的判定的矛盾上，也可以隱約看出他區分印中佛學思想為「心性本寂」與「心性本覺」的特徵，是存在諸多困難的。因為，如慧可親炙於達磨，他若對《楞伽》有嚴重相悖於原義的誤讀，作為「南天竺一乘宗」的大師達磨豈能不當即明確指出？所以，呂澂先生雖欲視達磨僅為慧可指託，但相反的可靠史料具在，此說似難圓成。

二、道信、弘忍與「起信禪」

呂澂先生認為，慧可、僧璨以降，由道信、弘忍開出初期禪宗的第二流——「起信禪」，他指出：

> 此學出生於《起信論》，《論》為中土相似佛學之鼻祖，依菩提
> 流支所譯《楞伽》異義偽撰之作。從今梵本觀之，其文同於宋譯，
> 而魏之異義，即由傳譯訛錯而然，非原本有別也。《起信》作者不辨
> 魏譯訛義所由，乃覺其新穎可喜，遂依之而著論也。〔註12〕

這裡，我們有必要介紹一下呂澂先生對《大乘起信論》的辨偽方法——他認為只要證明《起信論》思想來源於魏譯《楞伽》，而這種翻譯與梵本原義有出入，便可判定其為「相似佛學」的偽經，他在《起信與禪》一文中指出：

〔註10〕 參見姚彬彬：《近代學者的菩提達磨研究——以湯用彤先生為中心的考察》，《井岡山大學學報》2008 年 5 期。

〔註11〕 呂澂：《禪宗——唐代佛家六宗學說略述之三》，見《中國佛學源流略講‧附錄》，北京：中華書局，1998 年，369～371 頁。

〔註12〕 呂澂：《禪學述原》，見《呂澂佛學論著選集（1）》，濟南：齊魯書社，1991 年，401 頁。

像魏譯《楞伽》有異解或錯解的地方，《起信》也跟著有異解或錯解，這樣《起信》之為獨立的譯本就有些不可靠了。如果它們的相關處不止於此，還更進一層見到《起信》對於魏譯《楞伽》解錯的地方並不覺其錯誤，反加以引申、發揮，自成其說，那麼，《起信》這部書決不是從梵本譯出，而只是依據魏譯《楞伽》而寫作，它的來歷便很容易搞清楚了。〔註13〕

　　他的考辨方法，是將義理的辨析與文本的比較相結合，其稱為「義據批評法」，他認為《起信論》承襲魏譯《楞伽》誤譯處有三個方面：誤解名義、妄刪文句與傳抄錯簡。──具體推演過程，詳見於他的《大乘起信論考證》一文，茲不詳述。要而言之，呂澂先生通過將《起信論》與魏譯《楞伽》誤譯之間的細緻具體和多方面的義理和文本比較，得出結論：作為《起信論》主導思想的「一心二門」與認為久遠薰習即得清淨的「心性本覺」諸說，皆是從誤譯而妄加引申的。

　　在《禪學述原》中，呂澂先生認為因「《起信》以本覺為宗，工夫以離念（無明）歸趣無相，而特重於一行三昧。」而道信倡導的「一行三昧」來源於此。這裡，我們可以看到呂澂先生的又一個因其方法論立場的預先設定，屬論證上的「六經注我」範例〔註14〕。因為，道信的「一行三昧」法門，史料中清楚記載，是源於《文殊說般若經》的，若《楞伽師資記》說：

　　　信禪師再敞禪門，宇內流佈，有菩薩戒法一本，及制《入道安心要方便門》，為有緣根熟者說。我此法要，依《楞伽經》諸佛心第一；又依《文殊說般若經》一行三昧，即念佛心是佛，妄念是凡夫。〔註15〕

　　《楞伽師資記》中保存的道信的《入道安心要方便門》中亦明確徵引《文殊說般若經》的內容：

　　　《文殊說般若經》云：文殊師利言：世尊，云何名一行三昧？

〔註13〕呂澂：《〈起信〉與禪──對〈大乘起信論〉來歷探討》，見《學術月刊》1962年4期。

〔註14〕在《禪學述原》中這裡呂澂先生是先斷定了道信思想的所有特質皆來源於《起信》。而事實上，一個學人思想的形成，肯定是複雜多源的。──後來呂先生在《中國佛學源流略講》（P.207）中，則明確指出道信思想「還吸收了《楞伽》以外的當時比較流行的《無盡意經》《法華經》《維摩經》《般若經》等」。

〔註15〕《大正藏》第85冊，1685頁。

佛言：法界一相，繫緣法界，是名一行三昧。若善男子、善女人慾
入一行三昧，當先聞般若波羅蜜，如說修學，然後能入一行三昧，
如法界緣，不退不壞不思議，無礙無相。〔註16〕

大概正因如此，後來呂澂先生寫《談談初期禪宗思想的幾個問題》，對
《禪學述原》的看法作了明顯的修改，認為《起信》思想，是後來由弘忍才導
入禪宗的。〔註17〕

呂澂先生之所以將此一系禪學的來源歸於《起信》，其含義在證明：先有
「偽經」而後有「偽教」。他在《大乘起信論考證》一文中明確標明：

中國隋唐的佛學，受了《起信論》似是而非的學說影響，不覺
變了質，成為一種消極的保守的見解，並且將宇宙發生的原理，籠
統地聯繫到「心」上面，而有「如來藏緣起」之說，又加深了唯心
的色彩。這些都喪失了佛學的真精神，成為統治者利用的工
具。……在禪宗方面，自南宗暢行以來，更是圍繞著性覺的思想作
出種種機用的發揮。……禪宗還因宗密揭出荷澤（神會）的秘傳，
以「靈知」解人心的本覺，而明言「知之一字，眾妙之門」，甚恐
其混同知解，而予以反對。這樣用心於知解以外，又不期然成為一
種神秘主義。〔註18〕

無疑，這裡有先入為主的意味。很多學者（如印順法師）認為，單純從是
否合乎不合乎印度文本的角度而判定某部佛典的真偽，或是否如法，值得商
榷。魏譯《楞伽》的特點，正若早期諸多佛經譯本的名相「格義」特點。呂澂
先生亦曾舉「真如」意義的變遷說明此。《起信》「一心二門」之「本覺」觀中
出現了一些印度佛學中所未具的含義，似不妨可看為，這是汲取了漢地儒、道
思想的一些成分而體現了一定的新意。站在佛教體系內部去理解，仍是應時契
機的方式（如來藏學本身在印度的出現也是如此），不宜因此便斷然決定其
「非佛法」。一種宗教，一種思想，流傳時久，流弊自生。印度佛教最終亡於
密教鬼神縱慾之陋習，亦無外此理。《起信》義理系統的形成，應亦可視作佛
法流傳中土後的新開展。研究後期禪宗所出現的一些負面問題，或應著眼於

〔註16〕《大正藏》第 47 冊，82 頁。

〔註17〕呂澂：《談談初期禪宗思想的幾個問題》，見《中國佛學源流略講‧附錄》，北
　　　　京：中華書局，1998 年，309 頁。

〔註18〕呂澂：《大乘起信論考證》，見《呂澂佛學論著選集（1）》，濟南：齊魯書社，
　　　　1991 年，369 頁。

民間信仰之滲透、僧團教育之失敗、社會動盪等等諸多因素，似不宜僅僅歸咎於初期的一兩部經典。

三、慧能與「般若禪」

《禪學述原》中，呂澂認為「般若禪」作為初期禪宗的第三流，唯慧能一家。其學說來源於隋末由達摩笈多傳譯於中國的《金剛經七句義釋論》──斯《論》為無著、世親託於彌勒菩薩所造，以大乘有宗理論解釋空宗般若學。呂澂總結《七句義》論禪法修行方面的特色有四：（1）攝持散心，不重打坐；（2）以不住為方便（住第一義）；（3）修行分十八住，每住通三義，均住第一義；（4）約十八住為三地，謂信行、淨行、如來，淨行最狹，只證道之一念，故有頓悟成佛之義。──呂澂以此數點比對《壇經》之學說，認為影響於慧能者：（1）坐不為禪；（2）談禪以不住為中心；（3）自相本然；（4）頓修頓悟等。

然呂澂仍以慧能之「般若禪」思想為「本覺」性質之誤解，他說：

> （般若禪）仍是謬傳。如云「菩提（心）本自性，起心（念）即是妄」，意謂自性本覺，起念成妄，返本即是，別無巧妙，故其實仍是本覺思想。……慧能之禪價值如是……經此一變，禪學純具般若意味，本來面目不復見矣。〔註19〕

慧能出身貧寒，據說竟「不識字」。而呂澂判定其佛學淵源竟起於於繁複的法相論籍。以「相似性」來論證「相關性」的方法，其中卻缺乏必然性──這當與呂澂早年一直立足大乘有宗的學說有關。建國後，呂澂無疑對此是有所反思的，他50年代後所撰的《中國佛學源流略講》和《談談初期禪宗思想的幾個問題》諸文中，均未再提及慧能思想完全出於《金剛經七句義釋論》的觀點。而《唐代佛家六宗學說略述》一文中，呂先生則說「慧能禪法的新主張，不無受著這樣理論影響之處。」〔註20〕較其早年的論述，語氣要緩和得多。

事實上，慧能的禪宗思想與大乘有宗的「禪法」決非同一系統，其「頓悟」「不住心」等說，在中國佛教發展史上，淵源有自。若竺道生早有「頓悟」之義：

〔註19〕呂澂：《禪學述原》，見《呂澂佛學論著選集（1）》，濟南：齊魯書社，1991年，408頁。

〔註20〕呂澂：《禪宗──唐代佛家六宗學說略述之三》，見《中國佛學源流略講·附錄》，北京：中華書局，1998年，369～371頁。

　　　　夫真理自然，悟亦冥符。真則無差，悟豈容易？不易之體，湛

　　然常照，但從迷乖之事，未在我耳。〔註21〕（《大涅槃經集解·卷一

　　道生序》）

　　　　夫體法者，冥合自然，一切諸佛，莫不皆然，所以法為佛也。

〔註22〕（《大涅槃經集解·卷五十四》所引道生語）

　　約與道宣同時的牛頭山法融禪師（他是印順所考定的後世禪宗思想主要
來源）的《絕觀論》開篇即說：

　　　　問曰：云何明心？云何安心？答曰：汝不須立心，亦不須強安，

　　可謂安矣。

　　今人麻天祥把中國佛學逐漸走向側重於無欲無為之現實中「平常心」的這
種遷變特色，也就是禪宗的思想本質，名之為「大眾化的莊老哲學」〔註23〕，
蓋禪宗之淵源，在華夏本土而非西域天竺也。

　　回顧呂先生對於初期禪宗的研究方法，注重的是經典內的思想分析，但
印度經典產生的時間既難定性，流傳中又難免時時增添後來的思想，再加上
中國佛學本身在發展中又有其原創性。先生在建國前一直以「內學院」系統的
法相唯識之學為究竟，而欲將中國佛教主流的義理特點僅歸誘於對於印度大
乘有宗原典的誤讀或誤譯並進行批判，或者這裡有以偏代全的缺失罷。

四、結論

　　《禪學述原》之文末，呂澂先生明確表明其研究初期禪宗之目的：

　　　　吾儕學佛，不可不先闢異端，以其訛傳有損人天眼目之危險也。

　　如從本覺著力，猶之磨磚作鏡，期明何世？眾生心妄，未曾本覺，

　　榨沙取油，寧可得乎？即還其本面亦不過一虛妄分別而已。……要

　　之，本覺絕不能立。〔註24〕

　　呂澂先生的佛學思想本於內學院所立足的法相唯識學。他注意到了中國
佛教後期發展中的一些弊病，因而欲追本溯源，對中國佛教思想作根本性匡
救。他以為禪宗以「本覺」為據，而「本覺「是印土所無，中國獨有。呂先

〔註21〕《大正藏》第37冊，377頁。

〔註22〕《大正藏》第37冊，529頁。

〔註23〕參見麻天祥：《中國禪宗思想發展史》，長沙：湖南教育出版社，2011年，2頁。

〔註24〕呂澂：《禪學述原》，見《呂澂佛學論著選集（1）》，濟南：齊魯書社，1991年，
　　　　408～409頁。

生的意思是要尋出真正的本懷。如趙樸老所說，以「心性本寂」與「心性本覺」作印中佛學各自的不同思想傾向，不失為一種孤明先發的洞見。這對我們後學，多有啟示意義。然而，呂先生治佛學本意不在單為考據，他要顯示證成「何為正信」佛教。因此，先生的「義據批評法」有先設取向，後尋證據的色彩。這明顯脫胎於乃師歐陽竟無先生的「先結論而後研究」之態度。因此，難免會有「賢者之失」——吾人分析他的初期禪宗研究，此種情況多有而不鮮。從思想史研究中的「價值中立」立場著眼，觀呂先生截然二分「本寂」與「本覺」以對應印中佛學的做法，無意中蹈入前蘇聯式的「唯物」和「唯心」形而上學的對立論法（「唯物」和「唯心」的二元對立，作為一種學術視角，自然也有其合理性）。此法治思想史，結果自然避免不了多以「六經注我」。

　　呂澂先生是有信仰情懷的佛教學者，面對中國佛教理論中的末流之弊，其所冀望的糾偏鼎新，以改革回歸為正途，正是他責任與義務。歷史上的一切宗教內部之改革，都以回歸古典和原初為旗號，其實仍是一種新的詮釋。這種「託古改制」，正如儒教中所一直冀望的「三代之治」，更多是為了透顯今時之弊，而有意無意地對「古」進行理想化的包裝。呂先生的本覺與本寂的辨析批判，結果將整個文化所遭遇的共業問題，善意地僅歸結於簡單的原因上——正如先生所歸咎的「誤讀」。有意思的是，清代戴震，也把儒學的崩壞只歸咎於宋明儒對原典的「誤讀」。這種方法用於義理決斷，自可成一家言，開一代風氣。但若牽涉太廣，作為考據一種宗教一種思想的基本前提，難免成為極端之論。呂先生建國後的論學視角顯然更加圓融，如他在《唐代佛家六宗學說略述》中談禪宗思想的形成，已經注意到了中國佛教的原創性，他指出：

　　　　我們從典據的方面說，禪宗是佛學思想在中國的一種發展，同
　　　時是一種創作。……顯然是憑著中國思想來豐富他的內容的。〔註25〕
　　並還在《中國佛學源流略講》中對後期禪宗思想做出了宏觀性的判斷，他說：

　　　　中國的儒道傳統思想本來是由玄學溝通的，禪學趨向於玄學，
　　　因而它也有溝通儒道的意義。唐人講的玄學內容仍不出於三玄，而

〔註25〕呂澂：《禪宗——唐代佛家六宗學說略述之三》，見《中國佛學源流略講‧附
　　　錄》，北京：中華書局，1998 年，370 頁。

　　且分開來講，稱《易經》為「真玄」，《老子》為「虛玄」，《莊子》為
　　「談玄」。禪學後期顯然受著玄學這些影響而和從前有所不同。……
　　禪學後來又走上了玄學的道路，這種玄學的回歸，……可謂之新玄
　　學。〔註26〕

　　可惜的是，由於多種原因，先生 1960 年代後逐漸以讀書思考為專務，減
少他的佛學文字。本文寫作顯然不能反映先生晚年的圓熟的方法論和關於中
國禪宗的深刻觀察與結論。

〔註26〕呂澂：《中國佛學源流略講》，北京：中華書局，1998 年，261～263 頁。

廢名與熊十力關於唯識「種子」義之辯

一

周作人《懷廢名》一文中曾記述了廢名與熊十力二人的一則軼事：

> 廢名平常頗佩服其同鄉熊十力翁，常與談論儒道異同等事，等
> 到他著手讀佛書以後，卻與專門學佛的熊翁意見不合，而且多有不
> 滿之意。有余君與熊翁同住在二道橋，曾告訴我說，一日廢名與熊
> 翁論僧肇，大聲爭論，忽而靜止，則二人已扭打在一處，旋見廢名
> 氣哄哄的走出，但至次日，乃見廢名又來，與熊翁在討論別的問題
> 矣。余君云係親見，故當無錯誤。[註1]

知堂老人著文向稱謹嚴，且後來張中行先生在《負暄瑣話》中關於廢名的
一文中亦有一致的記載，可見此事必非杜撰。——從此記述中，頗可見前輩學
者為人論學之胸襟，可謂光風霽月，宛如赤子，令人神往。

廢名為五四時期的著名作家，本名馮文炳，為周作人門下的「四弟子」
之一（另三位為俞平伯、沈啟無、江紹原），其小說《桃園》《莫須有先生傳》
等，均為現代文學中的傳世佳作。廢名中年以後頗用心於佛學，著有《阿賴耶
識論》等。筆者通過對馮、熊佛學著作的鉤沉索引，得知二公之思想分歧主要
在對唯識學的「種子」義的理解的差異上。

廢名正式治佛學約緣起於 1930 年代末，也是因抗戰軍興，為避戰火，他
攜家眷返歸湖北鄉間故家之際，這期間他因對「物質文化」的失望，質疑於科

〔註 1〕周作人：《懷廢名》，見舒蕪編：《流年感憶》，天津：天津教育出版社，2007 年，
223 頁。

－89－

學技術發展對人類社會的根本價值意義，故將未來社會的希望寄託於東方哲學。這一點，於其小說《莫須有先生坐飛機以後》中有所道及：

> 我這回坐飛機以後，發生一個很大的感想，即機器與人類幸福問題。當我在南京時，見那裡的家庭都有無線電收音機，小孩們放午學回來，就自己大收其音，我聽之，什麼舊戲呀，時事廣播呀，震耳欲聲，我覺得這與小孩子完全無好處，有絕大的害處，不使得他們發狂便使得他們麻木，不及鄉下聽鳥語聽水泉多矣。古人說絲不如竹，竹不如肉，以其漸近自然，倘若聽了今日的收音機真不知道怎樣說哩。坐飛機亦然，等於催眠，令人只有耳邊聲音，沒有心地光明，只有糊塗，沒有思想，從甲地到乙地等於一個夢，生而為人失掉了「地之子」的意義，世界將來沒有宗教，沒有藝術，也沒有科學，只有機械，人與人漠不相關，連路人都說不上了，大家都是機器中人，夢中人。……機械發達的國家，機械未必是幸福；在機械決不曾發達的中國民族而購買物質文明，幾何而不等於抽鴉片煙呢？……中國的歷史就是中國的哲學。我們先要認識我們的民族精神，我們的聖人又正是我們民族精神的代表，我們救國先要自覺。把我們自己的哲學先研究一番才是。本著這一部哲學，然後機器與人類或者有幸福之可言，那時我們不但救國，也救了世界。〔註2〕

應該注意到，廢名對於西方科技於中國日漸發達和普及的憂慮與思索，和其將「救國救世界」的理想寄託於中國文明的這種理念，與20世紀20年代梁啟超遊歐歸來所撰的《歐遊心影錄》中表達的思想是基本一致的。在《歐遊心影錄》中，梁啟超曾感於一戰以來作為當時大多國人心目中的文明典範的歐洲諸國百孔千瘡，由現象而質疑文化，認為「科學愈昌，工廠愈多社會偏枯亦愈甚，富者益富，貧者益貧。」並呼籲以東方文明「救拔」「破產了的西洋文明」〔註3〕。當時因梁氏該著的發表，引發了思想界新舊兩派的「科學與人生觀」論戰。梁啟超的這種言論，代表了當時的「文化保守主義者」，也就是馬一浮、熊十力、梁漱溟、張君勱等新儒家們的普遍心態，可以說是新儒學之發生的一個思想起點。——應該說，廢名對於中國傳統文化的態度，基本符合於

〔註2〕廢名：《莫須有先生坐飛機以後》，見《莫須有先生傳》，南京：廣西師範大學出版社，2003年，114～115頁。

〔註3〕梁啟超：《歐遊心影錄節錄》，見《飲冰室合集》專集23，北京：中華書局，2008年，7頁。

近代以來新儒家一系的理論取向，這種思想上的「同氣相求」，應該是廢名與熊十力能夠結交論學的根本原因。

二

　　廢名平素對於熊十力還是頗為敬重的，除了周作人曾談及此點，廢名在其著中亦謂熊氏「此翁天資絕高，知堂老與陶淵明均有所不及」，評價不可謂不高了。熊、馮二人私交亦頗密切，據《莫須有先生坐飛機以後》中所記，廢名之子「純」的一次生日時，熊十力曾以六塊銀元相贈。但廢名專治佛學後頗用力於唯識學，漸而有其體悟並發生信仰，由是而對熊十力「攝佛歸儒」而企圖顛覆佛教唯識義理的著作《新唯識論》甚感不滿，對熊著欲有以辯之。此亦廢名其佛學代表作《阿賴耶識論》的主要撰寫緣起之一。廢名於其著第一章「述作論之故」中說：

　　　　我以阿賴耶識作題目……還有一個近因，黃岡熊十力先生著有《新唯識論》，遠迢迢的寄一份我，我將他看完之後，大吃一驚，熊先生何以著此無用之書？我看了《新唯識論》誠不能不講阿賴耶識。熊先生不懂阿賴耶識而著《新唯識論》，故我要講阿賴耶識。所以我的論題又微有譏諷於《新唯識論》之不倫不類。熊先生著作已流傳人間，是大錯已成，我們之間已經是有公而無私。〔註4〕

廢名對其所著《阿賴耶識論》抱有絕大的自信，他自謂其寫作「世間無人比我擔負了更艱難的工作，世間艱難的工作亦無人比我做的更善巧」云云。顯然，這種口氣除了來自他對於其佛學思考的堅定信念，也頗有一點詩人氣質的感性色彩。《阿賴耶識論》對熊十力思想的批判，主要集中在對於唯識學種子問題的理論判定上。

　　而對於種子說之批判，是熊十力對傳統唯識學進行反思，並提出他的「新唯識論」的一個重要理論基礎。具體而言，他在著中指出：

　　　　種子的含義，就是一個勢力的意思。他所以叫作種子，因為他具有能生的力用之故，世間說麥和稻等等都有種子。舊師大概把世間所謂種子的意義，應用到玄學上來，而臆想識的生起，由於另有一種能生的勢力，遂把這個勢力名叫種子。但舊師所謂種子，在他看來並不是一個抽象的觀念，他認為種子是有自體的，是實在的，

〔註4〕廢名：《阿賴耶識論》，瀋陽：遼寧教育出版社，2000年，2～3頁。

是有生果的力用的。……總之，個別的種子，個別親生各自的果，所以，他定因緣的義界，特別扭重親生自果一義。因為他的種子是多元的，若不是各自親生各自的果，豈不互相淆亂嗎？……這是他的根本錯誤。至於以種子為識的因，以識為種子的果，因果判然兩物，如母親與小孩，截然兩人，這種因果觀念，太粗笨，是他底玄學上的一種迷謬思想。〔註5〕

熊氏更謂：「他們無著派的種子說，全由情計妄構。易言之，即依據日常實際生活方面的知識，來猜測萬化之原。如此而構成一套宇宙論，自不免戲論了。他們所謂種子，也就是根據俗所習見的物種，如稻種、豆種等等，因之以推想宇宙本體，乃建立種子為萬物的能作因。這正是以情見猜測造化，如何應理？據他們的說法，種子是個別的，是一粒一粒的，且數量無窮的。輕意菩薩《意業論》云：『無量諸種子，其數如雨滴。』這無量數的種子，不止體類不同，還有性類不同。」〔註6〕——由熊氏所論可知，他之所以批判唯識學「種子」義，在於以「種子」把本體析為無數多元，顯得支離破碎。熊氏的這種批判視角，頗類似於古希臘亞里士多德對柏拉圖的「理念論」的指責，亞里士多德認為，柏拉圖在說明一具體事物的原因時，卻尋找一個與之分離的另一個事物作為它的原因。也就是亞氏所說的「那些把理念當作原因的人，首先設法把和存在物數目相等的另外的東西當作他們的原因。」〔註7〕——這樣，有多少個具體事物就應該有多少個分有的理念。從熊氏的角度去看，唯識學的種子的「性類」「體類」的無數劃分，亦面臨這種「一物一本體」的問題。

此外，關於此無量無數多的「種子」的究竟來源，在熊氏看來，唯識學的解釋亦頗有問題。唯識學認為，「種子」的緣起，是眾生無明業力不停息的「現行薰習」，而薰成新種而後，種子也同時成了「現行薰習」的發起原因，如是循環不已，構成人生與世界存在的根本原因。這種「種子生薰習，薰習復生種子」的理論，在熊氏看來，則是把本體與存在截然打成兩段的一種二元論的偽命題。

〔註5〕熊十力：《新唯識論》（語體文本），見《新唯識論》，北京：中華書局，1985年，280～281頁。

〔註6〕熊十力：《新唯識論》（語體文本），見《新唯識論》，北京：中華書局，1985年，423頁。

〔註7〕【古希臘】亞里士多德：《形而上學》，見苗力田主編：《亞里士多德全集》第七卷，北京：中國人民大學出版社，1993年，50頁。

復次，熊氏尚認為唯識學所立種子為本體，不僅這本身「可以說是多元論或二元論」〔註8〕，在唯識學的整個體系上，又犯了「二重本體」的過錯，熊氏指出：「為什麼要說他們有宗有二重本體呢？他們既建立種子為諸行之因，即種子已是一重本體。然而，又要遵守佛家大乘一貫相承的本體論，即有所謂真如為萬法實體。」〔註9〕這樣，在熊氏看來，唯識學處理「種子」與「真如」的關係，亦是頗顢頇不清的。

三

廢名針對熊十力有關看法的批判，則見於《阿賴耶識論》第八章「種子義」，此章開篇即是針對熊十力而立言，認為：「熊先生依然是中國智者，異乎印度菩薩與歐西學者的求真，故不能面對真實，也就是不懂得佛教的空宗和有宗」。〔註10〕——這個評價雖然頗顯刻薄，但也確指出了熊十力的哲學運思方式的確是有異於印度佛教，這一點廢名的看法與當時的教界學者是一致的。

於此章中，廢名揭出唯識學「親辦自果」一義來為唯識學辯護並批評熊論。——所謂「親辦自果」，源於唯識學思想的「四緣」說。「四緣」出自《成唯識論》卷七：「緣且有四：一、因緣，謂有為法親辦自果。……二、等無間緣，謂八現識及彼心所，前聚於後，自類無間，等而開導，令彼定生。……三、所緣緣，謂若有法是帶己相，心或相應所慮所託……四、增上緣，謂若有法，有勝勢用，能於餘法或順或違。」〔註11〕「親辦自果」就是「四緣」首位的「因緣」的具體內容，意思是「果法」由「因法」直接引發，因為能生，果為所生。其所生果完全為能生因所決定，如由種生芽，麥種生麥，稻種生稻，不同種子分別是芽、麥、稻的因緣。廢名指出：

> 有宗說因緣，要「親辦自果」，親辦自果者，不如形之於影，水之於波，此中因果不定，要如植物的種子，有種子之因即已決定有其果。〔註12〕

〔註8〕熊十力：《新唯識論》（語體文本），見《新唯識論》，北京：中華書局，1985年，427頁。

〔註9〕熊十力：《新唯識論》（語體文本），見《新唯識論》，北京：中華書局，1985年，427頁。

〔註10〕廢名：《阿賴耶識論》，瀋陽：遼寧教育出版社，2000年，40頁。

〔註11〕《大正藏》第31卷，40頁。

〔註12〕廢名：《阿賴耶識論》，瀋陽：遼寧教育出版社，2000年，41頁。

廢名進一步借《成唯識論》中所提出的「種子六義」的「引自果」與「果具有」來進行說明。——雖然熊氏認為印度佛教以世間植物作譬，「以情見測造化」是不足取的，而廢名則與其針鋒相對，認為熊氏此論「殊非格物君子之言」，仍然堅持以世間植物為譬來證明唯識學的合理性，他指出：

> 如植物是隨時隨為種，隨時為果，在我們栽植的時候，有分根，有插枝，則根與枝都是種，即根與枝都決定有其必生之果。如是根可以謂之果，因為由種子來的；根亦可謂種子，根亦能生故。枝可以謂之果，由種子來的；枝亦可謂之種子，枝亦能生故。這樣叫做「果具有」……植物學家拿一顆種子簡直可以分析得出來，一顆種子並不是囫圇吞棗，他裏面有芽莖葉等種子，另外還同嬰孩要吃乳一樣自己帶了養料，這樣便聯到了「引自果」義。〔註13〕

廢名在這裡想指出的是，唯識學種子義絕非熊十力所判斷的那樣，將本體與存在截然分割而兩不相干，因為「種子」其本身並不是一個確定實在的東西，實是根據因果時機的不同所安立的一個方便施設。——除了以植物作譬所闡發的「理證」，廢名還引用《瑜伽師地論》中的經文作為其觀點的「經證」：

> 種子云何？非析諸行別有實物名為種子，亦非餘處。然即諸行，如是種姓，如是等生，如是安布，名為種子，亦名為果。果與種子不相雜亂。何以故？若望過去諸行即此名果，若望未來諸行即此名種子。如是若時望彼名為種子，非於爾時即名為果。若時望彼名果，非於爾時即名種子。〔註14〕

因此，在廢名看來，唯識宗的「種子」義可謂方便善巧，在哲理上完全說得通，也並無熊氏所說的那些矛盾，故他自然認為熊氏對「種子」義的批評是毫無道理的。

四

熊十力對於廢名的批評的回應，似亦從未見研究熊十力的學者道及，經筆者反覆查閱對勘，發現收入熊著《十力語要初續》中的《與馮君談佛家種子義》一篇，就是對廢名《阿賴耶識論》有關內容的答覆。關於廢名所論，熊氏認為：

〔註13〕廢名：《阿賴耶識論》，瀋陽：遼寧教育出版社，2000 年，42 頁。
〔註14〕廢名：《阿賴耶識論》，瀋陽：遼寧教育出版社，2000 年，43 頁。

> 佛家派別甚繁，說法極多，非以謹嚴之態度治之，未有不混亂
> 也。……若見種子及果等名詞，便不管各派意義而混同作解，黑白
> 不分，麥豆莫辨，此之謂大混亂，以此言佛學，未知其可。〔註15〕

熊氏此論，當是針對廢名《阿賴耶識論》中所表現的不甚重經典解析而
多任意發揮的風格，如廢名所自謂的「我讀書合於陶淵明好讀書不求甚解，
我敢來講阿賴耶識，只讀了一部《瑜伽論》之後，而《瑜伽論》又未曾細讀。
《成唯識論》雖也取在案前，只供翻閱，並不怎樣借助於他。因為我確實已
懂得阿賴耶識了，天下道理本來是自己的，是簡單的。」〔註16〕云云——這
種態度，在熊氏看來，無疑主觀色彩過深，而忽視了佛教思想的史實源流，
是不足取的。

熊氏在此文中，將唯識學種子義劃分為「古義」與「無著世親義」，他認
為，廢名根據《瑜伽師地論》所闡的種子含義，屬「古義」的範圍，與他在《新
唯識論》中所批判的「無著世親義」大不相同，熊氏指出：「種子義，《瑜伽師
地論》頗採有古義，與後來無著兄弟種子說全不相同。」〔註17〕——對於「古
義」熊氏並不表示反對，而對於《新唯識論》中所著力批判的「無著世親義」，
熊氏說：

> （無著世親）彼等成立賴耶識以含藏種子。賴耶一名藏識，以
> 是種子所藏故。種子在賴耶中，為賴耶所緣之境。有宗經論，皆有
> 明文。種子是實有的，是個別的。易言之，即是異諸行別有一一實
> 物名為種子，並有所藏之處，恰恰與古義相反。〔註18〕

熊氏在這裡仍然堅持認為，雖然種子「古義」確如廢名所言，可算是一
個概念上的方便施設，但到了無著世親那裡，則成了一個確然實體，因此，
他自信在《新唯識論》中立足於本體論的批判，仍然是正確的。熊氏進一步
指出：

> 此土唯識之學，唐以前真諦所傳，頗多不同於奘師所介，吾常
> 欲董理而鮮暇。奘師所宏，只是無著世親一家之學，十師推延世親

〔註15〕熊十力：《與馮君談佛家種子義》，見《十力語要初續》，上海：上海書店，2007
　　　　年，163～165 頁。
〔註16〕廢名：《阿賴耶識論》，瀋陽：遼寧教育出版社，2000 年，41 頁。
〔註17〕熊十力：《與馮君談佛家種子義》，見《十力語要初續》，上海：上海書店，2007
　　　　年，163～165 頁。
〔註18〕熊十力：《與馮君談佛家種子義》，見《十力語要初續》，上海：上海書店，2007
　　　　年，163 頁。

學，愈以懸空解析為能，吾《新論》所斥破者，奘師所傳之學而已。
印度有宗古師各派之說，今難詳徵。吾意真諦學比奘師所宣傳者較
好，惜乎今之作佛教史者於此無考。〔註19〕

熊氏此論頗為獨特。姑不論是否如熊氏而言的，無著世親之前是否尚有所謂「古義」，真諦所學是否真是長於玄奘所傳。但玄奘所傳的護法一系唯識學是比較靠後的一支的確是事實，而真諦所傳則可能更為古老。呂澂先生的《中國佛學源流略講》，對真諦與玄奘所傳唯識學的差異性問題曾有所剖析，他認為：「（真諦）在中國一般認為他受安慧的影響很大。實際上，真諦和陳那、安慧之前最忠實地遵守世親舊說的難陀，更為接近。難陀舊說一直在印度與他家並行，所以玄奘在印度時，還特地向勝軍論師學習過它，並在那爛陀寺開過講座。因此，真諦所傳譯的純是舊說，當然會與玄奘所傳的不同了。」〔註20〕應該是比較接近史實的說法。

廢名、熊十力二公所辯者，可謂屢見勝義，足為借鑒。然二公所論，亦非無可指謫，熊氏以本體論思維批判印度唯識學之立場，毋庸諱言，殊乏「瞭解之同情」之態度。而廢名所論，則多任主觀隨意發揮，為學的精密性似亦有所欠。

關於廢名與熊十力的佛學思想之差異尚有值得一提者，在對待西方科學理性的態度上，二者亦不一致。熊氏認為「科學上所得之真理，未始非大用之燦然者也。即未始非本體之藏也」〔註21〕，在熊氏的思想體系中，在類乎中觀學「世諦」的角度上，仍然給予了西方科學理性以必要的地位。而廢名在這一點上比熊十力走的更遠，他對於西方科學理性是根本反對的，其《阿賴耶識論》的第二章「論妄想」，便是專為「破進化論」而作，這又體現了他們對待西學的不同態度，此一問題頗耐人尋味，哲人與文人思想選擇之分野，往往亦於如何看待科學理性之問題上有所體現，至今亦然。

〔註19〕熊十力：《與馮君談佛家種子義》，見《十力語要初續》，上海：上海書店，2007年，165頁。

〔註20〕呂澂：《中國佛學源流略講》，見《呂澂佛學論著選集（5）》，濟南：齊魯書社，1991年，2664頁。

〔註21〕熊十力：《論科學真理與玄學真理》，見郭齊勇編：《熊十力學術文化隨筆》，北京：中國青年出版社，1999年，121頁。

以佛學比附科學之思想誤區分析

　　任何一種歷史久遠的宗教，在其發展過程中都會逐漸形成一些立足於基本教義的，試圖解釋世間一切存在現象的哲學體系，此即所謂「宗教哲學」。對於佛教而言亦是如此，1938 年，湯用彤先生在其代表作《漢魏兩晉南北朝佛教史》的跋語中便提出：「佛法，亦宗教，亦哲學」〔註1〕。此語指明了佛教思想基本的二重性質。綜觀印中佛教思想史，可發現自佛教產生時始，已出現了思想本身的宗教信仰維度與哲學思辨維度共生並行而又相互交融的兩條脈絡──對於佛陀言教的皈依與踐行與對宇宙人生種種問題之思考。從湯先生所謂之「佛法亦哲學」角度講，佛教在探究終極問題的義理層面，尚需遵循思辨理性；而從所謂「佛法亦宗教」角度來講，作為佛教徒則又必以佛言為永恆真理，旨在信受行持。在佛教思想中，信仰與思辨二者之間也經常會出現一些難以調適的矛盾，若早期佛教在哲學認識上之否定「自性」，卻又為了照顧對生命輪迴的信仰而承認「業力」；到了大乘佛教時期，如任繼愈先生指出的，「『涅槃』即佛教認為修行所達到的最善，最完美，最幸福，最高的精神境界，而大乘空宗卻教人們認為他們是空幻的，甚至說如果有比涅槃境界更高的，也是幻的」，從而「對佛教信仰帶來了不利的影響」。〔註2〕佛教中的哲學思辨成分與宗教信仰成分，二者在這種時而矛盾時而統一的對待關係下的長期共存，構成了佛教理論的不斷自我演變發展乃至宗派分支的內在原因。事實上，這也

〔註 1〕湯用彤：《漢魏兩晉南北朝佛教史・跋》，見《漢魏兩晉南北朝佛教史》，武漢：武漢大學出版社，2008 年，604 頁。
〔註 2〕任繼愈：《法相宗哲學思想略論》，見《任繼愈自選集》，重慶：重慶出版社，2006 年，360 頁。

是任何一種宗教哲學歷史演變過程的普遍內在機制。

佛教的哲學層面，當然沒有、也不可能超出人類思維方式的基本範圍。縱觀古今中外的哲學思考，雖然學說林立，但若總結起來，說複雜也並不複雜，拿世界觀問題來說，大體上無外這些思路：首先，認為現象界是虛幻或次要的，背後有更真實或究竟的存在（對於理解「真實」而言，或偏於精神性多些，或偏於物質性多些）。其次，認為當下的現象即真實，本無所謂本體或本質。此外，還有絕對的不可知論（這種看法裏面其實有個悖論，因為說出「不可知」本身也是一種「知」）。而在認識論問題上，則或偏於理性思辨，或偏於感性直觀，或偏於神秘經驗。——對於佛教哲學而言，在其不同的歷史階段和不同的學派中，上述這些傾向或多或少都能找到一些。比如在世界觀問題上，說一切有部的「我空法有」相對偏重物質實在性，瑜伽行派（即中國的唯識宗）的「萬法唯識」學說側重講心識問題，中國禪宗則強調「一切現成」、「立處即真」。在認識論上，唯識學的「多聞薰習」偏重思辨，中國禪宗的「頓悟」側重於直觀，印度禪法的「定」則以誘發神秘經驗為主。——不過，或有許多人會認為，用哲學的基本範疇去理解佛教思想，也是一種「格義」，未必盡然精確，不過以上已足可說明，佛教在其兩千多年的發展歷程中，內容龐雜，思想包羅萬象，幾乎涵蓋了人類哲學思維的各種可能性，並不存在一個絕對一貫的思想體系。

近年來，出現了一些有佛教信仰傾向的自然科學工作者（其中不乏社會名流），他們通過戴上了有色眼鏡的閱讀，往往看到佛典裏面的某些個別論述，與平時工作中所接觸到的某些科學理論碰巧看起來相似，便「攻其一點，不及其餘」，自以為「道在是矣」，隨之大加鼓吹「佛法是科學」的論調，甚至一些主流媒體也幫助他們推波助瀾，有人曾總結這類現象說：

> 佛學的真空觀與物理學的真空論；佛學的直覺認知與科學的理性認知；「鄰虛塵」與極限空間；「剎那」與極限時間；「一念三千」與思維傳感；「因陀羅網」與「宇宙全息」；「五十一心所」與心理學；「阿賴耶識」與「潛意識」；「觀想」與「脫敏療法」；「如來藏」與「以太」；「中陰身」與「靈魂」；「頓悟」與靈感；生命潛能開發與人工智慧……人的經驗與思維所能達到的一切領域都可用來印證佛法，這反過來豈不處處證明出佛法千古不易之正確？！「科學的哲學」、「理性

的宗教」現今已成為「佛學是真理」的耀眼支撐點。〔註3〕

本來，科學與哲學（自然也包括宗教哲學）分屬兩個不同領域，早已是晚近以來學術界的一個共識，海德格爾的說法比較有代表性：「在哲學中，一切存在者之存在是要被思考的東西。對於哲學的思考和探求而言，再沒有比這個更為崇高，更為嚴謹的使命了。與此相反，各門科學都總是僅僅思考一切存在者中的一種存在者的一個只屬自己的特殊領域。」〔註4〕當然，如所周知，古代的哲學，甚至包括神話中，有些說法與晚近以來的自然科學發現不乏暗合，也是常見的情況。比如化學的元素說可對應於中國古代的五行說與古希臘的四元素說；古希臘的原子論或佛教《大毗婆沙論》中的「極微」觀念則看起來好像與現代量子物理學有些相似；甚至《莊子》中「萬物皆種也，以不同形相禪」這類說法也曾被胡適解釋為一種「生物進化論」〔註5〕，與此類似的則有古印度「維護之神」毗濕奴的化身神話，也「似乎暗合了從海洋動物到兩棲動物、哺乳動物、半動物半人類、有缺陷之人，再到健全之人的進化歷程。」〔註6〕——不過，多數人都清楚，先民或先哲們的看法，是立足於可見的自然現象而針對世界生成問題所作出的聯想性猜測，而晚近科學所發現的元素週期表、量子論、進化論等，則是通過具有可重複性、可檢驗性和可證偽性的科學觀察或實驗所得出的理論，這兩種思維方式涇渭分明。顯然，如果因為看到佛經裏面的一些個別論述與某些科學理論好像有所相似，便貿然斷定「科學家千辛萬苦爬到山頂時，佛學大師已經在此等候多時了！」〔註7〕其草率武斷，無異於說古印度的神話作者是生物學家、中國先秦的齊魯方士都是化學家一樣荒唐。

當然，科學工作者信仰某種宗教，在世界範圍內早已頗為普遍，對於個人信仰問題，我們自然應該給予尊重，也不否認一些宗教的所提倡的修心養性的生活方式，可能在古今中外不少科學家的靈感迸發之際，起到了一定「助緣」的作用。不過，若科學工作者若將所信仰的對象拿來與某領域的科學研究進行

〔註3〕李林：《張力的消解——禪學的佛學批判》（第七章），http://www.tlfjw.com/xuefo-205680.html

〔註4〕【德】海德格爾：《海德格爾論尼采：作為藝術的強力意志》（秦偉，余虹譯），石家莊：河北人民出版社，33頁。

〔註5〕胡適：《中國哲學史大綱》，桂林：廣西師範大學出版社，2013年，159頁。

〔註6〕范晶晶：《印度教神話的魅力》，見《中華讀書報》（2016年6月8日18版）。

〔註7〕朱清時：《物理學步入禪境：緣起性空》，見《南懷瑾：一代大師未遠行》，北京：臺海出版社，2014年，147頁。

簡單膚淺的附會，不僅不利於科學與宗教在各自領域的正常發展，對社會大眾而言，這類以訛傳訛的誤導，則更可謂流弊深遠，自須有以辨之。

一、削足適履與邏輯詭辯：佛學比附科學的方法誤區

利用佛學作為理解西方科學理論的中介工具，這一風氣本肇始於晚清西學東漸的社會文化潮流中，若葛兆光指出，「晚清好佛學的人，幾乎都是趨新之士大夫」，他們發現，「要理解西洋思想，原來看上去不大好懂的梵典佛經，倒是一個很好的中介，用已經理解的佛學來理解尚未理解的西學，的確也是一個好辦法。比如西洋那種複雜繁瑣的邏輯，可以用同樣複雜繁瑣的因明學來比擬，比如西洋對於人類心理的精細分析，可以用同樣分析人類意識的唯識學來理解，西洋人對於宇宙浩瀚是通過天文望遠鏡和物理學計算來認識的，我們沒有這些知識和工具，但靠了佛教恣肆汪洋的想像，也算是差不多明白，西洋人對於微觀世界是依據顯微鏡和生物之學來觀察的，我們的老祖宗沒留下這些名堂，但是從佛經中挖出來的想像和比喻，可以幫助我們解釋這種不可眼見為實的現象。」〔註8〕時人之新學家中，若康有為、文廷式、孫寶瑄、譚嗣同等人，均有與茲類似的「借佛學解西學」的看法。包括史稱「現代佛教復興之父」的楊文會居士（1837～1911），也是一位「佛學、西學，海內有名」〔註9〕的人。早在1878年，楊文會作為清廷駐英法大使的曾紀澤的隨員出使歐洲，考察西歐「政教生業」，那時候他已在歐洲直接學習了天文學等自然科學。楊文會曾以西方天文學宇宙觀直接印證於佛學，謂：

> 近時天文學家所測者，可以比量而知，其說以日為宗，有多數行星繞日而轉，地球其一也。自體無光，仗日光以為明照，即以此繞日之多數地球，作為一小千世界。空中之恒星與日相同，每一恒星有多數地球繞之，即是中千世界。推而至於大千世界，莫不皆然。凡地上之人目所能見者，通為娑婆大千世界。西人謂之一星林。用最大天文鏡窺之，空中有無數星林。即是無數大千世界。又有鏡中但見白跡，不能察知星點者，西人謂之星氣。更有極大天文鏡所不

〔註8〕葛兆光：《孔教、佛教抑或耶教？——1900年前後中國的心理危機與宗教興趣》，見王汎森等：《中國近代思想史的轉型時代》，臺北：聯經出版事業公司，2007年，223～224頁。

〔註9〕譚嗣同：《上歐陽中鵠書十》，見蔡尚思，方行編：《譚嗣同全集》，北京：中華書局，1998年，468頁。

能見者，尤不可思議。經中所謂十方微塵數大千世界，可於凡夫眼中略見端倪矣。〔註10〕

此所言「小千世界」「中千世界」「大千世界」者，是佛教自其印度早期以來的傳統宇宙觀，楊文會在其著中已有介紹，謂「世人所居之地為一世界，數此大地至一千，名為小千世界；又數小千至一千，名為中千世界；又數中千至一千，名為大千世界」〔註11〕。此則借之以形容不同等級的天體。楊文會弟子譚嗣同受到乃師佛學的影響，在其名著《仁學》中亦以佛學比附西方天文學立論，其亦謂：「凡得恒河沙數各星團、星林、星雲、星氣，互相吸引不散去，是為一世界海。恒河沙數世界海為一世界性。恒河沙數世界性為一世界種。恒河沙數世界種為一華藏世界」〔註12〕云云。

事實上，以宇宙時空有無數多重之觀念，非佛教所獨創，印度早期的婆羅門教已有類似的記載，若婆羅門教聖典《薄伽梵歌》中已有「全宇宙群分無數兮，舉聚合而為一」〔註13〕的說法，後來佛教不過是在此基礎上而提出了「三千大千世界」的假說。當然，對於楊文會、譚嗣同這些晚清「趨新之士大夫」而言，所瞭解的科學知識畢竟極為有限，兼之處於特定的「借佛學以解西學」的歷史時期，我們自不必求全責備於前賢。——不過，這些話如果在今天仍能出自一位著名科學家之口，便足以令人感到詫異了，若據說曾多次獲得諾貝爾化學獎提名的香港理工大學潘宗光教授，近年熱衷於在內地四處宣講「佛教與科學」，社會影響極夥，他便有這麼一段令人足以跌破眼鏡的論述：

佛教在 2500 多年前就提出了三千大千世界。用現在的話語來講，一個太陽系為一小世界，一千個小世界為一小千世界，一千個小千世界為一中千世界，一千個中千世界為一大千世界，所以稱三千大千世界。佛教認為三千大千世界為一佛剎國土。這樣的表述，和當下發現的宇宙非常一致，甚至要超出我們的認識。我們也不能否定還有許多另外的三度空間，與我們的世界並存於一個超乎我們想像的四度空間。假如真有一個另外的三度空間裏有佛、菩薩的存在，而這個三度空間與我們的生活的三度空間是可以相融相通的。

〔註10〕 楊文會：《楊仁山全集》，合肥：黃山書社，2000 年，142 頁。
〔註11〕 楊文會：《楊仁山全集》，合肥：黃山書社，2000 年，142 頁。
〔註12〕 譚嗣同：《仁學》，北京：高等教育出版社，2010 年，58 頁。
〔註13〕 《薄伽梵歌》（徐梵澄譯），見《徐梵澄文集》第 8 卷，上海：上海三聯書店，2006 年，93 頁。

佛、菩薩便可以透過這兩個三度空間的會合處穿梭到我們這個世界來了。〔註14〕

潘教授的這類說法現在毫不罕見，有一部不知出處的《科學與佛教匯合之處》專題片近期在網上熱播，灌輸的就是與此類似的觀念。此外尚有許許多多宣稱「有圖有真相」（那些圖加工痕跡十分明顯）的描述宇宙中的種種天體與佛教《華嚴經》所記載的種種「世界」完全一致的微信文章，也到處瘋傳。

這類看法在民國時期崇信佛教的科學工作者中早已頗為流行，若王季同（1875～1948，著有《佛法與科學之比較研究》）、尤志表（1901～？，著有《一個科學者研究佛經的報告》）等，都有過與潘宗光教授類似的說法，意思大同小異，這裡不再徵引。已有學者指出，他們「在佛教與科學的比較上存在許多生硬甚至比附之處，缺少從文化內涵上對佛教與科學的比較」，「佛教的宇宙論與現代科學的宇宙論的確具有很多相似之處，相對於基督教的創世說它與現代天文學之間融通起來更為容易一些，對此給予探討是完全必要的。但是，佛教的宇宙論、生命觀畢竟產生於幾千年前，要求幾千年前的人類認識成果與現代科學認識完全吻合是不現實的，因為它們產生的基礎相差太遠。離開了對佛教與科學認識基礎的必要分疏而給予硬性的比較，其結果難免給人以穿鑿附會之感。」〔註15〕——歸根結底，這類說法的產生，是由於上述這些科學工作者先戴上了信仰的主觀性眼鏡，在他們的「研究」過程中已經有意無意地自動過濾掉了佛經記載中與現代科學觀念嚴重違背的說法。比如佛教宇宙神話中尚有以須彌山為世界中心的「九山八海」、「四大部洲」，乃至四大天王，三十三天等等，顯然這些與現代天文學一點兒都對不上號。——佛教宇宙神話與現代天文學的牴牾之處，近代康有為早已敏銳地指出過，他在撰寫於1886年的《諸天講》中謂：

各教教主生在古昔，未有精鏡，談天無有不誤。吾敬諸聖，亦不欲多議。佛說無量世界，無量諸天，無量劫，無量世，其人名罪福，皆能一一數之如家珍。所謂天眼通，天耳通，宿命通，知化通，神足通，無所不至，然日月至近，尚渺不知，何必遠言？即如所謂大中小三千世界，各以一千世界為增級，然今所實溯見者，吾日天

─────────────

〔註14〕《覺群人生講壇：潘宗光教授〈佛教與科學〉》，見菩薩在線網。
〔註15〕王萌：《融攝與對話——現當代佛教與科學關係研究》，四川大學博士學位論文，2004年，28頁，17～18頁。

內只八遊星，則無一小千世界也。銀河天則有二萬萬日，是不止中千世界也。渦雲天有銀河天十六萬萬，是大千世界亦不止千也。蓋佛所言世界，以千增級者，不過隨意擬議推算，非謂實也。然相去太遠，誤謬亦已大甚矣。〔註16〕

不僅康有為百餘年前之識見，已非上述科學界諸公可及，即使是佛教教內深具見地的高僧，亦對此有理性認識，若已故印順法師（1906～2005）便曾坦言：「佛陀為理智的道德的宗教家，有他的工作重心，無暇與人解說或爭辨天文與地理。佛法中的世界安立，大抵是引用時代的傳說，如必須為這些辯說，不但到底不能會通傳說，而且根本違反了佛陀的精神。」〔註17〕就佛教的世界觀而言，「佛教與印度教，都共同依據古代的傳說——依須彌山為中心而四面分布。但又各自去想像，組織為獨特的世界形態」，「漠視現代的世界情況，高推聖境，再說一些科學『有錯誤』，『不徹底』，自以為圓滿解決了問題，那也只是自以為然而已！」〔註18〕

潘宗光等以天文學比附佛教宇宙神話的方式，代表了一種普遍思路，若朱清時教授用《楞伽經》中的藏識（阿賴耶識）理論去比附當代理論物理學「弦論」，亦與之如出一轍，朱教授說：

在二十一世紀開始的時候，以弦論為代表的物理學真正步入緣起性空的禪境了。……佛學認為物質世界的本質就是緣起性空。藏識海（又名如來海）是宇宙的本體。物質世界的萬事萬物，都是風緣引起的海上波濤，換言之，物質世界就是風緣吹奏宇宙本體產生的交響樂。《入楞伽經》云：「譬如巨海浪。斯由猛風起。洪流鼓冥壑。無有斷絕時。藏識海常住。境界風所動。種種諸識浪。騰躍而轉生。」……這裡海水與波浪的關係，正是弦與音樂的關係。它們也正是物質世界與宇宙本體的關係。當我弄懂了這個道理的時候，心裏充滿了敬畏和震撼。〔註19〕

〔註16〕康有為：《諸天講》，北京：中華書局，2012年，186頁。
〔註17〕印順：《佛法概論》，見《印順法師佛學著作集》8冊，印順文教基金會光碟版，2006年，124～125頁。
〔註18〕印順：《佛法是救世之光》，見《印順法師佛學著作集》24冊，印順文教基金會光碟版，2006年，420～424頁。
〔註19〕朱清時：《物理學步入禪境：緣起性空》，見《南懷瑾：一代大師未遠行》，北京：臺海出版社，2014年，146～147頁。

在朱清時先生看來，「弦論」確與佛教「賴耶緣起」學說有一定相似度，至於相似度到底有多高，筆者對當代理論物理學所知無幾，無意斷言。不過，按說朱教授應該知道，不同佛教派別的緣起理論本有四種，除了「賴耶緣起」，還有「業感緣起」、「如來藏緣起」和「法界緣起」，另三種與「弦論」又是什麼樣的關係？——至少，我們前面提到過的佛教中說一切有部講「我空法有」的「極微」說，恐怕無論如何看都與這個「弦論」難以符合。要之，他們所講的科學與佛學的「相似性」，並非是真有什麼本質的相似，而是削足適履的片面認識傾向本身決定的。

不過，佛經中種種與現代科學相牴牾的記述，今人雖然罕有談者，民國時期王季同倒是注意到了這個問題，並嘗試加以辯解，他提出以下四點解釋理由：首先，「佛雖有神通，無所不知，然而他是對當時群眾說法，自然不能不理會當時群眾的知識」，因此，佛經的說法現在看來不合科學，應是佛陀的「善巧方便」，是「遷就聽眾的演講」。其次，王季同認為「現在的知識，也不過是現在短期間的知識」，也就是說，現在的「科學理論也不免受一樣的時代性所限」，意思是說，未來的科學總會證明佛說之正確。再次，「佛本非大學教授。他的動機不是要教人學天文地理。所以不能把現在的天文學、天體力學、天體物理學、地文學、地質學，甚至一切的自然科學一股腦兒搬出來」，「因為他沒有這個需要，所以不必完全照現在的新知識說」。最後，「佛經是佛說出來，大眾聽在耳朵裏；等到佛入寂之後，大眾重開法會，結集下來的」，因此那些與科學不合的記述「是否全出佛口親宣，亦不敢說定。」〔註20〕

總結王季同的四點意思，無外是說，佛陀無所不知，自然永遠正確，但由於有時需要照顧聽眾水平故意按當時流行的習俗說；有時則是說法本身沒錯，只是現在的科學發展水平還難以認識到其中的高明之處。——諸如此類，話語中隱含的前提是，就佛陀的真實言教而言，不容懷疑，一定正確。但懂一點邏輯學的，都能看出問題所在，王氏的說法是詭辯論中所常見的「丐詞」，嚴復在《穆勒名學》中說：「先為臆造界說，而後此所言，即以望文生義；此則本學所謂丐詞者也。」「丐詞乃名學言理厲禁。譬如天文，有文昌、老人諸星，其名本人所命，乃既命之後，而謂其星為文明、壽考諸應，此之謂丐詞。」〔註21〕

〔註20〕 王季同：《唯識研究序》，見張曼濤主編：《現代佛教學術叢刊》第 63 卷，臺北：大乘文化出版社，1978 年，20～22 頁。
〔註21〕 嚴復譯：《穆勒名學》，北京：商務印書館，1981 年，1 頁。

「丐詞」今又稱「預設前提」，意謂以真實性尚未得到證明的判斷（在王季同的論證中即佛陀「無所不知」這一判斷）作為論據來證明論題的真實性，如果對方看不出這一破綻，則將永遠立於不敗之地。

要之，以佛學比附科學的基本方法，首先是削足適履地篩選佛教經典中與科學理論看起來類似的部分，然後在利用「預設前提」之類的詭辯方式，一廂情願地論證「佛說」為千古不移之真理。——實際上，恐怕還是胡適先生說得正確：「佛法中是人類的某一部分在某時代倡出的思想和信仰；科學也只是人類的某一部分在某時代研究出來的學術思想。這兩項材料在人類歷史上各有其相當的地位」，無論是過去還是現在，都實在「沒有把他們拉攏來做『搭題八股』的必要。」〔註22〕

二、佛教邏輯「因明學」並非科學方法

因明學系古印度逐漸發展出的一套邏輯體系，源於婆羅門教正統學派之一的正理派，後來佛教（以瑜伽行派為主）亦特重此學，許多對因明學作出卓越貢獻的大師若世親、陳那、商羯羅主、法稱等皆係佛教人士，故因明學亦多被稱之「佛教邏輯」。約公元六世紀時，陳那及其弟子把古因明的五支做法（論式的宗、因、喻、合、結之五部分）改造為三支做法，即宗、因、喻三個部分，並逐漸固定下來。

若以西方形式邏輯的三段論來對應因明學之論式，大體而言，宗支部分相應於待證之結論，因支部分相應於小前提，喻支則與大前提相近（但並不完全一樣），一個標準的因明論式是這樣的：

宗：此山有火。

因：有煙故。

喻：凡有煙處必有火，如灶；凡無火處必無煙，如湖。

以此論式為例，應注意到，其「喻支」的部分，是依賴於針對「因支」所陳述情況（這裡則是「有煙」）的正反兩個角度的舉例歸納，來論證「宗支」的正確性。也就是根據經驗知識，在同類事物中可舉出至少一個具體例子（所謂「同品定有性」），在相反情況中則找不到任何例外（即「無火而有煙」的例外，所謂「異品遍無性」），再加上要求「宗支」部分前陳的外延不能超出

〔註22〕胡適：《讀王小徐先生的〈佛法與科學〉》，見《胡適學術文集·中國佛教史》，
　　　　北京：中華書局，1997年，626頁。

「因支」的外延（所謂「遍是宗法性」），這樣就符合所謂「因三相」，便可算是一個合格的因明論式，因明學中稱「真能立」。

至少在表面上看，因明學的邏輯形式似乎是比較嚴密的，因此，近現代以來許多學者認為因明學便是一種「科學方法」，甚至認為它比西方的邏輯學還要優勝，若王季同在其《佛法與科學之比較研究》中便謂：

> 唯物論自其執物質一端言之，與佛法背馳；然就其破靈魂一端而言，實與佛法吻合。試再引《因明論》（即邏輯）破神我一節，更可見其推論方法之若合符節也：《因明論》云，「法差別相違因者，如說，眼等必為他用，積聚性故，如臥具等。此因如能成立眼等必為他用，如是亦能成立所立法差別相違積聚他用；諸臥具等為積聚他所受用故。」……〔註23〕可見數論外道之推論與今之基督教徒一般無二；而商羯羅主菩薩之駁論亦與今經驗派哲學之駁基督教靈魂一般無二。〔註24〕

王氏認為，佛教經論中利用因明學對婆羅門教「神我」觀念的駁斥，與西方經驗派哲學對基督教靈魂論的駁斥，在邏輯形態上完全吻合，由此可證實佛教中早已有與西方科學一致的方法論。——不僅如此，王氏甚至認為，在認識的更高層面，因明學比西方的哲學和科學都更優越，他說：

> 西洋哲學家所認為經驗者，皆是此種意識，故非真現量而為非量，又名似現量；蓋不帶名言之前五識如金屬元素，而此則如合金，若認為金屬元素，此大誤也。至於邏輯方法雖與因明吻合，然西洋哲學家所認為基於邏輯之認識，其前提無不直接或間接導源於上述之成見，故其結論亦非真比量而仍為非量，又名似比量。故非親證真現量，或依據佛及大菩薩之真現量以為前提，決不能立真比量。科學家惟其不知在真現量上做工夫，故不能知主觀的我與客觀的宇宙之究竟，而為自然定律所縛。〔註25〕

因明學的知識論（量論）部分，把知識分為三類，即「現量」（感官知識）、「比量」（推理知識）與「非量」（錯誤知識），其中現量與比量又各分為「真」（正確）、「似」（似是而非）二種。王季同上文的意思是說，西方的科學與哲

〔註23〕 這裡省略了王季同對這一因明論式的具體解釋。

〔註24〕 王季同：《佛法與科學之比較研究》，太原：山西人民出版社，2014 年，2～3頁。

〔註25〕 王季同：《佛法與科學之比較研究》，太原：山西人民出版社，2014 年，7 頁。

學，都基於人類的「意識」立論，而在佛教看來，凡夫的「意識」本身就是一種假象，所以本身就是「非量」或「似比量」，達不到佛菩薩開悟後的「真現量」境界。故王季同認為，科學本身就是一種為「自然定律所縛」的侷限認識。──王氏作為一位科學工作者，在此居然徹底否定了科學知識本身的真實性，雖其「自我批評」的勇氣可嘉，卻也說明了，不少學者雖從事科學技術相關工作，但骨子裏卻並不認同科學精神，這也是一個常見的社會現象。而據筆者觀察，直至今日，研究因明學的學者中，似仍不乏與王氏有類似看法者。

近代佛教改革先行者太虛法師（1890～1947）的看法則代表了一種更普遍的認識，他說：「因明在印度，原為正理派，後入佛學，方名因明。因明為論理之方式，比較最新之西洋論理學，皆為因明中早已說到者。」〔註26〕──即使不認為因明學在世界各邏輯體系中高出一籌，至少也認為可視其為一種嚴密的邏輯體系和科學方法。不過，這一看法仍不盡當，事實上，因明學的本質實未出論辯術之藩籬，與現代科學的演繹方法仍是有較大區別的。

由於因明學本身術語繁多，若純從理論上闡述這一問題，恐怕十分費解，筆者當年在學習因明學的過程中，曾戲作兩個因明論式，試圖「證實」號稱數學界「王冠上的明珠」的「哥德巴赫猜想」，觀之應可一目了然。──「哥德巴赫猜想」即謂「每個不小於 6 的偶數都是兩個奇素數之和，每個不小於 9 的奇數都是三個奇素數之和」之數學命題。數百年來，全世界無數的數學精英們殫精竭慮，仍未完全解決此問題。但若試用因明論式來表述，竟可得到兩個完全挑不出毛病的「真能立」論式。如次：

（1）宗：任何不小於 6 的偶數（設為 X），皆兩個奇素數之和。

因：可任意枚舉故。

喻：任意所枚舉者，皆兩個奇素數之和，如 8；不能等於兩個奇素數之和者，必非可枚舉之數，如 7。

（2）宗：任何不小於 9 的奇數（設為 Y），皆三個奇素數之和。

因：可任意枚舉故。

喻：任意所枚舉者，皆三個奇素數之和，如 11；不能等於三個奇素數之和者，必非可枚舉之數，如 12。

〔註26〕太虛：《佛學講要》，見《太虛大師全書》1 冊，印順文教基金會光碟版，2006年，285 頁。

用因明學的標準衡量，這兩個論式均完全符合「因三相」，即遍是宗法性、同品定有性、異品遍無性。以論式（1）為例說明：因支所說的「任意枚舉」的大偶數，沒有超出與作為「宗法」的「皆兩個奇素數之和」之外延，故符合「遍是宗法性」；而喻支的同喻部分，可舉出無窮例證（如 8 等），符合「同品定有性」；喻支的異喻部分，目前尚無人可舉出「異品有」的任何數字（否則哥德巴赫猜想便要被否證了），因之亦符合「異品遍無性」。同理，論式（2）按因明規則，同樣是確鑿無疑的「真能立」。——這樣看來，如果是請古印度的因明論師們來「研究」哥德巴赫猜想，他們或應認為這樣就算是解決問題了。

不過，若按科學方法的標準，這個論式一看便知道是數學的門外漢作出的，也就是說，這是個按因明學規則合格，但按形式邏輯規則卻是有問題的論式（理由詳後）。——有關因明學與形式邏輯的區別，宋立道先生曾舉出一個在形式邏輯中成立，用因明標準衡量卻不成立的一個例子，即以下（3）和（4）兩個論式：

（3）形式邏輯論式
　　　小前提：人是有理性的動物。
　　　大前提：有理性的動物是高級動物。
　　　結論：人是高級動物。
將其轉換為用因明論式表述，則為：
（4）宗：人是高級動物。
　　　因：是理性動物故。
　　　喻：有理性之動物，必為高級動物，如（？）；非高級動
物者，必無理性，如狗。〔註27〕

論式（4）之所以在因明論式中不成立（似能立），是因為滿足不了「因三相」的第二相「同品定有性」。因為，在已知的動物界中，我們在「人」以外，舉不出任何一種動物是有理性的。

通過（3）和（4）這兩個論式，比較筆者來「證實」哥德巴赫猜想的（1）和（2）兩個論式，可以總結出：因明論式的喻支部分（對應形式邏輯的「大前提」的部分），只要能滿足「最大限度的列舉」，即可合乎要求。而形式邏輯的「大前提」，則必須是業已被科學證實了的，確無疑義的公認原理，方可使用。

〔註27〕宋立道：《因明三支做法的邏輯性質》，見《貴州大學學報》（社會科學版）1986年 1 期。

我們回過頭來看論式（1）和（2），仍以（1）為說明：在喻支部分，只是能盡量列舉出吾人能提出的一切數字，但作為宗前陳的「宗有法」，也就是 X，則仍是未知的假設而已——因為不小於 6 的偶數是無限多的，我們不可能完全窮盡列舉出來，所以這個假設在理論上其實永遠不能排除被否證的可能。

所以，在因明學的規則中，有「除宗有法」之一說，所謂「除宗有法」，是在論式的喻支部分，把宗的前陳，也就是「宗有法」（即論式 1 中的 X），必須懸置起來不作考慮。因明學最明顯的侷限性，亦在於此。——要之，因明學的方法是在盡最大可能去歸納經驗現象，而缺乏西方科學之演繹方法。而從論式（4）亦可看出，因明學之規則，有時亦難與通過科學研究所得出的公認原理一致。

今之學者有認為「因明可推導新知」者，事實上，因明學所得之「新知」，亦為最基本的日常經驗知識而已。如通過生活經驗，見煙可知有火，而終不知火何以能生煙之化學原因。此外，通過因明學去認識事物，亦不能窮盡未來的一切可能性，若古時有煙自然必是有火，但在當代，這個最著名的因明論式則會出現「異品有」，也就是有煙無火的情況，如煙霧彈之類，自然也就不成立了。

克實而言，因明學本身作為古印度從論辯術中所發展出的邏輯體系，結合古人當時的歷史背景看，其理論深度與嚴謹性，已足令人歎為觀止，因明學在人類認識思維的發展上無疑作出了重要貢獻。不過，古人的論辯術再怎麼精緻，畢竟還不是現代科學方法。——顯然，今人以佛學比附科學，即使拋開佛教中非理性的神秘主義成分不談，單從佛教中思維最嚴密的因明學方法看，也是完全不能成立的。

三、結語

以佛學比附科學的類似理念雖可導源於晚清民初西學東漸的文化潮流中，不過，彼時的思想者們將佛學的一些思想作為接引西方科學和哲學的中介理論，隱含著利用科學理性以改革佛教的願景，並在客觀上促進了中國佛學的入世化和理性化的轉型，使之與現代社會文明相互調適。無論是楊文會還是釋太虛，他們所引導出的「唯識學復興」和「人間佛教」思潮，皆體現了佛學「與科學理性聯姻」的時代特點。而當代信奉佛教的科學工作者們以佛學比附科學，則與前人的理論形態雖有相似，但思想用意卻恰恰相反，他

們隱含著欲證明佛教中的神秘主義成份比科學更高明，並欲用神秘主義來吞沒科學的內在動機。這些科學工作者大多認同南懷瑾的「佛教確實有科學的證驗，及哲學的論據。它的哲學，是以科學為基礎，去否定狹義的宗教，它的科學，是用哲學的論據，去為宗教做證明」〔註 28〕這類觀念（他們中間不乏南氏門人），混淆了神秘主義的「實證」與科學方法論中的「實證」（也就是實驗）的根本不同。〔註 29〕歸根結底，是欲圖把佛陀樹立為一位無所不知、無所不能的「大神」，從而襯托自身信仰的優越。事實上，佛教哲學的現代價值，顯然不在於那些神秘主義的糟粕成分（近現代不少佛學家也有這種認識）。佛學中本不乏對人生與社會苦難的深刻剖析，及像「無緣大慈，同體大悲」、「地獄未空，誓不成佛」這些悲憫世間眾生的寬廣情懷，在一定程度上「貫穿著實踐的、變革的意義」，具有引導「人生向上的自覺」〔註 30〕，這些合理成分足資今人借鑒。也正如印順指出的，「佛陀為理智的道德的宗教家」，本「無暇與人解說或爭辨天文與地理。」〔註 31〕——顯然，當代「佛法是科學」之錯誤觀念的傳播，不僅嚴重誤導大眾，妨害科學精神的真正普及，對佛學本身也存在嚴重曲解和誤解。

〔註 28〕南懷瑾：《楞嚴大義今釋・敘言》，上海：復旦大學出版社，2001 年，4 頁。

〔註 29〕二者最大的區別是，神秘主義「實證」的說法中缺乏科學命題中最為必要的「可證偽性」。——參見拙文《從「可證偽性」看神秘主義所謂之「實證」》，見《科學與無神論》2014 年第 2 期。

〔註 30〕呂澂：《緣起與實相（下）》，見《呂澂佛學論著選集》第 3 冊，濟南：齊魯書社，1991 年，1367 頁。

〔註 31〕印順：《佛法概論》，見《印順法師佛學著作集》8 冊，印順文教基金會光碟版，2006 年，124 頁。

第三章　華嚴復興

華嚴與唯識思想徑路之分野

　　華嚴與唯識皆中國佛教史上的重義學的宗派，二者在唐代均曾巍為顯學。從思想淵源上講，華嚴與唯識關係密切，不僅《華嚴經》亦唯識學所宗的「六經」之一，在義理上還與南北朝時期闡揚世親《十地經論》的地論學派具有一定的承繼關係。然二宗正式形成後，理論向度卻頗有異同，維護其各自宗義的論辯，在唐時不絕於縷。北宋贊寧在其《宋高僧傳》中便記載了一則有關華嚴宗實際開祖法藏青年時曾參加玄奘譯場，因見解不合而退出的事件：

　　　　（法藏）薄遊長安，彌露鋒穎。尋應名僧義學之選。屬奘師譯經，
　　始預其間。後因筆受、證義、潤文、見識不同，而出譯場。〔註1〕

　　但這段記載，近世以來學界多以傳說視之，不僅因早期文獻未聞此說，且贊寧的時代已距法藏身後二三百年。從史實方面考察，疑竇亦多。〔註2〕然此

〔註 1〕《大正藏》第 50 冊，732 頁。
〔註 2〕方立天先生在《法藏》一書中曾列如下疑問：（1）玄奘逝世於唐高宗麟德元年
　　　（公元 664 年），當時法藏僅二十二歲。說玄奘組織譯場，法藏「始預其間」，
　　　未言始予於何年，但至早應在玄奘死前幾年，時法藏才十多歲，如何有可能？
　　　（2）法藏是在玄奘逝世後六年出家受戒的，一個還沒有出家受戒的居士，並
　　　非名僧，怎能應「名僧義學之選」？（3）法藏之師智儼晚於玄奘四年去世，
　　　據史載，法藏跟隨智儼九年，專攻《華嚴》，在此期間法藏怎能離開智儼，後
　　　又返回智儼身邊？（4）玄奘譯場的層次很高，皆屬精通大小乘經論，為時輩
　　　所推崇的名僧大德，而且又是經過朝廷批准的，成員名單保存在《大唐大慈恩
　　　寺三藏法師傳》中，其中並無法藏的名字。（5）譯場有一定的組織規制，分工
　　　十分明確，筆受、證義、潤文各有專職，年輕的法藏豈能兼任數職，且和各項
　　　專職人員都發生「見識不同」的分歧？（6）參加玄奘的譯事是經過朝廷批准
　　　的，豈能任意退出譯場？法藏又係年輕的僑民，何以敢如此驕恣狂氣？——見
　　　《方立天文集（第二卷）》，北京：中國人民大學出版社，2006 年，13～14 頁。

縱非史實，其中亦透露出一重要訊息——至少可以得知，最遲在贊寧的時代，佛教界已廣泛認識到法藏華嚴之學與玄奘所傳唯識門戶殊異，具有難以彌合的重大分歧，此當為這項傳說所產生的思想背景。上溯於印度佛學的淵源，華嚴與唯識均祖述瑜伽行派之經典，但在中國則呈現出了兩條不同的思想徑路，其義理取向之分野，顯應重視。

華嚴學在法藏正式開宗時始，已對唯識學義理進行了頗多的借鑒和融攝，不過，這種融攝，是近於「為我所用」立場的重新詮釋，故其詮釋結果，與唯識家之原意無不大異其趣。通過比較這些唯識學理論的本來意義與法藏詮釋後之意義，應可對二者不同的理論分野有一目了然的把握。

一、華嚴學「三性同異」與「因門六義」對唯識名相的新詮

華嚴開祖法藏在其所著《一乘教義分齊章》中，對於本宗的義理舉出了四門：一、三性同異；二、因門六義；三、十玄無礙；四、六相圓融。前兩門分別為汲納唯識學的「三性」說與「種子六義」諸名相而進行的新詮。

唯識之三性說在眾多唯識典籍中皆有論述，如《瑜伽師地論》的《攝抉擇分》謂：「云何名為三種自性？一遍計所執自性，二依他起自性，三圓成實自性。云何遍計所執自性？謂隨言說依假名言建立自性。云何依他起自性？謂從眾緣所生自性。云何圓成實自性？謂諸法真如。」〔註3〕三性即遍計所執性、依他起性與圓成實性。所謂遍計所執性者，遍計為「周遍計度」義。所執是指對象。即於因緣性諸法，不能看到其本然的真相，而執著於妄境的認識階段。所謂依他起性者，「他」指因緣而言，認識到一切有為法都是依因緣而現起的，非固定的實有，而是如幻假有的法。所謂圓成實性者，圓為圓滿，成為成就，實為真實義。指遍滿一切處而無缺減，其體不生不滅而無變異，且真實而不虛謬，為一切諸法實體的真如法性。《攝大乘論》以蛇繩為譬喻來說明此三性之含義：如暗中有人懷恐怖之念，見繩而誤以為蛇，此蛇現於恐怖之迷情上，係體性皆無之法，此喻遍計所執性。繩是因緣假有的，此喻依他起性。繩之體為色、香、味、觸等四塵，此喻圓成實性。——由此可見，唯識學的三性說，實為修行者的三種認識層次，至悟入圓成實性而契於真實，而每一層認識都是對前一層的超越和否定，在修行階段上，亦是循序漸進而次第陞進的。

法藏在其《華嚴一乘教義分齊章‧義理分齊》中則對唯識學之三性說作了大異於原意的詮釋，他認為：

> 三性各有二義，真中二義者：一、不變義，一、隨緣義；依他
> 二義者：一、似有義，一、無性義；所執中二義者：一、情有義，
> 二、理無義。由真中不變，依他無性，所執理無，由此三義故，三
> 性一際同無異也。此則不壞末而常本也。……又約真如隨緣，依他
> 似有，所執情有，由此三義，亦無異也。此則不動本而常末也。……
> 是故真該妄末，妄徹真源，性相通融，無障無礙。〔註4〕

在此，法藏以三性的每一項，都由本末兩重含義而構成，圓成實性有不變和隨緣二義，依他起性有似有和無性二義，遍計所執有情有和理無二義，合而為「三性六義」。

關於圓成實性，法藏說：

> 且如圓成，雖復隨緣成於染淨，而恒不失自性清淨，只由不失
> 自性清淨，故能隨緣成染淨也，……是故二義唯是一性，……真如
> 道理亦爾，非直不動性淨，成於染淨，亦乃由成染淨，方顯性淨；
> 非直不壞染淨，明於性淨，亦乃由性淨故，方成染淨。是故二義，
> 全體相收，一性無二，豈相違耶？〔註5〕

所謂「隨緣」「不變」二義，出自華嚴宗人甚為推崇的《大乘起信論》中，「不變」是表示世界真實本體「真如」的常住性、永恆性，「隨緣」是則表示「真如」隨著因緣條件而會變現大千萬象。法藏藉此二義來說明圓成實性具有真實本體之性質，而「隨緣」與「不變」二義，本身亦相反相成，同一不異。

而關於依他起性，法藏則說：

> 依他中雖復因緣似有顯現，然此似有，必無自性，以諸緣生，
> 皆無自性故。若非無性，即不藉緣，不藉緣故，故非似有。似有若
> 成，必從眾緣，從眾緣故，必無自性。是故由無自性，得成似有；
> 由成似有，是故無性。〔註6〕

所謂「似有」，是指緣起諸法在世俗認識的角度上貌似實有。「無性」則是言緣起諸法在真實義諦的角度上，本質亦為空。也就是說，因緣萬法是由無性

〔註4〕《大正藏》第 45 冊，499 頁。
〔註5〕《大正藏》第 45 冊，499 頁。
〔註6〕《大正藏》第 45 冊，499 頁。

的空以表示其依他而起的似有，又由依他而起的似有而表示其無性的空，空有之間相待而生，所以，似有與無性二者也是相反相成而同一的。

關於遍計執性，法藏則謂：

> 所執性中雖復當情稱執現有，然於道理畢竟是無，以於無處橫計有故……今即橫計，明知理無；由理無故，得成橫計；成橫計故，方知理無。是故無二，唯一性也。〔註7〕

「情有」是指因迷情執取世間萬象為實有，「理無」是說在世間萬象道理上是無。在法藏的思維方式上，情有就是理無，理無才成情有，因此，迷與悟，也就是情有與理無同樣是相反相成，不一不異。

進一步，利用同樣的論證方式，法藏極其繁複地闡述三性六義的彼此之間也是互相皆為相反相成而同一不異的。對此，方立天先生有比較簡要的說明：「法藏肯定三性的每一性都是相對的，因為其中包含相反相成的二義，也就是包含了既相互對立又相互依存的、缺一則另一也不復存在的兩個方面，而不是單一的、純粹的、絕對的。同時每一性中的兩個方面又不是並列的、等量的，而是有本末之別的。六義中的不變、無性、理無稱為『本三性』，隨緣、似有、情有稱為『末三性』。由此本三性和末三性又形成對立統一的關係。不變、無性和理無本三性的三性同一無差別，不壞世界末有而說真如之本，所以是三性一際，同而無異。又隨緣、似有和情有末三性，也是不動真如之本而說世界末有，是真如隨緣生出的現象，所以也是同一無異的。本三性是表示宇宙萬有即真如，末三性是表示真如即宇宙萬有，如此，本三性與末三性也是相即一體的。三性、六義都是相對的、統一的。」〔註8〕——最後，法藏通過對三性六義的分析闡述，作出如下結論：

> 真該妄末，無不稱真；妄徹真源，體無不寂；真妄交徹，一分雙融，無礙全攝。〔註9〕

通過回顧法藏改造性地論證唯識學的三性說之過程可見，在唯識家的原意上，三性說本為一層次分明的認識論，而通過法藏立足於華嚴宗義的重新詮釋，則泯除了三性差別，最終圓融而為一體，成為了論證華嚴宗根本義理「法界緣起」之一理論依據和組成要素。

〔註7〕《大正藏》第 45 冊，499 頁。

〔註8〕方立天：《法藏》，見《方立天文集（第二卷）》，北京：中國人民大學出版社，2006 年，80～81 頁。

〔註9〕《大正藏》第 45 冊，499 頁。

　　關於《一乘教義分齊章》所舉之華嚴義理之第二門「因門六義」，因門六義之所據，為唯識學之「種子六義」，「種子六義」出於唯識學典籍《攝大乘論·所知依分》：「剎那滅、俱有，恒隨轉應知，決定、待眾緣，唯能引自果。」〔註10〕——所謂「種子」，即唯識學提出的一切生命的根本識，也就是阿賴耶識的構成分子，阿賴耶識即種種習氣種子的一個聚合體，由這些種子的薰習作用，生成現行而變現外境，反過來，種種名言薰習復不斷生成種子，如是種子與現行相互輾轉，無盡相生，是唯識學所假定的一切大千萬象的生成根源。《攝論》認為種子的存在狀態有六種特徵：一是「剎那滅」，指種子剎那生剎那滅，才生即滅，處於迅速的不斷變化中，唯識學以此概念來說明世界的無常義。二是「果俱有」，指種子為因，產生果以後，與果同時並存，且支持著果，這是唯識家在種子的觀點下建立因果關係。三是「恒隨轉」，指種子永遠和阿賴耶識共存，相隨不離，這是唯識學為了解釋現象界存在的連貫性而建立。四是「性決定」，指種子的善、惡、無記三種性質永遠不變，這是為了維持因果關係的一致性，若因果性質不同不可能相生。五是「待眾緣」，指種子產生結果，要依持、具備其他條件，也就是需要等無間緣、所緣緣，及增上緣的和合牽引，始能生起。六是「引自果」，指種子只能引生自類即同類的果，唯識學認為通過此義的闡釋，可使現象界的因果內容不亂。——關於唯識種子六義的理論性質，誠如霍韜晦指出的，唯識宗對於世界的構造問題是採取一種功能原子論的進路，把世界分解為片片表相，然後收入種子，種子與表相成為一一對應的關係。〔註11〕——可以說，在思維方法上，唯識學的種子六義顯然是將世界整體分為各個部分和層次而進行理解，與西方科學的分析方法甚為相契。

　　華嚴宗對唯識「種子六義」進行了改造性詮釋而成其「因門六義」，亦見於《華嚴一乘教義分齊章》諸書：

　　　　謂一切因皆有六義。一空有力不待緣。二空有力待緣。三空力不待緣。四有有力不待緣。五有有力待緣。六有無力待緣。……初者是剎那滅義，何以故？由剎那滅故，即顯無自性，是空也。由此滅故果法得生，是有力也。然此謝滅非由緣力故，云不待緣也。二者是俱有義，何以故？由俱有故方有，即顯是不有，是空義也。俱故能成有，是有力也。俱故非孤，是待緣也。三者是待眾緣義，何

〔註10〕《大正藏》第31冊，135頁。
〔註11〕參見霍韜晦：《唯識五義》，見《華崗佛學學報》第6期，1983年，319頁。

> 以故？由無自性故，是空也。因不生緣生故，是無力也。即由此義故，是待緣也。四者決定義，何以故？由自類不改故，是有義。能自不改而生果故，是有力義。然此不改非由緣力故，是不待緣義也。五者引自果義，何以故？由引現自果，是有力義。雖待緣方生，然不生緣果，是有力義。即由此故，是待緣義也。六者是恒隨轉義，何以故？由隨他故不可無，不能違緣，故無力用，即由此故是待緣也。〔註12〕

這裡的幾對範疇，「有、空」是就體性而言，「有力、無力」指作用的勝劣，「待緣、不待緣」指是否依賴於其他條件。具體而言略如下述：

第一種情況：剎那滅──體空、有力、不待緣。由於是剎那滅，顯現為無自性，是體空；由因滅而果得以產生，是有力；因的謝滅非由緣力，是不待緣。

第二種情況：果俱有──體空、有力、待緣，由於是果俱有才有，就表明是不有，不有就是體空；由於和果同時並存而能成就果，是有力；俱有就不是孤立無助，其中必定有其他條件的作用滲入，是待緣。

第三種情況：待眾緣──體空、無力、有待。由於是待眾緣，是無自性，為體空；決定果生的不是因而是緣，是無力；待緣而生，是有待。

第四種情況：性決定──體有、有力、不待。由於是性決定，自類不改，不是空而是有；能夠自類不改而產生果，是有力；自類不改也不是由於緣的作用，是不待緣。

第五種情況：引自果──體有、有力、有待。由於引現自果，果體有，是體有；雖待緣才能生果，但緣對果的產生不起主要作用，是有力；根據同樣的道理，也是待緣。

第六種情況：恒隨轉──體有、無力、有待。因是隨他轉，不可無，是體有；不能違背、排斥緣的作用趨勢，是無力；根據同樣的道理，也是待緣。〔註13〕

應該說，「因門六義」即使在號稱難治的華嚴義理中也是最為繁瑣的一門，不煩贅述，總而言之，因門六義旨在說明，大千萬象中，彼此的因果關係無窮無盡、縱橫交錯。其中事事物物互為原因，互為結果。一事物，對於因它而起的事物來說是原因；又對引起它產生的事物來說是結果。在不同的

〔註12〕《大正藏》第 45 冊，499 頁。

〔註13〕參見方立天：《法藏》，見《方立天文集（第二卷）》，北京：中國人民大學出版社，2006 年，85～86 頁。

因果關係中，原因和結果的界限是確定的、絕對的，同時，原因和結果的地位又是變化的、相對的。同一事物，既可作為原因，又可作為結果。——按華嚴宗一貫的思維方式，無外仍是在說明無限因果之間，都是相互對待而又統一的，因就是果，果也就是因，因此，在華嚴宗究極的義諦上，也就消泯了傳統意義上的「因果」。

對於因門六義的整體性融攝，法藏採用了本宗的「六相」說：

此六義以六相融攝取之。謂融六義為一因是總相，開一因為六義是別相；六義齊名因是同相，六義各不相知是異相；由此六義因等得成是成相，六義各住自位義是壞相。〔註14〕

所謂「六相」，即總、別、同、異、成、壞之六種事物存在狀態，《華嚴一乘教義分齊章》中，法藏以椽舍之喻來說明他們的關係，如果以舍為總相，椽為別相，離椽舍則不成，離捨椽則不名為椽，故椽即捨，捨即椽，也就是總相即別相，別相即總相；同、異、成、壞諸相間，亦復如是。按這個思維理路融攝因門六義後，唯識學的立足於分析方法，因果關係明晰細密的種子六義，最終被華嚴宗詮釋為成為了融合無間的同一整體了。

二、唯識學與華嚴學種姓論之差異

佛家所言「種姓」，是以修行佛道的根器來判分眾生之性，簡單地理解，也可以說就是佛家的「人性論」。諸宗派中，以唯識家對種姓的分判最為精細，不過亦最具爭議。其「五種姓」之說，認為眾生之中有一類人永遠不能成佛，也就是「無種姓」人。這種說法，顯有別於漢地所傳諸宗共許的「一切眾生皆有佛性」之種姓觀。

在唯識家看來，眾生修習佛道可取得的果位，由先天的無漏種子而決定。唯識「五種姓」之說，建立在眾生之阿賴耶識中是否具備或具備何種無漏種子的理論上，見於《解深密經》《佛地經論》《瑜伽師地論》《大乘莊嚴經論》等該派眾多典籍中，其義要而言之，約如下述：

（1）聲聞乘種姓——只具有聲聞果的一分生空無漏種子，聞佛聲教而得覺悟，故名聲聞。專門修習聲聞因，而證聲聞果，是名聲聞乘種姓。

（2）獨覺乘種姓——只具有獨覺果的一分生空無漏種子，能夠觀察思維因緣生滅的法理，契入真實滅諦，決定可證獨覺，而終取灰身滅智，故得此名。

〔註14〕《大正藏》第 45 冊，499 頁。

（3）如來乘種姓——具有開覺佛果的無漏種子，能夠悲智雙運，冤親等觀，廣利眾生，證菩提果，是名如來乘種姓。（以上三種姓即「三乘」，唯識家認為這三乘定會相應地達到羅漢、辟支佛、菩薩或佛的果位，故稱定性。）

（4）不定種姓——指具有菩薩、獨覺、聲聞各種無漏種子（至少具其二），遇緣薰習，修行不定。若近聲聞，便修習聲聞法，若近緣覺，則修習緣覺法，若近菩薩，又修習菩薩法，究竟達到何種果位，不能肯定，是名不定種姓。

（5）無種姓——無種，指不具無漏種子。生成邪見，不受化度，不求解脫，甘溺生死，是名無種姓，又名一闡提。謂不信佛法，無佛種姓，沉淪生死苦海，永遠不能成佛。

「五種姓」說在唯識學思想體系中應佔有重要地位，據遁倫的《瑜伽論記》中記載，玄奘在印度將要返國之前，印度好些大德在討論無種性問題時，向玄奘說：「你回國去講，旁人決不相信；希望你把帶去論書裏面關於無性的話省略了罷。」玄奘之師戒賢罵道：「鄙夫！你們懂得什麼，就能隨便給他作出指示嗎？」〔註15〕故玄奘回國後，遵照戒賢的意見，忠實地傳譯了包括無種姓的五種種姓說。——可見，在當時印度的唯識學宗師戒賢看來，「無種姓」說，應是唯識思想決不可缺少的一部分。

那麼，「無種姓」說又如何在唯識體系中必不可少呢？觀唯識典籍，雖《瑜伽師地論》卷六十七《攝抉擇分》中《聲聞地》列敘五番問答以成立斯義，然語焉不詳。歷代治唯識之學者，亦罕有言及此者。然筆者發現，華嚴宗法藏之《一乘教義分齊章》內卻保存了一段唯識宗人對此的重要論述：

> （唯識宗人言：）若……一切眾生皆當作佛，則眾生雖多亦有終盡，若如是說，最後成佛即無所化；所化無故，利他行闕，利他行闕，成佛不應道理。又令諸佛利他功德有斷盡故，如其一切盡當作佛，而言眾生終無盡者，即有自語相違過失，以無終盡者，永不成佛故。又如一佛度無量人，於眾生界有損己不？若有漸損，必有終盡，有損無盡，不應道理，若無損者，即無滅度，有滅無損，不應理故。依如是道理，《佛地說》等由此等由建立無性有情，離上諸過失。〔註16〕

〔註15〕《瑜伽論記》原文有錯亂，日本最澄（767～822）撰《法華秀句》引此文作：「《大莊嚴論》第二卷云：無佛性人謂常無性人。欲來之時，諸大德論無性人，云：若至本國必不生信，願於所將論之內，略去無佛性之話。戒賢呵云：彌離車人！解何物而輒為彼指？」（見藍吉富編：《中華佛教百科全書》網絡版）
〔註16〕《大正藏》第 45 卷，484 頁。

　　這裡，唯識學者為了辯護自己的「無性說」而批評「一切眾生皆當作佛」的說法，舉出三點理據：第一，如果一切眾生都能成佛，那麼眾生之中最後一位成佛者，因為眾生已無，完成不了成佛所必須的化世利他行為，將永遠不能成佛；第二，佛教有「眾生無盡」的說法，如果眾生皆能成佛了，那麼就是「眾生有盡」，犯了自相矛盾的過失。第三，佛度眾生成佛，於眾生界是否有減損呢？若無減損，則無滅度，若有減損，眾生必有終盡之期，亦違背了「眾生無盡」的說法。——這些論述邏輯嚴密，體系了唯識學的理論風格，同時我們也可以清楚看出，唯識家立「無種姓」之宗義，是為了避免佛教教義體系內可能出現會遭到質疑一些自相矛盾之處。

　　關於華嚴宗之種姓論，法藏在《一乘教義分齊章》中以其小、始、終、頓、圓（一乘）之五教判教理論進行闡發，他說：

　　　　如小乘教，此教中除佛一人，餘一切眾生皆不說有大菩提性。

　　　　約始教，即就有為無常法中立種性故，即不能遍一切有情，故五種性中即有一分無性眾生。

　　　　約終教，即就真如性中立種性故，則遍一切眾生皆悉有性故。

　　　　約頓教明者，唯一真如，離言說相，名為種性，而亦不分性習之異，以一切法由無二相故。

　　　　約一乘有二說：一、攝前諸教所明種性，並皆具足，主伴成宗，以同教故，攝方便故；二、據別教種性甚深，因果無二，通依及正，盡三世間，該收一切理、事、解、行等諸法門，本來滿足已成就訖。

〔註17〕

　　法藏以唯識為始教，其種姓論為「一分無性」，雖不能說是錯誤，但也只是為入大乘初機者所說的方便法門，而非究竟。而終、頓、圓三教皆認可一切眾生皆有佛性，詮釋維度則各有不同。在圓教中，「同教一乘」指天臺宗，華嚴以本宗為「別教一乘」，法藏以為「別教一乘」之種姓論優勝於他派者，在於強調因果不二，不僅眾生成佛的因種具足，且果德也具足，又融通依（國土世間）正（眾生世間），窮盡三世間（國土世間、眾生世間和三身十佛的智正覺世間），涵容一切法門，圓滿具足。——這樣，其種姓論的邏輯理路，將導向眾生即佛，佛即眾生，眾生與佛本來一體的結論。如《修華嚴奧旨妄盡還源觀》中謂：

〔註17〕《大正藏》，第45卷，485～488頁。

> 恒以非眾生為眾生，亦非諸佛為諸佛，不礙約存而恒奪，不妨
> 壞而常成。隨緣具立眾生之名，豈有眾生可得？約體權施法身之號，
> 寧有諸佛可求？莫不妄徹真源，居一相而恒有；真該妄末，入五道
> 而常空。情該則二界難說，智通乃一如易說，然後雙非雙立互成，
> 見諸佛於眾生身，觀眾生於佛體。〔註18〕

在眾生與佛一體的種姓論的基礎上，法藏面對上文所述的唯識學者的質疑，便很容易地解答說：

> 若謂眾生由有性故並令成佛，說有盡者，是即便於眾生界中起
> 於減見，眾生界既減佛界必增，故於佛界便起增見，如是增減非是
> 正見，是故不增減。〔註19〕

在法藏看來，既然眾生與佛無異，眾生界與佛界，在數量上也就談不上有什麼增減問題了。這樣，「一切眾生皆當作佛」與「眾生無盡」的兩個命題間，自然也就不存在矛盾了。

三、結語

關於唯識學之思維方法，歷來遵循印度古傳之因明邏輯，因明之宗、因、喻三支比量，與西方自亞里士多德以來為理性主義共同遵循的方法，也就是形式邏輯，有很大的相通性。就本文所介紹的「三性說」與「種子六義」便可清楚地看出，唯識學的方法注重分析，條理井然，這種特色，或可名之「分析的理路」。而華嚴學之思維方法，他們對待一切事理，皆理解為相反相成的關係，最終而視為同一。在此方面，任繼愈先生早已指出，這種思維方式雖有別於西方正統的辯證法，但也「有些辯證法思想的因素」〔註20〕，顯然，這種思維方式更契近於中國傳統的儒道哲學中的「陰、陽」，「道、器」、「體、用」等樸素的辯證邏輯成分，吾人或可名之為「圓融的理路」。

比較唯識學與華嚴學的種姓論，則可見二家對於人性問題理解之差異性。——吾人就日常經驗而言，人性種種之不齊，或有善惡優劣之差等，恐難否認，可否說，唯識學之種姓觀，近於一種「現實主義的人性論」；而華嚴倡「心佛眾生，三無差別」，以眾生與佛不異之種姓論，顯然近於中國古來儒家的

〔註18〕《大正藏》，第 45 卷，637 頁。
〔註19〕《大正藏》，第 45 卷，484 頁。
〔註20〕任繼愈：《漢唐佛教思想論集》，北京：人民出版社，1973 年，124 頁。

「性善論」或道家的「本真論」之思想傳統，應該說，乃是一種「理想主義的人性論」。二家思想之分野，在其種姓論上，亦清晰可見。

唯識學與華嚴學涇渭分明的理論性格，正如雙峰並峙，二水分流，在中國思想史上各顯勝長。到了近現代，唯識學在西方理性主義的衝擊下得到復興，正是因為其理論的精微邃密可與科學思潮一爭短長，故得到章太炎、梁啟超等眾多啟蒙思想家們的青睞；而華嚴學則因其思想中理想主義的特點，貼近於中土固有的性善之論，故得到了眾多新儒家們的闡揚與護持，若馬一浮、熊十力、方東美各家，皆更推重華嚴。〔註21〕綜合吾人對於二家思想分野的多方面比較，可見唯識學與西方理性主義、華嚴學與中國固有思想傳統，確有可以同氣相應之處，同時也共同構成了中國大乘佛教思想的重要兩極。

〔註21〕參見姚彬彬：《近現代新儒家的華嚴思想探析》，見《貴州大學學報》（社會科學版），2012 年 2 期。

西方天文學宇宙觀念的傳播與
中國近代華嚴哲學

　　晚清民初之際，宋明以來本已漸趨衰微的佛學，在文化思想界中異軍突起，呈現出復興之勢。正如當時的學者張相所觀察的：「清代之季，物極而變，識微之士，張皇幼眇，咸以群治之弗整，由於教旨之弗昌……十年以來，手梵文，口大乘者蜂起，彬彬雅雅，不懈益奮，蓋學術風氣又將一變矣。」〔註1〕需要注意的是，近現代中國佛學之復興，往往並非在傳統的宗派信仰意義上，而更多是在思想文化意上。當時的「先進知識分子」們對於佛學的選擇，更多是因為佛學中的一些學說在形態上頗為類似於正在大舉輸入中的西方新思潮。無論當時的佛學，還是與之類似的諸子學等方面的發展，都與西學東漸的時代文化背景密切相關。島田虔次指出，在當時「打破了二千年來儒教獨尊的諸子學、佛教乃至其他東西一齊出現在了歷史舞臺上。這正是以堂皇的陣容和傳統自負的中國之『學』，在攻進來的歐洲學術、思想面前不願屈服，動員和集結了所有能夠動員的『學術』部隊，試圖進行的徹底抵抗和最後決戰，實乃一個壯觀而豪華場面。」〔註2〕頗為形象地道出了當時佛學整體上的思想特質。

　　梁啟超在《清代學術概論》中說：「晚清所謂新學家者，殆無一不與佛學有關係，而凡有真信仰者，率歸依文會。」〔註3〕此所謂「文會」即有近代佛

〔註1〕張相：《佛學大綱序》，見謝无量：《佛學大綱》，揚州：廣陵書社，1994年，1頁。
〔註2〕【日】島田虔次：《中國思想史研究》，鄧紅譯，上海：上海古籍出版社，2009年，373頁。
〔註3〕梁啟超：《清代學術概論》，見朱維錚編：《梁啟超論清學史二種》，上海：復旦大學出版社，1985年，81頁。

學「復興之父」〔註4〕之稱的楊文會居士（1837～1911），楊文會早年在曾國藩幕府時期已頗關注西方科學技術，尤擅工程營造之術，中年以後則專注於佛學，維新派思想家譚嗣同即楊文會弟子，謂其「佛學、西學，海內有名。」〔註5〕楊文會於佛學以華嚴學為歸依，譚嗣同正是他華嚴學的繼承者。在楊文會的佛學影響下，譚嗣同汲取華嚴義理而撰成《仁學》，成近代思想界之重要著作。——值得注意的是，華嚴學在維新派思想家中的影響，有一定普遍性，根據梁啟超的介紹和後人的研究，康有為的《大同書》亦與華嚴學有直接關係，他旨在「否定個體的存在，而將之包攝在全體之中」，「說明這樣的一大同世界，以佛教的華嚴思想來說明一切。視孔子的理想世界與華嚴法界是同一的。」〔註6〕事實上，無論楊文會、康有為還是譚嗣同，對華嚴學的闡揚，都格外重視作為其核心宗旨的「法界緣起」之論。

所謂「法界緣起」，華嚴創宗人法藏謂：「夫法界緣起，無礙容持，如帝網該羅，若天珠交涉，圓融自在，無盡難名。」〔註7〕在華嚴宗看來，諸法就是宇宙的森羅萬象，具足一切法，叫做法界。法界的一切法相即相入，互為緣起，以一法成一切法，以一切法起一法，相資相待，互攝互容。他們認為，無論是時間還是空間，至大可推演至無窮，至微也可推演至無窮，所以大小只是世俗觀念上相對的概念而已，而在本質上，世界萬物如印度神話中的「因陀羅網」，重重無際，微細相容，故謂「一即一切，一切即一」。華嚴宗又分別從四個方面說明法界圓融無礙的義相，即四法界：一、事法界，二、理法界，三、理事無礙法界，四、事事無礙法界。其中事事無礙法界更具體的表現了法界緣起。方立天先生指出，這種認為事物與事物、現象與現象之間是圓融的，無矛盾的，彼此互為因果，互為依存，互相滲透的基本看法，是「從佛教修持出發闡述的宇宙現象論。」〔註8〕由此可見，華嚴學的法界觀，立足於對世界時空「無限」的假想，針對宇宙論問題進行了充滿了想像力的邏輯推演。顯然，這可以說是

〔註4〕【美】霍姆斯·維慈：《中國佛教的復興》，王雷泉等譯，上海：上海古籍出版社，2006年，1頁。

〔註5〕譚嗣同：《上歐陽中鵠書十》，見蔡尚思，方行編：《譚嗣同全集》，北京：中華書局，1998年，468頁。

〔註6〕【日】鐮田茂雄：《中國佛教通史》第1卷，關世謙譯，高雄：佛光出版社，1994年，1頁。

〔註7〕【唐】法藏：《華嚴經明法品內立三寶章》卷下，《大正藏》第45冊，620頁。

〔註8〕方立天：《中國佛教哲學要義》（下卷），北京：中國人民大學出版社，2003年，686頁。

佛教哲學，甚至說整個中國哲學中與當時所流行的西方天文學宇宙觀最為相似的理論，而看似有些巧合的是，上述楊文會、譚嗣同、康有為諸位，皆不同程度地涉獵過西方天文學，這也許說明了，近代佛教華嚴哲學的一度隆盛，與西方天文學的觀念衝擊頗有關聯。

一、康有為所瞭解的西方天文學宇宙觀念與其華嚴哲學

康有為著有思考天文學問題的著作《諸天講》，自稱撰寫於 1886 年，據自其序稱：「二十八歲時，居吾粵西樵山北銀河之瀧如樓，因讀《曆象考成》而昔昔觀天文焉。因得遠鏡見火星之火山冰海，而悟他星之有人物焉。因推諸天之無量，即亦有無量之人物、政教、風俗、禮樂、文章焉，乃作《諸天》書。」〔註9〕此書中，他徵引了《明史・天文志》所載由利瑪竇等傳教士所介紹的古希臘托勒密（Claudius Ptolemaeus）「九重天」之說，並予以批判，謂：「崇禎時，徐光啟以改定中國之日曆，中國自古測天術遂革，然尚未知哥白尼地繞日說、奈端吸拒力說在，歐人天學，以今比之，猶是大輅椎輪也。」〔註10〕認為哥白尼之日心說、牛頓（即奈端）之萬有引力說出現後，天文學之發展遠較舊說精密先進。

托勒密「九重天」之說早在明代時由利瑪竇（1552～1610）傳入中國，其《乾坤體義》一書中描述宇宙是一個有九層的圓球狀體系，以地球為靜止不動的中心，地球以外，則依次有月球、水星、金星、太陽、火星、木星、土星、恒星諸層，最外一層名「宗動天」，且「此九層相包如蔥頭皮焉，皆硬堅。而日月星辰定在其體內，如木節在板，而只因本天而動，第天體明而無色，則能通透，光如琉璃水晶之類，無所礙也。」〔註11〕稍後傳教士陽瑪諾（1574～1644）在《天問略》中又介紹了天主教據托勒密說所修改的一個模型，增加為十二重天，謂「最高者即十二重天，為天主上帝諸神居處，永靜不動，廣大無比，即天堂也。其內第十一重為宗動天……」〔註12〕這類說法，李約瑟總結說：「耶穌會傳教士帶去的世界圖式是托勒密—亞里士多德的封閉的地心說；這種學說認為，宇宙是由許多以地球為中心的同心固體水晶球構成的。」〔註13〕不過江曉

〔註 9〕康有為：《諸天講》，北京：中華書局，2012 年，2～3 頁。

〔註 10〕康有為：《諸天講》，北京：中華書局，2012 年，9 頁。——此處原書斷句標點有誤，引文標點係筆者改正。

〔註 11〕【明】利瑪竇：《乾坤體義》卷上，據《文淵閣四庫全書》電子版。

〔註 12〕【明】陽瑪諾：《天問略》，北京：中華書局，1985 年，1 頁。

〔註 13〕李約瑟：《中國科學技術史》，北京：科學出版社，2003 年，643 頁。

原則認為這種看法不精確，實際情況是，直至中世紀末期，托馬斯·阿奎那（T. Aquinas）將亞里士多德學說與基督教神學全盤結合起來時，始援引托勒密著作以證成地心、地靜之說。〔註14〕雖這種球狀模式或來源於基督教神學，但九重天的說法則肇始於托勒密則應是沒有爭議的。傳教士所介紹的天有多重之宇宙模式，於後世深入人心，最早介紹哥白尼日心說的清康熙年間的黃百家（1643～1709）在提及十二重天之說時，亦謂之為「西人古法」。〔註15〕

雖有種種史料說明，哥白尼之日心說的簡單原理，在清初已通過一些傳教士的轉述，個別的中國士人已對其有所瞭解，但卻一直未得到社會主流的認可，甚至被視為異端邪說。〔註16〕不過，由於傳教士所傳之「古法」在觀測天象時，時時出現紕漏，逐漸已有人懷疑「十二重天」之說，清代學者鄭光祖（1776～約1848）便曾質疑道：「諸人（指利瑪竇等傳教士）不謂地之旋於中，而謂天之旋於外，則不敢知；且分天為十二重，以最上一重為天聖上帝所居之處，亦不敢知；又，既以為地球不動於內，第十二重天不動於外，卻以其間各重天或自東旋西、或自西旋東，尤不敢知；又以為日月五星之麗諸天如木節在板，諸天自內及外如蔥白、層層包裹，然日與金水火三星彼此上下無一定，此四重天何以忽內忽外、錯雜並行，則愈不敢知，余學淺，未敢輕辯，姑俟質之高明。」〔註17〕——哥白尼學說的系統介紹和普及工作，是由李善蘭與偉烈亞力（Alexander Wylie）翻譯英國天文學家侯夫勒（F. W. Herschel，1792～1871）的科普著作《談天》（原名《天文學綱要》）所完成的，全書共十八卷，內容係介紹以哥白尼學說、開普勒定律和牛頓萬有引力定律立基的天文學體系。該書1859年初版於上海，李善蘭在為該書所撰之序中已開宗明義，謂：「恒星與日不動，地與五星俱繞日而行。故一歲者，地球繞日一周也。一晝夜，地球自轉一周也。」並批判了時人對日心說的誤解，明確指出「余與偉烈君所譯《談天》一書，皆主地動及橢圓之說，此二者之故不明，則此書不能讀。」〔註18〕《談天》出版之後，受到對「新學」感興趣的中國士人的極大歡迎，前

〔註14〕江曉原：《天文學史上的水晶球體系》，見《天文學報》1987年第4期。

〔註15〕參見楊小明：《哥白尼日心地動說在中國的最早介紹》，見《中國科技史料》1999年第1期。

〔註16〕參見席澤宗，嚴敦傑，薄樹人等：《日心地動說在中國——紀念哥白尼誕生五百週年》，見《中國科學》1973年第3期。

〔註17〕【清】鄭光祖：《一斑錄》，北京：中國書店，1990年，16頁。.

〔註18〕李善蘭：《序二》，【英】侯夫勒：《談天》，偉烈亞力、李善蘭譯，上海：商務印書館，1930年，1～2頁。

後重印 13 次，後又以活字印刷，並有增補版問世。康有為的《諸天講》中所立足的日心說及頗多天文學知識，便是直接來源於《談天》一書的介紹。

康有為言其通過天文學而體悟到「諸天之無量」，後來在致沈增植的信中又自述：「其後兼讀西書，窮心物理，二十七所悟，知諸星之無盡而為天。諸天，亦無盡也。」〔註 19〕這其中顯然已體現了對「宇宙無限」的構想。——雖然日心說雖打破了以地球為宇宙中心的盲目信仰，使人類得以認識到自身存在的有限性，但就哥白尼的學說而言，他並未對宇宙有限還是無限問題加以斷言，「宇宙無限」的觀念在西方本為布魯諾（Giordano Bruno，1548～1600）在《論無限、宇宙和諸世界》等書中首先明確提出。因為目前尚無資料顯示布魯諾的學說在當時已被中國思想界所瞭解，故康有為「諸天之無量」之說，更可能直接來源於佛教哲學的啟發（「無量諸天」一詞為佛典中習用）。康有為在其《自編年譜》中敘述了他認識「無限」的思想歷程：「因顯微鏡之萬數千倍者，視虱如輪，見蟻如象，而悟大小齊同之理。因電機光線一秒數十萬里，而悟久速齊同之理。知至大之外，尚有大者，至小之內，尚包小者，剖一而無盡，吹萬而不同，根元氣之混侖，推太平之世。……以勇、禮、義、智、仁五運論世宙，以三統論諸聖，以三世推將來，而務以仁為主。」〔註 20〕這種「齊同」之理，於佛教的《華嚴經》中多見，可以相互印證，若《華嚴經》中說：

> 知微細世界即是大世界，知大世界即是微細世界。知少世界即是多世界，知多世界即是少世界。知廣世界即是狹世界，知狹世界即是廣世界。知一世界即是無量無邊世界，知無量無邊世界即是一世界。知無量無邊世界入一世界，知一世界入無量無邊世界。知穢世界即是淨世界，知淨世界即是穢世界。於一毛孔中，悉分別知一切世界；於一切世界中，悉分別知一毛孔性。知一世界出生一切世界，知一切世界猶如虛空。〔註 21〕

梁啟超後曾坦言乃師康有為「先生之於佛學也，純得力大乘，而以華嚴宗為歸。華嚴奧義，在於法界究竟圓滿極樂，先生乃求其何者為圓滿，何者為極樂。以為棄世界而辱法界，必不得為圓滿，在世苦而出世樂，必不得為極樂，

〔註 19〕康有為：《康子內外篇》，北京：中華書局，1988 年，193 頁。
〔註 20〕康有為：《康南海自編年譜》，北京：中華書局，1992 年，12 頁。
〔註 21〕《大正藏》第 9 冊，450 頁。

故務天地世間造法界焉。又以為軀殼雖屬小事，如幻如泡，然為靈魂所寄，故不度軀殼，則靈魂常為所困，若使軀殼缺憾，則解脫進步事半功倍，於是原來佛說捨世界外無法界一語，以專肆力於造世界。」〔註22〕要之，康有為早年通過西方天文學感悟到宇宙之浩瀚無盡，並以之印證於佛教華嚴宗之說，最終由「大小齊同」而得出「世界大同」的認識，是其思想發展邏輯的一條主線。——有意思的是，布魯諾的「宇宙無限」觀念，也曾頗受到與華嚴「法界緣起」思想有些相似的古希臘巴門尼德「一切皆一」思想的啟發〔註23〕，類似這種古今中西思想之發展「閉門造車出而合轍」的現象，頗值得深思。

二、楊文會改寫舊本《釋教三字經》的宇宙論意涵與其華嚴哲學

　　與儒學開蒙之書的《三字經》一樣，佛家亦有《釋教三字經》，旨在介紹佛教基本歷史與教義，為明末禪師聚雲吹萬（1582～1639）所撰，流傳二百餘年，清末印光（1861～1940）將之修訂重印，為晚清民初的通行版本。1906年，楊文會見印光重治之《釋教三字經》後，評價其「考據精詳，文辭圓潤，超勝舊作」，但大概覺得其詳於事而略於理，內容已不甚符合彼時之文化環境，故自謂「予不揣固陋，率爾改作，與新舊二本，迥不相同。事略而法備，言簡而義周。人有勸予易其名者，因名之為《佛教初學課本》云。」〔註24〕楊文會之《佛教初學課本》雖亦以吹萬《釋教三字經》為藍本，思想內容與所側重者則已大有同異，其開篇言佛教之宇宙論部分，尤其可見新舊思想分野之所在。

　　《釋教三字經》與楊文會《佛教初學課本》之開篇，皆為闡述佛教之宇宙論，亦萬物生成之根由。《釋教三字經》謂：

　　　　空劫前，混沌內，有一物，先天地。〔註25〕

〔註22〕梁啟超：《南海康先生傳》，見夏曉虹編：《追憶康有為》，北京：三聯書店，2009年，25頁。

〔註23〕參見孟根龍：《論布魯諾對宇宙本原的探究》，見《北京第二外國語學院學報》2000年第2期。

〔註24〕王孺童校注：《佛教三字經匯解》，北京：中國人民大學出版社，2008年，75頁。

〔註25〕王孺童校注：《佛教三字經匯解》，北京：中國人民大學出版社，2008年，69頁。——筆者於2016年曾尋見一冊刊刻於「同治壬申年」（1872年）的，也就是在印光修訂之前的《釋教三字經》，此本應為吹萬原本，其中此句並無不同。

　　這一論述，當應出自南朝著名佛教居士傅翁之名偈：「有物先天地，無形本寂寥。能為萬象主，不逐四時凋。」〔註26〕以真如佛性為萬物之緣起，這種宇宙觀念，追溯佛教自身的思想淵源，自仍本於印度如來藏一系佛學的基本理路，但若將視野放寬到中國哲學思想傳統的大背景中，至少就字面上看來，顯應脫胎於道家《老子‧二十五章》中所說的：「有物混成，先天地生。寂兮寥兮，獨立不改，周行而不殆，可以為天地母。」是一種本體論的思維方式。〔註27〕而印證於中國古人的宇宙論思想，則又與設想「天地混沌如雞子，盤古生其中」〔註28〕的創世神話，乃至「渾天如雞子，天體圓如彈丸，地如雞子中黃，孤居於內」〔註29〕的「渾天說」具有一定相似，代表了中國古代佛教對於宇宙生成的一般觀念。

　　楊文會《佛教初學課本》之開篇則將舊本全然改作，謂：

　　　　無始終，無內外，強立名，為法界。〔註30〕

　　楊文會以無始終內外、「一即一切，一切即一」的「華嚴法界」能代表佛教的宇宙論，應與康有為所論「諸天之無量」具有相似的理論思考。早在1878年，楊文會作為清廷駐英法大使的曾紀澤的隨員出使歐洲，考察西歐「政教生業」，那時候他已在歐洲直接學習了天文學等自然科學。據其後人楊步偉回憶，當時楊文會「自己除辦公外，就研究各種科學儀器，買了一大些天文儀，

〔註26〕【宋】普濟《五燈會元》卷二，《卍新續藏》第80冊，79頁。

〔註27〕傅翁傳世著述，學界多以為「文中不無唐宋時人附會增益之處」，若其最著名的兩首偈頌「其一曰：空手把鋤頭，步行騎水牛，人從橋上過，橋流水不流。其二曰：有物先天地，無形本寂寥，能為萬象主，不逐四時凋。及《心王銘》、《心王頌》，皆宗門提倡之極則」（《續修四庫全書總目提要》），頗近惠能以後唐宋禪家之語言風格。事實上，無論是南北朝佛教還是後來的禪宗，都不乏道家玄理的影響，若太虛指出的，彼時中國「一般士夫之思想，皆尚簡括綜合的玄理要旨。在言談上也推尚雋樸的語句，或詩歌之類，要言不繁，能實在表示出精義。……如此適於士人習俗之風尚，遂養成中國佛學在禪之特質。」（《中國佛學》）胡適甚至說「中國禪之中，道家自然主義成分最多」（《答湯用彤教授書》）。故傅翁此偈用語脫胎於《老子》之文，並亦契合老子的本體論思想，當有此因。（以上引文及有關禪宗與道家思想淵源關係的學術研究史情況，可參見姚彬彬：《禪宗與佛教中國化的研究啟示》，見《中國禪學》第九卷，北京：宗教文化出版社，2019年，510～515頁。）

〔註28〕《藝文類聚》卷一引《三五曆紀》，據《文淵閣四庫全書》電子版。

〔註29〕《唐開元占經》卷一引《張衡渾儀注》，據《文淵閣四庫全書》電子版。

〔註30〕王孺童校注：《佛教三字經匯解》，北京：中國人民大學出版社，2008年，162頁。

天文鏡，地球儀，地上望遠鏡，照相鏡，鐘錶等等。他就盡所有的薪水都買
了儀器，打算回國辦學校等等之用。」〔註31〕楊文會平生尚撰寫過《地球圖
說》、《天球圖說》、《輿圖尺說》等自然科學論文。他曾以哥白尼之日心說直
接印證於佛學，謂：

> 近時天文學家所測者，可以比量而知，其說以日為宗，有多數
> 行星繞日而轉，地球其一也。自體無光，仗日光以為明照，即以此
> 繞日之多數地球，作為一小千世界。空中之恒星與日相同，每一恒
> 星有多數地球繞之，即是中千世界。推而至於大千世界，莫不皆然。
> 凡地上之人目所能見者，通為娑婆大千世界。西人謂之一星林。用
> 最大天文鏡窺之，空中有無數星林。即是無數大千世界。又有鏡中
> 但見白跡，不能察知星點者，西人謂之星氣。更有極大天文鏡所不
> 能見者，尤不可思議。經中所謂十方微塵數大千世界，可於凡夫眼
> 中略見端倪矣。〔註32〕

此所言「小千世界」「中千世界」「大千世界」者，是佛教自其印度早期以
來的傳統宇宙觀，楊文會在其著中已有介紹，謂「世人所居之地為一世界，數
此大地至一千，名為小千世界；又數小千至一千，名為中千世界；又數中千至
一千，名為大千世界」〔註33〕。此則借之以形容不同等級的天體。而楊氏所提
到的佛經中謂世界如「微塵數」之多，其說則多見於《華嚴經》中，若：

> 此不可說佛剎微塵數香水海中，有不可說佛剎微塵數世界種安
> 住；一一世界種，復有不可說佛剎微塵數世界。諸佛子！彼諸世界
> 種，於世界海中，各各依住，各各形狀，各各體性，各各方所，各
> 各趣入，各各莊嚴，各各分齊，各各行列，各各無差別，各各力加
> 持。〔註34〕

楊文會謂通過天文望遠鏡之觀測，「十方微塵數大千世界，可於凡夫眼中
略見端倪」，由此推演，以「無始終，無內外」的「華嚴法界」為宇宙總相，
固為其題中應有之義。

楊文會之佛學思想，其平生雖志在並弘佛教各宗學說，更以「教尊賢首」
而知名，「賢首」即華嚴宗之學（其創宗祖師法藏號「賢首」）。楊文會對華嚴

〔註31〕楊步偉：《一個女人的自傳》，長沙：嶽麓書社，1987年，83頁。
〔註32〕楊文會：《楊仁山全集》，合肥：黃山書社，2000年，142頁。
〔註33〕楊文會：《楊仁山全集》，合肥：黃山書社，2000年，142頁。
〔註34〕《大正藏》第10冊，41頁。

思想的推崇，在他看來，「夫論道之書，莫精於佛經，佛經多種，莫妙於《華嚴》」〔註35〕，楊氏認為，華嚴之學，乃佛法中之最高與最究竟者，他推崇《華嚴》為經中之王，「無盡教海，皆從此經流出。」〔註36〕另從楊文會的《十宗略說》諸文中可見，楊文會的佛學思想能夠容納佛教內部的不同學說，以圓融無礙的態度兼容並包，當是看重華嚴宗「法界緣起」學說中所體現的「融通無礙，涉入交參」的思想境界，如他在《佛教初學課本》中又謂「《華嚴經》，最尊勝……小與始，終與頓，至於圓，五教振。四法界，十玄門，暨六相，義最純。因該果，果切因，攝萬法，歸一真。」〔註37〕華嚴的圓教「一位即一切位，一切位即一位。依普賢法界，性相圓融，主伴無盡，身剎塵毛，交遍互入，故名圓教。」〔註38〕由此在楊文會看來，不僅佛教內部之不同學說，包括中國的儒家、道家乃至西方科學，均可在華嚴境界的觀照下，如萬流歸海一樣相容無礙。楊文會諸門人中「譚嗣同善華嚴」〔註39〕，譚嗣同在其《仁學》中亦以華嚴哲學融合西方天文學宇宙論立基，其謂：

> 遍法界、虛空界、眾生界，有至大、至精微，無所不膠黏、不貫洽、不管絡、而充滿之一物焉，目不得而色，耳不得而聲，口鼻不得而臭味，無以名之，名之曰「以太」……與身至相切近莫如地，地則眾質點黏砌而成。何以能黏砌？曰惟以太。剖其質點一小分，以至於無，察其為何物所凝結，曰惟以太。至與地近，厥惟月。月與地互相吸引，不散去也。地統月，又與金、水、火、木、土、天王、海王為八行星；又與無數小行星，無數彗星，互相吸引，不散去也。金、水諸行星，又各有所統之月，互相吸引，不散去也。合八行星與所統之月與小行星與彗星，繞日而疾旋，互相吸引不散去，是為一世界。此一世界之日，統行星與月，繞昴星而疾旋。凡得恒河沙數成天河之星團，互相吸引不散去，是為一大千世界。此一大千世界之昴星，統日與行星與月至於天河之星團，又別有所繞而疾旋；凡得恒河沙數各星團、星林、星雲、星氣，互相吸引不散去，

〔註35〕楊文會：《楊仁山全集》，合肥：黃山書社，2000年，142頁。
〔註36〕楊文會：《楊仁山全集》，合肥：黃山書社，2000年，125頁。
〔註37〕楊文會：《楊仁山全集》，合肥：黃山書社，2000年，105頁。
〔註38〕楊文會：《楊仁山全集》，合肥：黃山書社，2000年，126～127頁。
〔註39〕歐陽竟無：《楊仁山居士傳》，見《歐陽竟無佛學文選》，武漢：武漢大學出版社，2009年，379頁。

是為一世界海。恒河沙數世界海為一世界性。恒河沙數世界性為一
世界種。恒河沙數世界種為一華藏世界。〔註40〕

由此可見，譚嗣同亦接受了哥白尼「日心說」，並援入在物理學上一直頗
具爭議的「以太」假說，結合華嚴法界之說來建構其宇宙論。譚嗣同在《仁
學》之開篇便謂：「凡為仁學者，於佛書當通華嚴及心宗、相宗之書；於西書
當通《新約》及算學、格致、社會學之書。」〔註41〕顯然，楊文會與其弟子譚
嗣同的有關論述，將科學與宗教哲學相互雜糅一體，今日看來或失之牽合附
會，卻代表了晚清文化啟蒙中的一個思想特質。

三、結語

在近代維新思想家群體中，佛學被作為接引和消化西方自然科學的中介
而出現。究其原因，或由於佛教中的哲學思辨成分比較突出，與現代科學理性
間容易找到對話的契合點，佛教哲學的這一特質，不僅在中國，也被當時歐美
學人所注意，若 19 世紀末期英國「巴利聖典學會」的創始人，賴斯·戴維斯
（Rhys Davids）在其《佛教：歷史與文獻》便認為，佛教乃是一種理性的，甚
至是科學的宗教。〔註42〕雖然，戴維斯應該主要就其所較側重的巴利語佛教而
論，但在維多利亞時代的英國，像馬克斯·繆勒（Friedrich Max Müller）等亦
已對大乘佛教有所關注和研究，正如有論者說，當時的「英國學者對巴利語佛
教比較偏重，但他們仍然沒有忽略大乘佛教。」〔註43〕也已有不少漢傳大乘佛
教典籍被陸續迻譯（繆勒本人於此致力尤多〔註44〕）。佛教留給當時的歐洲知
識分子的印象，應是整體性的，甚至已成為一種文化符號，「在某種程度上成
為了歐洲人的建構之物，被歐洲事務加以塑造了」。〔註45〕在這一印象中，佛

〔註40〕譚嗣同：《仁學》，北京：高等教育出版社，2010 年，57～58 頁。

〔註41〕譚嗣同：《仁學》，北京：高等教育出版社，2010 年，55 頁。

〔註42〕參見【美】克拉克：《東方啟蒙：東西方思想的遭遇》，于敏梅、曾祥波譯，上海：上海人民出版社，2011 年，113 頁。

〔註43〕【斯里蘭卡】威廉·派利斯：《西洋佛教學者傳》，梅迺文譯，見《世界佛學名著譯叢》第 84 冊，臺北：華宇出版社，1987 年，20 頁。

〔註44〕除了翻譯大乘佛典之外，南條文雄（1849～1927）在繆勒的指導下於 1883 年英譯出版《大明三藏聖教目錄》，可見至少於此時，歐洲學界已應對漢傳佛教文獻有了全面的瞭解。——參見李四龍：《歐美佛教學術史》，北京：北京大學出版社，2009 年，219～220 頁。

〔註45〕【美】克拉克：《東方啟蒙：東西方思想的遭遇》，於敏梅、曾祥波譯，上海：上海人民出版社，2011 年，119 頁。

教作為歐洲知識界對自身文化「批判的武器」，其常被描述為先天與科學觀念相一貫，尤其與孔德的實證主義、達爾文主義、斯賓塞的社會進化論、畢希納（Buchner）的唯物主義和海克爾（Haeckel）的一元論相契合，若埃德溫‧阿諾德（Edwin Arnold）便說：「佛教和現代科學之間存在緊密的智力聯繫。」包括尼采、赫胥黎都把佛教和實證主義聯繫起來。而因佛教的平等觀念和強烈的自我反思意識，其開創者佛陀也多被視為一個偉大的文化英雄，也成了現代人可資效法的道德楷模。〔註46〕事實上，漢傳大乘佛教在更早的時候已被歐洲人所知，在17世紀耶穌會士的傳教士那裡，華嚴思想中「佛性作為人、動物、植物和礦物的內在原則」的成分，已被他們看成而類似於啟蒙思想先驅斯賓諾莎的泛神論式的學說。〔註47〕康有為、楊文會、譚嗣同等以天文學宇宙觀念與華嚴哲學互詮，並促成華嚴哲學在近現代中國的重興，正可反向印證西人的類似說法。當然，現在看來，佛教的那些思想成分顯然不能直接等同於科學理性，直接進行比附恐怕也是有些牽強的。〔註48〕近現代維新思想家對科學和佛教哲學關係的理解方式，毋寧說是一種詮釋學意義上的、「六經注我」式的解讀，不過，對於佛教而言，存在能夠使近人產生這種詮釋向度的成分，本身已頗值得進行研究和思考。

〔註46〕參見【美】克拉克：《東方啟蒙：東西方思想的遭遇》，于敏梅、曾祥波譯，上海：上海人民出版社，2011年，120～123頁。

〔註47〕參見【法】梅謙立：《耶穌會士對中國佛教的早期研究》，見《漢語佛性評論》第二輯，上海：上海古籍出版社，2011年，213～216頁。

〔註48〕參見姚彬彬：《以佛學比附科學之思想誤區分析》，見《科學與無神論》2017年第3期。

楊仁山居士的華嚴思想探析

　　楊仁山居士是中國近代佛學思想開展中承前啟後的核心人物，學界譽為「近代佛教復興之父」，其平生開創佛學重鎮金陵刻經處，廣泛搜集與刊刻瀕臨失傳的佛教典籍；並發願興學，培養僧才與佛教學者，以復興佛教文化為己任，在當時的中國文化思想界獲得了重要影響和廣泛聲譽。正如梁啟超所言：「晚清所謂新學家者，殆無一不與佛學有關係。而凡有真信仰者率皈依文會」〔註1〕，若章太炎、梁啟超、譚嗣同、宋恕、汪康年、沈曾植、陳三立、夏曾佑、歐陽漸、釋太虛等一大批政治家、思想家、學者、高僧，都曾直接受到楊仁山倡導佛學的影響。〔註2〕楊仁山之佛學思想，其平生雖志在諸宗並弘，更以「行在彌陀，教尊賢首」知名，「賢首」即華嚴之學。他對華嚴學的闡發弘唱，開啟了斯學在 20 世紀思想文化界的重振。

一、「教尊賢首」之宗趣

　　楊仁山對華嚴思想的推崇，在他看來，「夫論道之書，莫精於佛經，佛經多種，莫妙於《華嚴》」〔註3〕，楊氏認為，華嚴之學，乃佛法中之最高與最究竟者，他推崇《華嚴》為經中之王，「無盡教海，皆從此經流出。」〔註4〕楊仁

〔註1〕梁啟超：《清代學術概論》，中國人民大學出版社，2004 年，220 頁。

〔註2〕樓宇烈：《中國近代佛學的振興者——楊文會》，見《世界宗教研究》1986 年第 2 期。

〔註3〕楊仁山：《陰符經發隱》，見《20 世紀佛學經典文庫·楊仁山卷》，武漢：武漢大學出版社，2008 年，168 頁。

〔註4〕楊仁山：《佛教初學課本》，見《20 世紀佛學經典文庫·楊仁山卷》，武漢：武漢大學出版社，2008 年，30 頁。

山修學華嚴始於閱讀李通玄的著作，他自謂「學華嚴則遵循方山」〔註5〕，方山即唐代大居士李通玄（約635～730），楊仁山在《佛教初學課本》中敘述古德垂範之十人，其中有「神解者，李通玄；華嚴論，千古傳」〔註6〕。注曰：李長者乃唐宗室子，學無常師，跡不可測；嘗遊五臺逢異僧，授以華嚴大旨，後人稱方山長者，云云。李通玄主要著作是注解唐譯《華嚴經》而成的《新華嚴經論》四十卷和《略釋新譯華嚴經修行次第決疑論》四卷。其思想特點，融合儒道學說如《易》理與華嚴互詮，對於後世華嚴思想的發展有重大影響，其人亦享譽後世。

從楊仁山的《十宗略說》諸文中可見，楊仁山的佛學思想能夠平視諸宗，對於諸宗義理能以圓融無礙的態度兼容並包，而他之所以尤為推重《華嚴》一系的佛學系統，當是看重《華嚴》「四法界」、「十玄門」等學說中體現的「融通無礙，涉入交參」的圓教境界，如他在《佛教初學課本》中又謂「《華嚴經》，最尊勝……小與始，終與頓，至於圓，五教振。四法界，十玄門，暨六相，義最純。因該果，果切因，攝萬法，歸一真。」〔註7〕華嚴的圓教在楊仁山看來「一位即一切位，一切位即一位。依普賢法界，性相圓融，主伴無盡，身剎塵毛，交遍互入，故名圓教。」〔註8〕在楊仁山這裡，「圓教」之境在對待佛教諸宗義理上可以圓融五教，在最大限度上加以涵蓋與統攝佛家一切法門，這也當是楊仁山希圖從整體上振興中國佛教的理想所在。

楊仁山在《佛教初學課本》中尚謂華嚴為「佛初成道，首演大法。是謂第一時教」，「《華嚴》會上，佛現法界無盡身雲，住華藏莊嚴世界海。有佛剎微塵數大寶蓮華一時出現，身剎互融，無盡重重，重重無盡，惟法身大士方能見之。」〔註9〕——這種說法，是隋代天臺智顗在《天臺四教儀》中所立之「五時教」之判教觀，所謂「五時教」，認為佛祖釋迦牟尼一生中五時說法，

〔註5〕楊仁山：《與日本南條文雄書二》，見《20世紀佛學經典文庫‧楊仁山卷》，武漢：武漢大學出版社，2008年，327頁。

〔註6〕楊仁山：《佛教初學課本》，見《20世紀佛學經典文庫‧楊仁山卷》，武漢：武漢大學出版社，2008年，53頁。

〔註7〕楊仁山：《佛教初學課本》，見《20世紀佛學經典文庫‧楊仁山卷》，武漢：武漢大學出版社，2008年，10頁。

〔註8〕楊仁山：《佛教初學課本》，見《20世紀佛學經典文庫‧楊仁山卷》，武漢：武漢大學出版社，2008年，31頁。

〔註9〕楊仁山：《佛教初學課本》，見《20世紀佛學經典文庫‧楊仁山卷》，武漢：武漢大學出版社，2008年，16～17頁。

為第一華嚴時；第二鹿苑時（阿含時）；第三方等時；第四般若時；第五法華、
涅槃時。〔註10〕——關於第一時為「華嚴」，華嚴宗法藏亦接受了此說，在
《一乘教義分齊章》中，法藏謂《華嚴經》乃是如來在初時第二七日所說，
用「日出先照高山」來喻此經非他經所能比擬。〔註11〕為「根本法輪」，如
《華嚴經》云：

> 譬如日月出現世間，乃至深山幽谷無不普照；如來智慧日月亦
> 復如是，普照一切，無不明瞭，但眾生希望、善根不同，故如來智
> 光種種差別。〔註12〕

由於認為《華嚴經》是如來根本智慧的體現，故為對大菩薩眾及大乘根
器眾生所說，「就聲聞論之，在《華嚴》會如聾啞」，〔註13〕可見楊氏當以《華
嚴》乃是至高的佛境界，是佛陀本心本懷之所在。故「教尊賢首」，當為此中
應有之義。

此外，據楊氏自述，他在早年由閱讀《大乘起信論》而入佛學之門，楊仁
山向將《起信》作為學佛之階梯門徑，他說：

> 馬鳴大士撰《起信論》，貫通宗教，為學佛初階，不明斯義，則
> 經中奧窔無由通達。〔註14〕

他曾多次指出《起信論》乃「宗教圓融」之學佛要典，自述研讀《起信》
之心得說：

> 鄙人常以《大乘起信論》為師。僅僅萬餘言，遍能貫通三藏聖
> 教。凡習此《論》者，皆馬鳴大士之徒。〔註15〕

《起信》之「真如緣起」體系向為法藏以來歷代華嚴宗人所重視，《起信
論》的發揚亦與華嚴宗人的相繼推闡有關。如法藏《華嚴金師子章》以師子喻
現象，所本即《起信》中之心真如門，說金體以喻本體，即本《起信》中之心
生滅門，近代以來的佛教學者如呂澂等，亦多指出了《起信論》在華嚴宗教理

〔註10〕《大正藏》第46冊，774頁。
〔註11〕《大正藏》第45冊，483頁。
〔註12〕《大正藏》第9冊，616頁。
〔註13〕楊仁山：《與釋幻人書二》，見《20世紀佛學經典文庫·楊仁山卷》，武漢：武
　　　　漢大學出版社，2008年，293頁。
〔註14〕楊仁山：《起信論真妄生滅法相圖跋》，見《20世紀佛學經典文庫·楊仁山卷》，
　　　　武漢：武漢大學出版社，2008年，267頁。
〔註15〕楊仁山：《與鄭陶齋書》，見《20世紀佛學經典文庫·楊仁山卷》，武漢：武漢
　　　　大學出版社，2008年，306頁。

形成過程中的重要地位〔註16〕。由此可見，楊仁山對華嚴之推重，顯然亦因華嚴宗與《起信論》的思想理路一脈相承。

二、會通華嚴與淨土

清代佛教之教內主流，延續了以宋明禪宗為主的思想取向，然所積之弊端，可謂愈演愈烈。明代蓮池憨山諸師，已提出欲以淨土虔敬之修行對治禪宗末流輕經不學而走向狂禪弊端之舉措。迨至清代，中原鼎革，由於清初諸帝對禪宗的利用與限制，禪門中人，奔走於豪貴之門，爭榮求崇〔註17〕。在這種文化環境下，反思和對治禪宗末流的弊端，漸成思想趨勢，綜觀有清一代，若彭紹升、魏源等學人，弘倡淨土或欲會通禪淨信仰者，亦頗不乏之。而楊仁山則明確揭出「行在彌陀」，大弘淨土法門。

面對晚清禪學界風氣浮妄自大之狀況，楊仁山曾尖銳地指出：「今時禪侶，未開正眼，輒以宗佛師自命。掃除經教，輕薄淨土，其不損善根而招惡果者幾希。」〔註18〕他認為，專修禪宗者，須是「利根上智之士，直下斷知解，徹見本源性地，體用全彰，不涉修證，生死涅槃，平等一如」，但有此根器者，「唐宋時有之，近世罕見矣」。〔註19〕所以，他認為今世學禪者亦需以淨土為歸——「次第禪，圓頓禪，行之均能獲益。究極而言，必以淨土為是。所謂百川異流，同會於海也。」〔註20〕

1866年，楊仁山在《重刊淨土四經跋》中回顧了自己歸心淨土的思想歷程：

予初聞佛法，惟尚宗乘，見淨土經論，輒不介意。以為著相莊嚴，非了義說。及見雲棲諸書闡發奧旨，始知淨土一門，普被群機，廣流末法，實為苦海之舟航、入道之階梯也。……伏願世間修佛乘者，毋於淨土便生輕慢，須信念佛一門，乃我佛世尊別開方便，普

〔註16〕 參見呂澂：《華嚴宗——唐代佛家六宗略述之二》，見《中國佛學源流略講》，1979年，353～368頁。

〔註17〕 參見麻天祥：《中國禪宗思想發展史》，長沙：湖南教育出版社，1997年，403～513頁。

〔註18〕 楊仁山：《與陳仲培書》，見《20世紀佛學經典文庫·楊仁山卷》，武漢：武漢大學出版社，2008年，300頁。

〔註19〕 楊仁山：《等不等觀雜錄·學佛淺說》，見《20世紀佛學經典文庫·楊仁山卷》，武漢：武漢大學出版社，2008年，233頁。

〔註20〕 楊仁山：《佛教初學課本》，見《20世紀佛學經典文庫·楊仁山卷》，武漢：武漢大學出版社，2008年，27頁。

度群生之法。倘不知其義旨深微，但能諦信奉行，自有開悟之期。

知其義者，正好一心迴向，萬行圓修。〔註21〕

這是說，楊仁山在學佛的初期，與多數歷代士大夫好佛者一樣，重視心性義理而忽視淨土信仰，後來讀到雲棲的著作（即晚明淨土高僧袾宏），才知淨土法門的圓融與微妙。——需要注意的是，楊仁山以淨土「普被群機」，正是以華嚴法界緣起之理念來理解的，他認為「以一切佛法，入念佛一門，即《華嚴經》融攝無礙之旨也。」〔註22〕以彌陀極樂淨土與華嚴法界，在大乘菩薩行的意義上，本來無二，如他在解釋《佛說觀無量壽佛經》的淨土觀想法門之第十三觀時說：

菩薩行門，不出二種。一者，上求佛道；二者，下化眾生。前文見佛聞法，受菩提記，是上求功極。後文觀想九品往生，是下化之行。是故前之觀法，全以自心投入彌陀願海。後之觀法，全攝彌陀願海歸入自心。如是重重涉入，周遍含容。誰謂華嚴極樂有二致耶？〔註23〕

在釋本經第十二觀時亦說：「入觀時即娑婆現極樂，出觀時即極樂現娑婆。娑婆極樂，相即相入，無礙無雜。以《華嚴》十玄門準之，豈非事事無礙法界耶。」〔註24〕

楊仁山更以為《華嚴經》之普賢行願，最終即導向極樂淨土，從而為融合淨土信仰與華嚴義理尋找到經典的依據，他指出：「蓋淨土法門，非大乘根器，不能領會。故《華嚴經》末，普賢以十大願王導歸極樂，為五十三參之極致也。」〔註25〕——這裡，楊仁山所據應是《華嚴經》普賢行願品中敘述的：「是人臨命終時……一剎那中，即得往生極樂世界。到已，即見阿彌陀佛、文殊師利菩薩、普賢菩薩、觀自在菩薩、彌勒菩薩等……其人自見生蓮華中

〔註21〕楊仁山：《重刊淨土四經跋》，見《20世紀佛學經典文庫・楊仁山卷》，武漢：武漢大學出版社，2008年，266～267頁。
〔註22〕楊仁山：《與陳仲培書》，見《20世紀佛學經典文庫・楊仁山卷》，武漢：武漢大學出版社，2008年，300頁。
〔註23〕楊仁山：《佛說觀無量壽佛經略論》，見《20世紀佛學經典文庫・楊仁山卷》，武漢：武漢大學出版社，2008年，64～65頁。
〔註24〕楊仁山：《佛說觀無量壽佛經略論》，見《20世紀佛學經典文庫・楊仁山卷》，武漢：武漢大學出版社，2008年，64頁。
〔註25〕楊仁山：《代陳棲蓮答黃掫焦書一》，見《20世紀佛學經典文庫・楊仁山卷》，武漢：武漢大學出版社，2008年，322頁。

蒙佛授記。」〔註26〕謂修行者由普賢十大行願而往生於淨土。此品經文後的四偈，皆為述此理，謂：

> 願我臨欲命終時，盡除一切諸障礙，面見彼佛阿彌陀，即得往生安樂利。我既往生彼國已，現前成就此大願，一切圓滿盡無餘，利樂一切眾生界。彼佛眾生咸清淨，我時於勝蓮華生，親睹如來無量光，現前授我菩提記。蒙彼如來授記已，化身無數百俱胝，智力廣大遍十方，普利一切眾生界。乃至虛空世界盡，眾生及業煩惱盡，如是一切無盡時，我願究竟恒無盡。〔註27〕

據此，楊仁山將淨土法門與華嚴思想融合一體，甚至說「淨土宗應以普賢為初祖也。」〔註28〕楊仁山認為，修習淨土者，「以觀想持名兼修為上，否則專主持名，但須信願切至，亦得往生」〔註29〕，以此信仰之願力，「淨土人不造罪，故棲神微妙，入華嚴之玄」。〔註30〕——故在楊氏的佛學思想中，「行在彌陀」之事修與「教尊賢首」之理悟，最終成為完整的一體之兩面。

三、以華嚴釋儒、道

楊仁山遺著的編者徐文蔚居士在其所著《楊居士事略書後》一文中言：

> （楊仁山）經緯於疏鈔之海，華嚴奧旨已如日麗中天。故惟弘揚佚書，不更有所撰著。然於其他經論與夫儒家道家言，悉以華嚴真俗圓融、理事無礙、事事無礙之旨通之。〔註31〕

楊仁山不僅精研佛藏，於儒、道之學亦甚博通。嘗以藉佛家義理以闡發二家之奧義，這一解讀視角，就思想史實而言，固然見仁見智，然其本人的思想旨趣，則顯然貫通其間。

關於儒家，楊仁山著有《論語發隱》和《孟子發隱》兩部作品。在這二書中裏，充滿著以佛釋儒的言論。其代表性的論述，若《論語發隱》中解讀《論

〔註26〕《大正藏》第 10 冊，846 頁。
〔註27〕《大正藏》第 10 冊，846 頁。
〔註28〕楊仁山：《十宗略說》，見《20 世紀佛學經典文庫‧楊仁山卷》，武漢：武漢大學出版社，2008 年，5 頁。
〔註29〕楊仁山：《十宗略說》，見《20 世紀佛學經典文庫‧楊仁山卷》，武漢：武漢大學出版社，2008 年，6 頁。
〔註30〕楊仁山：《壇經略釋》，見《20 世紀佛學經典文庫‧楊仁山卷》，武漢：武漢大學出版社，2008 年，73 頁。
〔註31〕徐文蔚：《香華莊嚴雜著》，天津：天津刻經處，1931 年，14 頁。

語・子罕》章之「子曰：吾有知乎哉？無知也。有鄙夫問於我，空空如也，我
扣其兩端而竭焉」一段時說：

> 楊子讀《論語》至此，合掌高聲唱曰：「南無大空王如來！聞者驚
> 曰：讀孔子書而稱佛名，何也？」楊子曰：「子以謂孔子與佛有二致
> 乎？設有二致，則佛不得為三界尊，孔子不得為萬世師矣！」〔註32〕

楊仁山之所以等視孔佛，其實是以佛理涵攝儒家，其中亦多以華嚴之理
印證儒門境界，若釋《論語》此章：

> 子謂子貢曰：「女與回也孰愈？」對曰：「賜也何敢望回？回也
> 聞一以知十，賜也聞一以知二。」子曰：「弗如也！吾與女弗如也。」

對此，楊仁山發揮道：

> 《維摩經》中，三十二菩薩，皆以對法顯不二法門。六祖《壇
> 經》，以三十六對，顯禪宗妙義。子貢聞一知二者，即從對法上知一
> 貫之旨也。若顏子聞一知十者，乃證華嚴法門也。經中凡舉一法，
> 即具十門，重重無盡，名為圓融法界。子貢能知顏子造詣之深，復
> 能自知修道分齊，故孔子印其弗如而與之也。〔註33〕

此以《維摩詰經》之「不二法門」印證子貢的「聞一知二」，而以《華嚴》
之法界緣起的十玄門之義印證顏回的「聞一知十」，乃就《華嚴》境界之崇高
而言顏回之高於子貢也。

楊仁山闡釋道家之書更多，有《陰符經發隱》、《道德經發隱》、《沖虛經發
隱》和《南華經發隱》四部，皆以佛釋道之作。他在其《陰符經發隱敘》中說：
「頃因查檢書笥，得抄本《陰符經》，流覽一周，覺立言甚奇，非超凡入聖者
不能作，遂悉心體究，而後恍然於古聖垂教之深意，直與佛經相為表裏。但隨
方語言，文似各別，而義實相貫也。」〔註34〕在《道德經發隱敘》中則說：「予
閱《道德經》，至『出生入死』一章，見各家注解無一合者，遂以佛教義釋之，
似覺出人意表，繼《陰符發隱》梓之。」〔註35〕在《沖虛經發隱敘》裏，楊仁

〔註32〕楊仁山：《論語發隱》，見《20世紀佛學經典文庫・楊仁山卷》，武漢：武漢大
　　　　學出版社，2008年，157頁。
〔註33〕楊仁山：《論語發隱》，見《20世紀佛學經典文庫・楊仁山卷》，武漢：武漢大
　　　　學出版社，2008年，155～156頁。
〔註34〕楊仁山：《陰符經發隱》，見《20世紀佛學經典文庫・楊仁山卷》，武漢：武漢
　　　　大學出版社，2008年，168頁。
〔註35〕楊仁山：《道德經發隱》，見《20世紀佛學經典文庫・楊仁山卷》，武漢：武漢
　　　　大學出版社，2008年，177頁。

山又說：「甲辰（按：1904 年）夏，索居避暑，取《列子》讀之，妙義顯發，……如開寶藏，如湧醴泉，實與佛經相表裏。」〔註36〕而在《南華經發隱敘》裏，又說：「嘗見《宗鏡》判老莊為通明禪，憨山判老莊為天乘止觀，及讀其書，或論處世，或論出世，出世之言，或淺或深，淺者不出天乘，深者直達佛界。以是知老、列、莊三子，皆從薩婆若海逆流而出，和光混俗，說五乘法（人乘、天乘、聲聞乘、菩薩乘、佛乘），能令眾生隨根獲益。」〔註37〕何以楊仁山以道家精義吻合於佛理？他亦以華嚴之理闡之：

> 論道之書，莫精於佛經，佛經多種，莫妙於《華嚴》，悟《華嚴》宗旨者，始可與談此道矣。古人有言：證入一真法界，真俗圓融，重重無盡，即世間離世間，豈有心契大道，而猶生隔礙者哉？所以善財童子參訪知識，時而人間，時而天上，時而在神道，時而入毗盧樓閣。其傳授正法者，或為天神，或為人王，或為比丘，或為居士，或為外道，或為婦女。和光混俗，人莫之知，惟深入法界，虛心尋覓，乃能見之。則謂作此經者，即華嚴法界善知識可也（有疑之者，以為黃帝生於釋迦之前千數百年，何得指為華嚴善知識耶？
> 子曰：華嚴法界，無古無今，去來現在，佛佛道同。故曰：惟此一事實，餘二即非真。若以世俗情見求之，則去道遠矣）。〔註38〕

在楊仁山看來，從華嚴法界真俗圓融的境界而言，黃帝和老、莊、列諸子，實則諸佛化身，故吻合於佛理。——如他在解釋《老子》「玄之又玄，眾妙之門」時，便以華嚴事事無礙之旨述之，謂「此重玄法門，乃神聖所證之道，世人罕能領會，故未詳言。後世闡《華嚴》宗旨者，以二玄六相等義，發明事事無礙法界，方盡此經重玄之奧也。」〔註39〕

另外，對《老子》第五十章「出生，入死。生之徒十有三，死之徒十有三。人之生動之死地者亦十有三。夫何故？以其生生之厚，蓋聞善攝生者，陸行不遇兕虎，入軍不避甲兵。兕無所投其角，虎無所措其爪，兵無所容其刃。夫何

〔註36〕楊仁山：《沖虛經發隱》，見《20世紀佛學經典文庫·楊仁山卷》，武漢：武漢大學出版社，2008年，180頁。

〔註37〕楊仁山：《南華經發隱》，見《20世紀佛學經典文庫·楊仁山卷》，武漢：武漢大學出版社，2008年，214頁。

〔註38〕楊仁山：《陰符經發隱》，見《20世紀佛學經典文庫·楊仁山卷》，武漢：武漢大學出版社，2008年，168頁。

〔註39〕楊仁山：《道德經發隱》，見《20世紀佛學經典文庫·楊仁山卷》，武漢：武漢大學出版社，2008年，178頁。

故？以其無死地。」楊氏則不避繁瑣，更以華嚴之十世觀釋之，謂：

> 釋典云：「生者諸根新起，死者諸根壞沒。」又云：「無不從此法
> 界流，無不還歸此法界。」所以謂之「出生入死」也。「生之徒」三
> 句，最難發明，須用《華嚴》十世法門釋之，則句句有著落矣。一切
> 釋典，皆論三世，獨《華嚴》論十世：於過去世中說三世，所謂過去
> 過去，過去現在，過去未來；於現在世中說三世，所謂現在過去，現
> 在現在，現在未來；於未來世中說三世，所謂未來過去，未來現在，
> 未來未來，共成九世；攝歸一念，則為十世。此之一念，非現前剎那
> 不停之念，乃是無念之念，不生不滅，元清淨體，所以能攝九世而為
> 十也。此中「生之徒」十有三，即是三世未來；「死之徒」十有三，即
> 是三世過去；「人之生動之死地者」亦十有三，即是三世現在。徒者，
> 類也。若如前人所釋，則「動之死地」一句與「死之徒」一句，互相
> 混濫，且三股均分，不曰「三之一」而曰「十之三」，是以十為總匯。
> 舊注雖用攝生一語足成十數，而三個「三」字反覺浮泛，故不能謂之
> 確解也。夫何故？以其生生之厚，此言起妄之由，性本無生，而生生
> 不已者，以業識恒趨於生，而背於無生也。既厚於生生，則九世相仍
> 流轉無極，其害可勝言哉？善攝生者，於生起之元，制其妄動也。心
> 不妄起，則生相全無，所以謂之善攝生也。「兕虎甲兵」數語，乃其實
> 效，不可作譬喻解。破生相無明者，內外一如，自他不二，即此幻化
> 空身，便是清淨法身，尚何死地之有哉？〔註40〕

十世說見唐譯《華嚴經》卷五十三、晉譯《華嚴經》卷三十七。這段詮
釋應可視為楊仁山以佛理解儒道典籍的代表，無論說是「過度詮釋」也好，
「六經注我」也好，至少吾人可以見諸其以華嚴之學統攝三教的良苦用心。
他在《學佛淺說》中更指出：

> 先聖設教，有世間法，有出世法。黃帝、堯、舜、周、孔之道，
> 世間法也，而亦隱含出世之法。諸佛菩薩之道，出世法也，而亦概
> 括世間之法。……凡夫習氣最重，若令其專念佛名，日久疲懈，心
> 逐境轉，往往走入歧途而不自覺。故必以深妙經論，消去妄情，策
> 勵志氣，勇銳直前，方免中途退墮也。又問：上文所說出世法門，

〔註40〕楊仁山：《道德經發隱》，見《20世紀佛學經典文庫·楊仁山卷》，武漢：武漢
　　　　大學出版社，2008年，178～179頁。

如何能括世間法耶？答曰：佛法要在見性，真性如水，世事如漚。

有何漚不由水起，有何事不由性起耶。〔註41〕

在楊仁山看來，無論是作為世間法的儒道之學，還是作為出世法的佛學，在華嚴如來性起之法界中，均如萬流歸海一樣圓融無礙。

四、刊刻華嚴典籍

華嚴宗的唐代經典，由於歷代亡失散佚，至清末時，國內流傳已不多。而楊仁山復興佛教之舉措，更重在搜尋典籍而整理刊刻，金陵刻經處之成立即為此也。——楊仁山通過與日本友人南條文雄等人的交往，在日本尋回了國內已亡佚的大批典籍，其中華嚴類占相當部分，他在為《賢首法集》所撰之序言上述及此一經過：

世之學《華嚴》者，莫不以賢首（按：即法藏）為宗。而賢首之書，傳至今日者，僅藏內十餘卷耳。……近年四海交通，得與東瀛南條文雄遊，求覓古德逸書數百種。所謂《賢首十疏》者，已得其六。〔註42〕

這六部法藏著作，為《華嚴探玄記》、《梵網經疏》、《心經略疏》、《起信義記》、《十二門論宗致義記》、《法界無差別論疏》，此外還有一卷《入楞伽心玄義》，是法藏《楞伽經疏》七卷的一部分。

楊仁山撰《華嚴部佛學書目》，蓋為便宜學者，推薦如下五部典籍：

《華嚴經》唐·實叉難陀譯。八十卷。揚州藏經院。佛初成道時，七處九會，說圓通無盡法門，為諸經之王，非閱疏論者述，鮮能通其義也。

《華嚴懸談》唐·澄觀撰。八卷。長沙上林寺。懸敘十門，統明全經大旨，即疏鈔之首。

《華嚴疏鈔》唐·澄觀撰。二百二十卷。金陵刻經處。以四分科經，發揮精詳，後人得通《華嚴》奧旨者，賴有此書也。

《華嚴合論》唐·李通玄撰。一百二十卷。金陵刻經處。提倡圓頓法門，與禪相為表裏。

〔註41〕楊仁山：《學佛淺說》，見《20世紀佛學經典文庫·楊仁山卷》，武漢：武漢大學出版社，2008年，232～233頁。

〔註42〕楊仁山：《賢首法集敘》，見《20世紀佛學經典文庫·楊仁山卷》，武漢：武漢大學出版社，2008年，258頁。

《華嚴著述集要》刻經處輯。金陵刻經處。薈萃各家撰述，學
《華嚴》者，萬不可少。〔註43〕

今據羅琤整理編撰的《金陵刻經處的刻印經籍和流通目錄》〔註44〕進行
統計，在楊仁山生前刻印流通的相關華嚴類佛學典籍如下表（以刊印時間前
後為序）：

表一：楊仁山生前金陵刻經處刊印的華嚴類典籍

序號	題　名	卷　數	譯作者	初刻時間	備　註
1	般若波羅密多心經略疏	一	【唐】法藏　述	同治八年五月（1869）	簡稱《心經略疏》
2	大方廣佛華嚴經要解	一	【宋】戒環　集	同治十一年八月（1872）	簡稱《華嚴經要解》
3	華嚴經合論	一百二十	【唐】李通玄　造論	同治十一年八月（1872）	
4	大乘起信論纂注	二	【明】真界　撰	光緒十一年六月（1885）	
5	大方廣佛華嚴經吞海集	三	【宋】道通　撰	光緒十三年三月（1887）	
6	大乘起信論直解	二	【明】德清　撰	光緒十六年三月（1890）	卷末附識：該書由上海林森中路大雄書局流通
7	法界觀披雲集	一	【宋】道通　撰	光緒十六年四月（1890）	
8	禪源諸詮集都序	四	【唐】宗密　撰	光緒十八年二月（1892）	簡稱《禪源詮》
9	入楞伽經玄義	一	【唐】法藏　撰	光緒十八年四月（1892）	
10	華嚴法界玄鏡	三	【唐】澄觀　撰	光緒二十一年一月（1895）	據卷末跋，該書據他本重刊
11	華嚴玄義章	一	【唐】法藏　述	光緒二十一年二月（1895）	據卷末跋，該書據光緒二年江北刻經處刻本重刊

〔註43〕楊仁山：《華嚴部佛學書目》，見《20世紀佛學經典文庫·楊仁山卷》，武漢：武漢大學出版社，2008年，244頁。

〔註44〕羅琤：《金陵刻經處研究》，上海：上海社會科學出版社，2010年，158～181頁。

12	十世章	一	【唐】法藏 撰	光緒二十一年二月（1895）	據卷末跋，該書據光緒二年江北刻經處刻本重刊
13	法身章	一	【唐】法藏 撰	光緒二十一年二月（1895）	據卷末跋，該書據光緒二年江北刻經處刻本重刊
14	圓音章	一	【唐】法藏 撰	光緒二十一年二月（1895）	據卷末跋，該書據光緒二年江北刻經處刻本重刊
15	法界緣起章	一	【唐】法藏 撰	光緒二十一年二月（1895）	據卷末跋，該書據光緒二年江北刻經處刻本重刊
16	流轉章	一	【唐】法藏 撰	光緒二十一年二月（1895）	據卷末跋，該書據光緒二年江北刻經處刻本重刊
17	華嚴經明法品內立三寶章	一	【唐】法藏 撰	光緒二十一年二月（1895）	據卷末跋，該書據光緒二年江北刻經處刻本重刊
18	華嚴經義海百門	一	【唐】法藏 撰	光緒二十一年四月（1895）	簡稱《義海百門》
19	大華嚴經策略	一	【唐】澄觀 述	光緒二十一年五月（1895）	簡稱《華嚴經策略》
20	大乘法界無差別論疏	二	【唐】法藏 撰	光緒二十一年八月（1895）	
21	十二門論宗致義記	三	【唐】法藏 撰	光緒二十一年十月（1895）	
22	華嚴五十要問答	二	【唐】智儼 撰	光緒二十二年四月（1896）	
23	華嚴一乘十玄門	一	【唐】智儼 撰	光緒二十二年五月（1896）	簡稱《華嚴十玄門》
24	華嚴宗五祖略記	一	【清】續法 撰	光緒二十二年六月（1896）	
25	三聖圓融觀門	一	【唐】澄觀 撰	光緒二十三年二月（1897）	
26	答順宗心要法門	一	【唐】宗密 注	光緒二十三年二月（1897）	

27	大乘起信論別記	一	【新羅】元曉 撰	光緒二十三年九月（1897）	
28	華嚴宗主賢首國師傳	一	【新羅】崔致遠 撰	光緒二十三年十月（1897）	
29	大乘起信論	一	【唐】實叉難陀 譯	光緒二十四年五月（1898）	據卷末注。此經以《宋》、《元》、《明》、《麗》四藏讎校，擇其善者而從之
30	大乘起信論義記／大乘起信論別記	七／一	【唐】法藏 撰	光緒二十四年十一月（1898）	二種合冊刊行
31	大乘起信論疏記會本	六	【新羅】元曉 撰	光緒二十五年一月（1899）	即《起信論海東疏》
32	華嚴處會總要之圖	一	【明】袾宏 撰	光緒二十五年十一月（1899）	後收入《雲棲法彙》
33	梵網經菩薩戒本疏	十	【唐】法藏 撰	光緒二十五年十一月（1899）	
34	佛說盂蘭盆經疏	一	【宋】淨源〔註45〕疏	光緒三十一年十一月（1905）	
35	華嚴普賢行願品別行疏鈔	十五〔註46〕	【唐】宗密 疏鈔	光緒三十二年八月（1906）	簡稱《華嚴行願品疏鈔》
36	大宗地玄文本論略注	四	【清】楊文會 注	光緒三十二年十月（1906）	
37	華嚴懸談	二十八	【唐】澄觀 述	光緒三十三年七月（1907）	
38	大方廣圓覺經大疏	十六〔註47〕	【唐】宗密 述	宣統元年七月（1909）	
39	遊心安樂道	一	【新羅】元曉 撰	不詳	
40	華嚴著述集要	不詳	金陵刻經處輯	不詳（應在光緒二十九年【1903】以前）	今未見

注：華嚴宗人著述及非華嚴宗人的有關華嚴著述均收入此表

〔註45〕淨源為宋代華嚴宗人。
〔註46〕今《大正藏》等通行本為六卷本。
〔註47〕今《大正藏》等通行本為十二卷本。

上表所列四十種，可謂洋洋大觀。——正由於楊仁山對華嚴典籍的搜尋與刊印流通，為近現代華嚴學的復興奠定了堅實的基礎。楊氏「門下多材」，歐陽竟無評價，其諸門人中「譚嗣同善華嚴」〔註48〕，在楊仁山的佛學影響下，譚嗣同萃取華嚴義理而撰成《仁學》，被譽為「維新運動的《聖經》」，為近代思想界放一異彩。

五、結語

近代以來華嚴學之重振，楊仁山居士開創金陵刻經處後對華嚴學的闡揚是一重要起點，楊仁山之「教尊賢首」之思想，在晚清啟蒙思想者中，無論是維新派人士譚嗣同，還是革命派人士章太炎，均受到其重要影響。除此，維新領袖康有為，亦尊華嚴。這種現象，揭示了華嚴哲學與近代啟蒙思想間應具有某些相契應的成分。——華嚴學之所以投契於近代早期「新學家」們的革命理想，應如杜繼文先生指出的：

> 第一，現實即理想，理想入現實，將彼岸的淨土落實到此岸的濁土。時空的相即相入，成為通向「人間淨土」構想的理論橋樑之一。第二，一即一切，一切入一，把個人責任同民族的安危緊密結合起來，從而深化了「國家興亡，匹夫有責」的社會呼喚。〔註49〕

要而言之，作為近代思想啟蒙文化環境下出現的華嚴學，體現出一種能夠契合時代的理想主義色彩，在這種背景下，無論是「心佛眾生，三無差別」，還是「一即一切，一切入一」的華嚴教理，皆被賦予了契合於自由平等啟蒙理念的入世意義。這些，皆應視為華嚴哲學在晚清以降社會革命、思想啟蒙歷史背景中應時契機之新的開展，而楊仁山實此一佛學思潮的開啟風氣者。

〔註48〕歐陽竟無：《楊仁山居士傳》，見《歐陽竟無先生內外學》，南京：金陵刻經處，2004 年。

〔註49〕魏道儒《中國華嚴宗通史》之杜繼文《序言》，江蘇古籍出版社，2001 年。

近代新學家的華嚴思想探析
——以康有為、章太炎為視角的考察

　　《華嚴經》在中國佛教傳統中具有突出重要的地位。唐代以降，不僅華嚴宗成為漢傳佛教的主流宗派之一，《華嚴》中的諸多思想還曾被禪宗等宗派所汲取，儒家宋明理學的形成亦受到其深刻的影響。應如方東美曾指出的，華嚴宗以其「理事圓融」的本體論和「內具聖德」的人性論，典型地體現了中國大乘佛學的哲學智慧，乃是印度的佛學思想與中國哲學完美交融的產物[註1]。正因如此，華嚴學極受歷代具有一定中國文化素養的士大夫們的歡迎，如所周知，唐時大居士李通玄的《華嚴經》注疏和研究向為歷代修學者所重；直至清代，彭際清居士以華嚴融會淨土，並借助華嚴「理事無礙」理論與儒教哲學相爭衡，其學曾給予清末「行在彌陀，教在賢首」的楊仁山居士以重要啟發。——近代以來，華嚴學在有頗多居士、學者參與其中的「佛學復興」潮流中亦具重要的地位，正如梁啟超在《清代學術概論》中所說：「晚清思想有一伏流曰佛學……晚清所謂新學家者，殆無一不與佛學有關。」[註2] 值得我們注意的是，在梁啟超所謂的「新學家」群體中，無論是傾向維新立憲的領袖康有為，還是傾向民主革命的巨擘章太炎，均不約而同地對華嚴學深造有得，此實構成一耐人尋味之文化現象。

一、康有為《大同書》中的華嚴思想

　　康有為（1858～1927）之接觸佛學，據其自述在其 21 歲時，「私心好求安

〔註1〕方東美：《生生之德》，臺灣黎明文化事業公司，1980 年，311 頁。
〔註2〕梁啟超：《清代學術概論》，見《梁啟超論清學史二種》，上海：復旦大學出版社，1985 年，81 頁。

心立命之所」,「忽絕學捐書,閉戶謝友朋,靜坐養心」〔註3〕。22 歲「入西樵山,居白雲洞,專講道、佛之書」,正式修學佛法,「常夜坐彌月不睡,恣意遊思,天上人間,極樂極苦,皆現身試之」;與此同時,「既念民生之艱難,天與我聰明才力拯救之。乃哀物悼世,以經營天下為志」〔註4〕。後來梁啟超在《南海康先生傳》中談到乃師這段經歷時述之頗詳:

> (先生)既又潛心佛典,深有所悟,以為性理之學,不徒在軀殼界,而必探本於靈魂界。遂乃冥心孤往,探求事事物物之本原,大自大千諸天,小至微塵芥子,莫不窮究其理。常徹數日夜不臥,或打坐,或遊行,仰視月星,俯聽溪泉,坐對林莽,塊然無儔,內觀意根,外察物相,舉天下之事,無得以擾其心者,殆如世尊起於菩提樹下,森然有天上地下惟我獨尊之概。先生一生學力,實在於是。其結果也,大有得於佛為一大事出世之旨。以為人相我相眾生相既一無所取無所著,而猶現身於世界者,由性海渾圓,眾生一體,慈悲普度,無有已時。是故以智為體,以悲為用,不染一切,亦不捨一切;又以願力無盡,故與其布施於將來,不如布施於現在;大小平等,故與其惻隱於他界,不如惻隱於最近。於是浩然出出世而入入世,縱橫四顧,有澄清天下之志。〔註5〕

此蓋可見修習佛學之影響,特別是佛學的菩薩道宗旨,誠為塑成康有為救世理想之一要因。然終康氏之一生,卻並無一部有關佛學之專門著述,「但在他的許多著作中,都常引用佛說以為比類,由此可以查知他的佛學思想。其中影響最著者要屬《大同書》對理想世界的描繪」。〔註6〕梁啟超在《清代學術概論》中舉凡康有為的三部代表作,前兩部為《新學偽經考》與《孔子改制考》,皆「整理舊學之作」,「其自身創作則《大同書》也」,以《大同書》為「火山大噴火」、「大地震」的驚世駭俗之作品。〔註7〕

據康氏自述,《大同書》始撰於 1884 年,而據後人研究,此說誇大失實,

〔註3〕康有為:《我史》,北京:中國人民大學出版社,2011 年,11 頁。

〔註4〕康有為:《我史》,北京:中國人民大學出版社,2011 年,12 頁。

〔註5〕梁啟超:《南海康先生傳》,見夏曉虹編:《追憶康有為》,北京:三聯書店,2009 年,4 頁。

〔註6〕賴永海主編:《中國佛教通史》第 14 冊,南京:江蘇人民出版社,2010 年,64 頁。

〔註7〕參見梁啟超:《清代學術概論》,上海:上海世紀出版集團,2005 年,66~67 頁。

成稿不會早於 1902 年〔註 8〕。《大同書》中於佛教頗有推崇之語，謂「若佛學之博大精微，至於言語道斷，心行路絕，雖有聖哲，無所措手，其包容尤為深遠」〔註 9〕云云。書中首章（甲部）「入世界觀眾苦」之說，謂「吾既然生於亂世，目擊苦道，而思有以救之」〔註 10〕，羅列人生於世種種苦難達三十八種，這些，錢穆謂之為「佛書濫套」〔註 11〕，顯然脫胎於佛教四諦說之「苦諦」。書末章（癸部）則名「去苦界至極樂」，謂「盡諸聖之千萬方術，皆以為人謀免苦求樂之具而已矣，無他道也」〔註 12〕。全書從觀苦始，自離苦終，顯然與佛教從「有漏皆苦」到「寂靜涅槃」的人生觀合若符契。

　　梁啟超的《清代學術概論》中提綱挈領地介紹了《大同書》的宗旨梗概，為康氏所設想的離諸苦難而終至大同之道：

　　　　一、無國家，全世界置一總政府分若干區域。

　　　　二、總政府及區政府皆由民選。

　　　　三、無家族，男女同棲不得逾一年。屆期須易人。

　　　　四、婦女有身者入胎教院，兒童出胎者入育嬰院。

　　　　五、兒童按年入蒙養院及各級學校。

　　　　六、成年後，由政府指派分任農、工等生產事業。

　　　　七、病則入養病院，老則入養老院。

　　　　八、胎教、育嬰、蒙養、養病、養老諸院，為各區最高之設備，入者得最高之享樂。

　　　　九、成年男女，例須以若干年服役於此諸院，若今世之兵役然。

　　　　十、設公共宿舍、公共食堂，有等差，各以其勞作所入自由享用。

　　　　十一、警惰為最嚴之刑罰。

　　　　十二、學術上有新發明者，及在胎教院等五院有特別勞績者，得殊獎。

　　　　十三、死則火葬，火葬場比鄰為肥料工廠。〔註 13〕

〔註 8〕參見朱維錚：《從〈實理公法全書〉到〈大同書〉》，見《求索真文明──晚清學術史論》，上海：上海古籍出版社，1996 年，241～243 頁。

〔註 9〕康有為：《大同書》，瀋陽：遼寧人民出版社，1994 年，350 頁。

〔註 10〕康有為：《大同書》，瀋陽：遼寧人民出版社，1994 年，11 頁。

〔註 11〕錢穆：《中國近三百年學術史》（下冊），北京：商務印書館，1997 年，738 頁。

〔註 12〕康有為：《大同書》，瀋陽：遼寧人民出版社，1994 年，341 頁。

〔註 13〕梁啟超：《清代學術概論》，上海：上海世紀出版集團，2005 年，68 頁。

種種設想，若天馬行空，令人歎為觀止。梁氏謂「有為著此書時，固一無依傍，一無剿襲，……而其理想與今世所謂世界主義、社會主義者，多合符契，而陳義之高且過之。」〔註14〕錢穆則言「當長素時中國固無應趨大同之需要，亦無可向大同之步驟，而無端發此奇想。」〔註15〕然就歷史上看，未嘗有無源之水、無本之木。任何一種思想，總會有其一主要來源。——首先需注意，「大同」之名，雖出於《禮記·禮運》，但朱維錚先生已敏銳地觀察到：「由於《禮運》說『大同』的那一段話，總共不過百餘字，而《大同書》明白徵引此段中僅僅三個字，頗令人詫異。雖然據此不能否定康有為的烏托邦論與《禮運》大同說的思想聯繫，卻可據此證明康有為在構想他的大同世界時，《禮運》那段託名孔子的說教，並非他企圖論證的真實理想。」〔註16〕——仍然還是梁啟超，這位可以說是最為瞭解乃師的弟子道出了此中奧妙：

> 先生此種理想，既非因承中國古書，又非剿襲泰西今籍，然則亦有所憑藉乎？曰有。何憑藉？曰藉佛學。先生之於佛學也，純得力大乘，而以華嚴宗為歸。華嚴奧義，在於法界究竟圓滿極樂。先生乃求其何者為圓滿，何者為極樂。以為棄世界而尋法界，必不得為圓滿；在世苦而出世樂，必不得為極樂。故務於世間造法界焉。又以為軀殼雖屬小事，如幻如泡，然為靈魂所寄，故不度軀殼，則靈魂常為所困。若使軀殼無缺憾，則解脫進步，事半功倍。以是原本佛說捨世界外無法界一語，以專肆力於造世界。先生常言，孔教者佛法之華嚴宗也。何以故？以其專言世界，不言法界，莊嚴世界，即所以莊嚴法界也。佛言當令一切眾生皆成佛。夫眾生根器，既已不齊，而所處之境遇，所受之教育，又千差萬別，欲使之悉成佛，難矣。先生以為眾生固不易言，若有已受人身者，能使之處同等之境遇，受同等之教育，則其根器亦漸次平等，可以同時悉成佛道。此所以苦思力索，而冥造此大同之制也。〔註17〕

蕭公權亦指出：「『大同』使人想到『一真法界』——華嚴宗所認為的宇宙四界的最高層次——為一由『十玄門』所形成的和諧妙境，謂各物共存而

〔註14〕梁啟超：《清代學術概論》，上海：上海世紀出版集團，2005年，69頁。
〔註15〕錢穆：《中國近三百年學術史》（下冊），北京：商務印書館，1997年，737頁。
〔註16〕朱維錚：《康有為大同論二種·導言》，北京：三聯書店，1998年，33頁。
〔註17〕梁啟超：《南海康先生傳》，見夏曉虹編：《追憶康有為》，北京：三聯書店，2009年，25頁。

統一，一切生命交通無礙，各自認同，因而完成一綜合的認同。」〔註18〕這裡所說的，無外即華嚴法界緣起之世界觀。所謂「法界緣起」，是華土佛教華嚴宗人基於《華嚴經》的義旨而建立的。唐代智儼在《華嚴一乘十玄門》中說：「《華嚴》一部經宗，通明法界緣起。」〔註19〕而後經法藏、澄觀等華嚴祖師的推闡，成為華嚴宗的核心教義。法藏在《華嚴一乘教義分齊章》中用兩種法門闡明一切諸法就是宇宙萬有的真實相：一種是作為諸佛境界的性海果分，因為這是佛境界本身的呈現，所以不是世間的言語心思所能夠解說的；另一種是作為普賢境界的緣起因分，是具有大乘根器的學佛者可以表達和掌握的，這裡所謂緣起就指的是法界緣起。法藏謂：「夫法界緣起，無礙容持，如帝網該羅，若天珠交涉，圓融自在，無盡難名。」(《華嚴三寶章》)〔註20〕可見法界緣起的相貌就是無盡圓融。諸法就是宇宙的森羅萬象，具足一切法，叫做法界。法界的一切法相即相入，互為緣起，以一法成一切法，以一切法起一法，相資相待，互攝互容，如「因陀羅網」，重重無際，微細相容，主伴無盡，故謂「一即一切，一切即一」。澄觀則說：「此經以法界緣起、理實因果不思議為宗也。法界者，是總相也，包事包理，及無障礙，皆可軌持，具於性分。緣起者，稱體之大用也；理實者，別語理也；因果者，別明事也。此經宗明，修六位之圓因，契十身之滿果，一一皆同理實，皆是法界大緣起門。」(《大華嚴經略策》)〔註21〕由此可見，「法界」也就是宇宙萬有的「總相」，「緣起」就是其能生起一切的「稱體之大用」，依「一真法界」而有宇宙萬有，舉宇宙萬有都是一真法界，故謂「法界大緣起門」。在華嚴《華嚴一乘教義分齊章》中，「法界緣起」之義理涵攝「十玄無礙」與「六相圓融」之兩門。——大同世界之理想脫胎於華嚴宗之法界觀，此於《大同書》之開宗明義「破除九界」之綱領中，亦可得到印證：

> 　一覽生哀，總諸苦之根源，皆因九界。九界者何？一曰國界，
> 分疆土、部落也。二曰級界，分貴、賤、清、濁也。三曰種界，分
> 黃、白、棕、黑也。四曰形界，分男、女也。五曰家界，私父子、夫
> 婦、兄弟之親也。六曰業界，私農、工、商之產也。七曰亂界，有不
> 平、不通、不同、不公之法也。八曰類界，有人與鳥、獸、蟲、魚之

〔註18〕蕭公權：《康有為思想研究》，北京：新星出版社，2005 年，73 頁。
〔註19〕《大正藏》第 45 冊，514 頁。
〔註20〕《大正藏》第 45 冊，620 頁。
〔註21〕《大正藏》第 36 冊，702 頁。

別也。九曰苦界，以苦生苦，傳種無窮無盡，不可思議。……何以救苦？知病即藥，破除其界，解其纏縛。超然飛度，摩天決淵，浩然自在，悠然至樂，太平大同，長生永覺。吾救苦之道，即在破除九界而已。〔註22〕

康有為的「破除九界」無疑立足於華嚴法界圓融之理境，一切差別畛域消泯無礙，而達究極之平等，這也就是康氏的「大同」。故梁啟超謂「大同所根據之原理，以為眾生本一性海，人類皆為同胞」〔註23〕者是也。

康氏平生之理想，與同時代的「新學家」們一樣，最終旨在強國救世，故其華嚴思想，亦濡染了經世致用的色彩，他以為「孔子之教育，與佛說華嚴宗相同：眾生同原於性海，捨眾生亦無性海；世界原具含於法界，捨世界亦無法界」，〔註24〕故「莊嚴世界，即所以莊嚴法界也」，認為大同社會的實現，當為華嚴法界在現世的實現。顯然，《大同書》所設想的圓滿的烏托邦，可視作華嚴思想格深刻影響於近現代維新思想家，而轉化為社會進步觀念的具體體現。

二、章太炎的華嚴哲學觀

章太炎先生（1869～1936）不僅是聲譽甚隆的樸學大師，平生亦以佛學命家，太炎涉獵佛學於30歲以後，在友人夏曾佑、宋恕的影響下研讀佛典。其潛心於佛學，則是在因與清廷抗爭的「蘇報案」事件而身陷囹圄的三年間（1903～1906）。他在獄中大量研讀佛經，「及因係上海，三歲不覿，專修慈氏、世親之書。」〔註25〕，其弟子許壽裳曾回憶說：「（太炎先生）於作苦工之外，朝夕必諷詠《瑜伽師地論》，悟到大乘法義，才能克服苦難，期滿出獄後，鼓動革命的大業」〔註26〕。1906年，章太炎出獄後到東京，在對留學生演講中提出，「要用宗教發起信心，增進國民的道德……提倡佛教為社會道德起見，

〔註22〕康有為：《大同書》，瀋陽：遼寧人民出版社，1994年，88頁。

〔註23〕梁啟超：《南海康先生傳》，見夏曉虹編：《追憶康有為》，北京：三聯書店，2009年，17頁。

〔註24〕梁啟超：《南海康先生傳》，見夏曉虹編：《追憶康有為》，北京：三聯書店，2009年，11頁。

〔註25〕章太炎：《自述學術次第》，見《章太炎生平與學術自述》，南京：江蘇人民出版社，1999年，166頁。

〔註26〕許壽裳：《亡友魯迅印象記》，見《魯迅回憶錄（上冊）》，北京：北京出版社，1999年，248頁。

固是最要；為我們革命軍的道德上起見，亦是最要。」〔註27〕此所言之「以宗教發起信心」為章太炎平生佛學的根本宗旨，顯然，太炎亦將佛學理解為實現民主革命的重要思想資源。

（一）「華嚴之行」與理想人格

在佛教諸宗中，章太炎頗推崇禪宗、華嚴宗與法相宗。關於禪宗，吸引章太炎的是其中依靠自力，也就是「自貴其心」的精神，能夠發起己身勇猛無畏的革命信念和塑造堂堂巍巍的獨立人格，章氏謂「僕所奉持，以『依自不依他』為臬極。……排除生死，旁若無人，布衣麻鞋，徑行獨往，上無政黨猥賤之操，下無懦夫奮矜之氣，以此揭櫫，庶於中國前途有益。」〔註28〕此語亦是章氏平生人格境界的夫子自道。關於法相宗，章太炎曾謂「僕所以獨尊法相者，則自有說。蓋近代學術，漸趨實事求是之途，自漢學諸公分條析理，遠非明儒所能企及。逮科學萌芽，而用心益復縝密矣。是故法相之學，於明代則不宜，於近代則甚適，由學術所趨然也。」〔註29〕顯然，章太炎看重的是其中於近代可謂應時契機的理性主義成分，亦與其所學的清代樸學有所相通──「此一術也，以分析名相始，以排遣名相終。從入之途，與平生樸學相似，易於契機。」〔註30〕

而關於華嚴之學，章太炎主要推重其能夠提高群體道德觀念方面的作用，章氏曾感慨清季民德衰退，「五心」肆橫──即畏死心、拜金心、奴隸心、退屈心、德色心，而對治「五心」之方，章太炎將之寄託於佛法，故其謂：「非說無生，則不能去畏死心；非破我所，則不能去拜金心；非談平等，則不能去奴隸心；非示群生皆佛，則不能去退屈心；非舉三輪清淨，則不能去德色心。」〔註31〕而在「制惡見而清污俗」方面，「華嚴之行」則尤為有益，他指出：

〔註27〕章太炎：《東京留學生歡迎會演說錄》，見《章太炎文選》，上海：上海遠東出版社，1996 年，145 頁。

〔註28〕章太炎：《答鐵錚》，見《章太炎全集》第 4 卷，上海：上海人民出版社，1985年，374～375 頁。

〔註29〕章太炎：《答鐵錚》，見《章太炎全集》第 4 卷，上海：上海人民出版社，1985年，370 頁。

〔註30〕章太炎：《自述學術次第》，見《章太炎生平與學術自述》，南京：江蘇人民出版社，1999 年，166～167 頁。

〔註31〕章太炎：《建立宗教論》，見《章太炎文選》，上海：上海遠東出版社，1996 年，212 頁。

這華嚴宗所說，要在普度眾生，頭目腦髓，都可施捨與人，在
道德上最有益。〔註32〕

這裡章太炎所說的，當出自《華嚴經‧功德華聚菩薩十行品》中提到的
「菩薩修行十種施」的「內施法」：

何等為菩薩內施法？此菩薩於少壯時形體端嚴，顏容殊特澡浴
清淨，服上妙衣嚴飾之具，受灌頂轉輪王位，七寶具足王四天下。
時有乞人來詣王所，而自陳曰：「大王當知，我今衰老身嬰重疾，煢
獨苦厄無人瞻救，生路既窮必之死地，若得王身隨所應用，或須手
足或須血肉，或須頭目，或須髓腦。若大王慈仁矜哀窮老，捨離貪
身以救我者，必蒙天施得全性命。」菩薩即作是念：「今我此身，亦
當如彼會應歸死，無一饒益，宜時捨身以濟其命。」念已歡喜施彼
眾生。是為菩薩內施法。〔註33〕

顯然，章太炎認為只有達到《華嚴經》中菩薩遍施一切的無私無我之境，
才是革命者的理想人格所在。

晚清啟蒙思想者們趣入佛學，多藉重佛法之平等理念。章太炎平生以社會
平等自由之理想為旨趣，這也頗投契於《華嚴經》中所說的「心佛及眾生是三
無差別」。章氏在《頻伽精舍校刊大藏經序》中說：「夫牟尼出世，人天之師……
故云心佛眾生三無差別，亦云佛當在心中說法。明以此方老聃之言，則衣養萬
物而不為主，夫何有宗教之封執者乎！」〔註34〕——將佛教平等之義通於此土
老莊之學，其所撰的自詡為「一字千金」的《齊物論釋》即為發明斯義。

（二）《齊物論釋》與華嚴哲學

《齊物論釋》是章太炎約於1908～1910年間所撰成，其全書宗旨，希圖
將莊子的《齊物論》與佛教唯識、華嚴之學相融合，為「以佛解莊」之作品。
該書開篇即謂：「《齊物》者，一往平等之談，詳其實義，非獨等視有情，無所
優劣，蓋離言說相，離名字相，離心緣相，乃合《齊物》之義。」〔註35〕太炎

〔註32〕章太炎：《東京留學生歡迎會演說錄》，見《章太炎文選》，上海：上海遠東出
　　　　版社，1996年，145頁。

〔註33〕《大正藏》第9冊，476頁。

〔註34〕章太炎：《頻伽精舍校刊大藏經序》，見《章太炎全集》第4卷，上海：上海人
　　　　民出版社，1985年，487～488頁。

〔註35〕章太炎：《齊物論釋》，見《章太炎全集》第6卷，上海：上海人民出版社，
　　　　1986年，4頁。

認為，「齊物」，便是「齊不齊以為齊」，即是在任萬物眾生之「不齊」的狀態下，破除世俗名相諸羈絆，達無分別之心境，人類才能實現真正的自由平等。太炎自謂其思想創見為「千載之秘，睹於一曙」，可見他對自己這部作品的珍視，而在事實上，《齊物論釋》的思想也正契合當時的民主革命之時代風潮，洵為以佛學為媒介，闡揚思想文化啟蒙的一部學術名著。

章氏在本書中主要借《齊物論》之以下部分闡釋和融通華嚴哲學：

> 天下莫大於秋豪之末，而大山為小；莫壽於殤子，而彭祖為夭。天地與我並生，而萬物與我為一。既已為一矣，且得有言乎？既已謂之一矣，且得無言乎？一與言為二，二與一為三。自此以往，巧曆不能得，而況其凡乎！故自無適有以至於三，而況自有適有乎！無適焉，因是已。

太炎以為，莊子此所言之「天地與我並生，萬物與我為一」與《華嚴》「一即一切，一切即一」之義理遙相契應；而與之相關的，唐代華嚴祖師法藏開闡的「無盡緣起」之教義，亦與《莊子》中《寓言》篇的一些思想一致。他說：

> 言萬物與我為一，詳《華嚴經》云：一切即一，一即一切。法藏說為諸緣互應。《寓言》篇云：「萬物皆種也，以不同形相禪。」義謂萬物無不相互為種。《大乘入楞伽經》云：「應觀一種子，與非種同印，一種一切種，是名心種種。」法藏立無盡緣起之義，與寓言篇意趣正同。彼作《法界緣起章》云：「本一有力為持，本一無力為依，容入亦爾。」其《華嚴經指歸》云：「此一華葉，理無孤起，必攝無量眷屬，圍繞此一華葉，其必舒已遍入一切，復能攝取彼一切法令入己內。」義皆與《寓言》篇同。〔註36〕

章氏這裡將莊子《寓言》篇的「萬物皆種也」的「種」釋義為唯識學的「種子」，在唯識學中，認為種子生現行，為變現外境的直接原因（親因），這樣，「萬物皆種也」就被章太炎理解為「萬物互為因緣」的意思。故而合乎法藏「無盡緣起」之義了。所謂「無盡緣起」即華嚴「法界緣起」，章氏認為，華嚴的法界緣起其實就是莊子「萬物與我為一」的深層意蘊。

值得指出的是，太炎雖對法藏「法界緣起」之義頗為認可，但對法藏闡述義理過程中的某些看似或嫌籠統的比喻方式卻不甚以為然，他認為：

〔註36〕章太炎：《齊物論釋》，見《章太炎全集》第 6 卷，上海：上海人民出版社，1986 年，31 頁。

欲成一切即一，一即一切之義，法藏立十錢喻及椽舍喻（見《華
嚴一乘教義分齊章》）。此但進位退位命分之義，然以說數自可，以
之說事，即又不可。……蓋法藏未得名言善巧，故說多有過。如彼
錢喻，易一錢十錢為一銅銖十銅銖，義尤可救。由錢為加行轉化之
名，銅非加行轉化之名故。如椽如舍，義無可救，由舍是異分和合
之名，既名舍已，乃名舍中支構木梃為椽，若版瓦名非舍亦立，作
舍無改，於椽成義，於版瓦即不成義，縱復成舍以後，版或名搏，
瓦或名甍，唯是依用成義，非依體相成義，雖此椽名，亦唯依用，
其體相尤是木梃，故曰法藏未得名言善巧，有類詭辯者也。〔註37〕

這裡章太炎所針對的是法藏在《華嚴一乘教義分齊章》中用來論述其「一
切即一，一即一切」宗旨的兩個著名比喻。首先是所謂的「十錢喻」，法藏原
文為：

初門中有十門，一者一，何以故？緣成故一即十。何以故若無
一即無十故，由一有體餘皆空故，是故此一即是十矣。如是向上乃
至第十，皆各如前準可知耳。言向下者亦有十門，一者十，何以故？
緣成故十即一。何以故？若無十即無一故，由一無體餘皆有故。是
故此十即一矣，如是向下乃至第一，皆各如是準前可知耳。以此義
故。當知一一錢即是多錢耳。……由無自性故，無緣不成一也，十
即一者準前例耳。〔註38〕

這裡的論證甚為繁瑣，但道理卻並不複雜，簡單地說，因為「十錢」是由
「一錢」組合而成的，所以十錢就是一錢；反過來，每個「一錢」都是「十錢」
中的「一錢」，所以一錢就是十錢，綜合這兩個方面，故說一即是多，多即是
一。──但太炎認為，這種比喻方式，如果用單純的數字，因素的存在大可至
無限，小也可至無限，在這個無限的序列中，無論大數小數都是相對的，一即
是多，多即是一的命題可以成立，故謂「以說數自可」。但如果用現實中的銅
錢來作喻的話「一數退位為十數所緣成，一錢更無退位，若析一錢為十，便不
名錢，是故一錢非十小數錢所緣成也。」〔註39〕──因為「一錢」是貨幣中的

〔註37〕章太炎：《齊物論釋》，見《章太炎全集》第 6 卷，上海：上海人民出版社，
　　　　1986 年，31～33 頁。
〔註38〕見《大正藏》第 45 冊，504 頁。
〔註39〕章太炎：《齊物論釋》，見《章太炎全集》第 6 卷，上海：上海人民出版社，
　　　　1986 年，32 頁。

最小單位，不能再分，所以在太炎看來，這個比喻不足以說明「一即是多」。

但儘管如此，太炎認為這個比喻仍有補救的方法，因為如把錢看為單純的銅質，便可無限拆分了，仍可勉強說明「一即是多」，故太炎謂「易一錢十錢為一銅銖十銅銖，義尤可救。」但另一個比喻「椽舍喻」則無可補救了。──「椽舍喻」在《華嚴一乘教義分齊章》的原文為：

> 問何者是總相？答舍是。問此但椽等諸緣，何者是舍耶？答椽即是舍。何以故？為椽全自獨能作舍故，若離於椽舍即不成，若得椽時即得舍矣。問若椽全自獨作舍者，未有瓦等亦應作舍？答未有瓦等時不是椽故不作，非謂是椽而不能作，今言能作者，但論椽能作，不說非椽作。何以故？椽是因緣，由未成舍時無因緣故，非是緣也，若是椽者，其畢全成，若不全成不名為椽。……去卻椽即無舍故，所以然者，若無椽即舍壞，舍壞故不名板瓦等。是故板瓦等即是椽也，若不即椽者，舍即不成，椽瓦等並皆不成。今既並成，故知相即耳。一椽既爾，餘椽例然。是故一切緣起法不成則已，成則相即，鎔融無礙自在圓極，難思出過情量，法性緣起一切處準知。〔註40〕

椽舍之喻，為法藏論證法界總、別、同、異、成、壞之六相圓融之事例，離椽無舍，離舍無椽，故椽即舍，舍即椽，也就是總相即別相，別相即總相；同、異、成、壞諸相間，亦復如是。但在章太炎看來，這個比喻實不嚴密，他認為作為「椽」，其名由舍而起，無舍則不名為椽。但就此類推房屋的其他部件而言，便可見其矛盾。──諸如房屋的「版」「瓦」，「版瓦之名不緣舍而得，以作几案榜牘棺槨者，亦名為版；作瓶甌壺缶者，亦名瓦故。」──因為像房屋的版、瓦等部分，離開了房屋仍然可以保有其名，所以章太炎認為，這個比喻是「一分成立，一分不成立，便非通例。若云椽可是舍，版瓦非舍者，便違一切即一，一即一切之義。」〔註41〕──這其中原因，在於諸如椽、板、瓦之類的名目，「唯是依用成義」，是因為他們各自的作用而得到其名稱的，「非依體相成義」，並非根據他本質的相貌而得名。所以，太炎以為法藏用這些世俗層面的事例來闡發本體界之真實，頗不倫不類，近於「款言遊辭」。

客觀地說，法藏的這些比喻，皆是為了說明「法界緣起」之深奧義理的方

〔註40〕見《大正藏》第45冊，507～508頁。

〔註41〕章太炎：《齊物論釋》，見《章太炎全集》第6卷，上海：上海人民出版社，1986年，32頁。

便法門，章太炎的指謫，或難免類乎不近情理的苛求。──不過由此亦可看出章氏對於佛學的基本取向，他在對待一切事理論證方法上務求其嚴密，顯然是受到了唯識學中嚴格恪守因明三支論法的影響──在因明三支的「喻」支上，支持論證所據的事例必須滿足「異品遍無」，大概在他看來，無論是「十錢喻」還是「橡舍喻」，當皆未滿足這個「異品遍無性」，會使論敵有隙可乘。──所以，章太炎認為，如果將莊子《寓言》中「萬物皆種也」的「種」按唯識之義去理解，重新加以論證，才能比較嚴密地證成「一切即一，一即一切」之宗旨。章氏的論證過程，見諸其文，亦頗繁瑣，然在方法上傾向於唯識之處，甚為顯明。──與章太炎這一點相似的思想立場，亦可見諸其友人內學院的歐陽竟無，歐陽曾針對臺、賢諸宗的某些義理謂：「中國人之思想非常儱侗，對於各種學問皆欠精密之觀察；談及佛法，更多疏漏。」〔註42〕──顯然，在當時西學理性主義的衝擊下，這些致力於佛學復興的思想家們對本國宗派歷史上的種種看似「儱統汗漫」的論述方式，感到不安乃至於進行反思，應該也是可以理解的。

最後，沿著這種唯識方法的思路，太炎認為華嚴之「無盡緣起」應統攝於《楞伽》《起信》的「如來藏緣起」之體系下，方為圓滿，他指出：

> 凡此萬物與我為一之說，萬物皆種以不同形相禪之說，無盡緣起之說，三者無分。雖爾，此無盡緣起之說，唯依如來藏緣起說作第二位，若執是實，輾轉分析，勢無儘量，有無窮過，是故要依藏識，說此微分，唯是幻有。……而實唯是諸心相構，非有外塵，即《知北遊》所云「際之不際」。本論所云「咸其自取」，義始得通。〔註43〕

這裡章太炎的意思是，從邏輯的角度看，「無盡緣起」的論證因為因果關係有無窮無盡，沒有一個終極，所以陷入了因明學所說的「無窮過」之中。為了彌補這一問題，須將其含攝於「如來藏緣起」的義理上，也就是萬象皆為清淨本心所顯現為「第一義」，在這個基礎上，言萬象之間的關係才是「無盡緣起」，是「第二義」的。為以《莊子》的思想資源證成其說，故章氏將《齊物論》中的「吹萬不同，咸其自取」的「自」理解為如來藏之義。從而，在如來藏的統攝下，「齊物之至，本至無齊」，萬物皆是如來藏的顯現，才達到了真正的一切平等。──以如來藏緣起統攝法界緣起的思路，顯然不同於法藏以來的

〔註42〕 歐陽竟無：《唯識抉擇談》，見《歐陽竟無集》，北京：中國社會科學出版社，1995年，90頁。
〔註43〕 章太炎：《齊物論釋》，見《章太炎全集》第6卷，上海：上海人民出版社，1986年，36頁。

華嚴宗人的看法，從華嚴宗的小、始、終、別、圓「五教判」之觀點而言，如來藏緣起對應的是終教（即現在說的如來藏系佛教），法界緣起對應的才是圓教，也就是華嚴本宗，由法界緣起統馭如來藏緣起，才是華嚴宗義理的題中應有之義，若法藏的《華嚴探玄記》中云：

> 三、終教中少說法相，廣說真性，以會事從理故，所立八識通如來藏，隨緣成立，具生滅不生滅，亦不論百法名數不廣，又不同小亦無多門，如《楞伽》等經《寶性》等論說。……五、圓教中所說唯是無盡法界，性海圓融，緣起無礙，相即相入，如因陀羅網，重重無際，微細相容主伴無盡。〔註44〕

不過，章太炎的思路雖與正統華嚴學截然相反，卻可在其的一貫哲學立場上可以找到其來源，章氏認為哲學就是本體論，他在《建立宗教論》中說：「言哲學創宗教者，莫不建立一物以為本體。」〔註45〕佛學的本體，在他看來，便是如來藏，也就是「是實、是遍、是常」的真如本體。——由此可見，章太炎的佛學立場，誠是「以己意進退佛說」，並不囿於宗派觀點，而是汲取佛教的思想資源來證成自己的哲學體系。

三、結語

康有為與章太炎，他們在儒學上的治學取向，前者傾向今文經學的「六經注我」，後者則傾向古文經學的「我注六經」，在政治上則一主君主立憲，一主民主共和，儘管他們彼此存在一些思想差異，但他們在各自的思想體系中均重視對華嚴學的汲納，這顯然不會只是偶然的現象。——無論是康有為還是章太炎，他們不惜身命，反抗專制統治，或投身於維新變法，或投身於民主革命。毋庸置疑，無論他們在思想上的分歧有多大，但其胸中的「為生民立命」、「為萬世開太平」的理想主義情懷皆不可掩，這也正是他們投契於《華嚴經》中開闡的大乘菩薩道精神，促使他們從不同維度闡述華嚴思想神髓的根本原因。要之，作為在近代思想啟蒙文化環境下出現的華嚴學，體現出一種能夠契合時代的理想主義色彩，在這種背景下，無論是「心佛眾生，三無差別」，還是「一即一切，一切入一」的華嚴教理，皆被賦予了契合於自由平等之啟蒙理念的入世意義，這也應是華嚴思想能夠深刻影響於近代思想界的根本原因。

〔註44〕見《大正藏》第35冊，第115頁。
〔註45〕章太炎：《建立宗教論》，見《章太炎文選》，上海：上海遠東出版社，1996年，198頁。

近現代新儒家的華嚴思想探析

　　華嚴學本為近代佛教思潮之一重要構成部分，自「教尊賢首」的楊文會居士始，若章太炎、康有為、譚嗣同等啟蒙思想家們，皆頗受華嚴思想的感召，其中特別是曾在金陵刻經處就學於楊文會的譚嗣同，其所撰寫的「維新運動的聖經」《仁學》一書，正是以華嚴法界觀為其理論框架。但自支那內學院歐陽竟無一系的唯識學研究興起，特別是在 1920 年代後，日本《大乘起信論》辨偽研究被梁啟超介紹至中國，支那內學院一系的學者若王恩洋、呂澂等以之為契機，立足於奘傳唯識，深入展開對《起信》義理的批判，甚至認為其「非佛說」，因之，以華嚴為首的深受《起信》影響的宗派亦受到支那內學院一系學者的強烈攻擊。歐陽竟無甚至提出「自天臺、賢首等宗興盛而後，佛法之光愈晦。」〔註1〕內學院一系的這種佛學態度對當時的佛教知識界影響頗大，故我們現在凡提及「近代佛教復興」這一歷史現象，首先想到的多是頗投契於當時大舉傳入中國的西方理性主義的法相唯識學的發展，而深受近代早期啟蒙思想家推崇的華嚴學則頗少有人論及。〔註2〕——實則，如果我們更加全面地考察近代思想學說的幾大流派，會發現近代華嚴學的思想史學統事實上並未斷絕，而是流入了近現代新儒學之中。在近現代新儒家中，深受華嚴學影響和啟發，並給予華嚴學極高評價的學者頗不乏人，因之，從為了更加全面地理解

〔註1〕歐陽竟無：《唯識抉擇談》，見黃夏年編：《歐陽竟無集》，北京：中國社會科學出版社，1995 年，90 頁。

〔註2〕有代表性的論述若陳榮捷先生謂「20 世紀佛教唯識學的發展就等於是佛教思想的發展」，「華嚴宗在哲學上所作的努力對當代佛教的哲學貢獻不多」云云，見其《現代中國的宗教趨勢》，臺北：文殊出版社，1987 年，121，129 頁。

「近代佛學復興」這一思想史命題的角度出發，以下將對近現代新儒家的華嚴思想加以探討。

一、馬一浮與華嚴學

馬一浮（1883～1967），為近代新儒家之奠基人，被學界尊為新儒家中最具傳統本色且承接宋明儒學最醇正的學者。其學術之體大思精，學問之淵深廣博，在當時的學界中已有盛譽。馬一浮對儒佛皆有甚深造詣，亦以佛學命家，後來成為弘一大師的李叔同的出家因緣，便頗受他的影響和促成。

就馬一浮傳世著作來看，所涉佛學範圍極廣，於傳統的各宗派皆有所造，尤以深通華嚴知名，時人謂之「深達華嚴旨趣」〔註3〕。——馬氏所提出的「六藝賅攝一切學術」，欲以儒家「六藝」來涵蓋古今中外一切學術的體系設想，便依據華嚴大師賢首法藏「小、始、終、頓、圓」的判教，將佛教亦納入儒家六藝的範疇。他認為，儒佛兩家「同本異跡」；由於一心之「本」無異，屬「跡門」的經典著作若《詩》、《書》、《易》等則可融攝佛教的相應教理。「《詩》次風雅頌正變得失，各係其德，自彼教言之，即是彰依正之勝劣也。《書》敘帝王伯虞夏商周各以其人，自彼教言之，即是示行位之分圓也。《春秋》實兼《詩》、《書》二教，推見至隱，撥亂反正，因行事，加王心，自彼教言之，即是攝末歸本，破邪顯正，即俗明真，舉事成理也，終頓之義，亦可略攝於此。」〔註4〕而關於《易》，馬氏則認為「自佛氏言之，則曰變易者其相也，不易者其性也。故《易》實攝佛氏圓頓教義。」〔註5〕——而「六藝」在馬一浮看來，復又可統攝於一心，他說「一切道術皆統攝於六藝，而六藝實統攝於一心，即一心之全體大用也。」〔註6〕這種「心生萬法」的理論模式，顯然頗可見華嚴「法界緣起」學說的影子。——關於儒家之心性學說可會通於華嚴法界，馬一浮亦曾明確指出：

> 學者須知，此實理者，無乎不在。不是離心而別有，所謂總賅萬

〔註3〕馬一浮：《答某上座》中所引來書，見滕復編：《馬一浮新儒學論著輯要》，北京：中國廣播電視出版社，1995年，540頁。

〔註4〕馬一浮：《與蔣再唐論儒佛義》，見劉夢溪編：《現代學術經典・馬一浮卷》，河北：河北教育出版社，1996年，670頁。

〔註5〕馬一浮：《論語大義七（易教下）》，見滕復編：《馬一浮新儒學論著輯要》，北京：中國廣播電視出版社，1995年，205頁。

〔註6〕馬一浮：《論六藝統攝於一心》，見滕復編：《馬一浮新儒學論著輯要》，北京：中國廣播電視出版社，1995年，23頁。

有，不出一心。在華嚴以法界緣起不思議為宗，恰與此相應。〔註7〕

馬氏亦曾以華嚴四法界之說來解說其「六藝」體系，他指出：

> 佛氏華嚴宗有四法界之說：一、事法界；二、理法界；三、理
> 事無礙法界；四、事事無礙法界。孔門六藝之學，實具此四法界。
> 雖欲異之，而不可得，先儒只是不說耳。〔註8〕

馬一浮認為古今中外一切事事物物，皆備於理事的這四種關係中，「事物
古今有變易，理則盡未來無變易，於事中見理，即是於變易中見不易。若捨理
而言事，則是滯於偏曲，離事而言理，則是索之杳冥。須知一理該貫萬事，變
易元是不易，始是聖人一貫之學。」〔註9〕

馬一浮對於華嚴學的吸納，亦可見於對於《易經》的解說上，他認為「《易》
多言貞，貞者，正也……華嚴謂之一真法界，與《易》同旨。」〔註10〕他在《太
極圖說贅言》一文中，復以華嚴法界緣起之說來解說太極圖的奧義，他說：

> 太極即法界，陰陽即緣起，生陰生陽，乃顯現義。生生為易，
> 故非斷非常。……又法界有四種義：一、事法界，界是分義，一一
> 差別有分齊故。二、理法界，界是性義，無盡事法同一性故。三、
> 理事無礙法界，具性分義，性分無礙故。四、事事無礙法界。一切
> 分齊事法，一一如性融通，重重無盡故。《易》教所顯如此。《太極
> 圖說》所示，正屬後二義也。〔註11〕

不僅如此，在馬一浮看來，華嚴宗總、別、同、異、成、壞之「六相圓融」
義，亦通於《易》理，他指出：

> 已知法界緣起一多相，即更須明六相一相義，然後於《太極圖
> 說》，方可洞然無疑。六相者，總、別、同、異、成、壞也。一含多
> 德為總相，多德非一為別相。總為別之所依，離總無別；亦為別之

〔註7〕馬一浮：《太極圖說贅言》，見滕復編：《馬一浮新儒學論著輯要》，北京：中國
　　　廣播電視出版社，1995年，509～510頁。

〔註8〕馬一浮：《舉六藝明統類是始條理之事》，見滕復編：《馬一浮新儒學論著輯要》，
　　　北京：中國廣播電視出版社，1995年，30頁。

〔註9〕馬一浮：《舉六藝明統類是始條理之事》，見滕復編：《馬一浮新儒學論著輯要》，
　　　北京：中國廣播電視出版社，1995年，30頁。

〔註10〕馬一浮：《擬浙江大學校歌》，滕復編：《馬一浮新儒學論著輯要》，北京：中國
　　　廣播電視出版社，1995年，115頁。

〔註11〕馬一浮：《太極圖說贅言》，滕復編：《馬一浮新儒學論著輯要》，北京：中國廣
　　　播電視出版社，1995年，510頁。

所成，離別無總。同相者，多義不相違，同成一總。故異相者多義
相望，各各異故；成相者，由此諸緣和合成故；壞相者，諸緣各住
自位，不相到故。六相同時而具。在《太極圖說》所顯《易》教義
中，前二義顯（總、別義顯），後二義隱（成、壞義隱）。此亦學者當
所知也。〔註12〕

　　《易》與《華嚴》互詮的思想路數，在中國華嚴學的歷史上淵源有自，唐
代大居士李通玄的《新華嚴經論》中便不乏類似的說法，這種解經方法影響到
了澄觀、宗密等正統華嚴宗人的《華嚴經》注疏的寫作〔註13〕。馬一浮借華嚴
義理說明《易》，顯然應受到了他們學說的啟發。

　　與重視華嚴哲學的態度相契應，馬一浮對當時已被內學院一系定性為
「偽經」的《大乘起信論》亦推重有加，他認為「《起信論》一心二門，與橫
渠心統性情之說相似」〔註14〕。——橫渠即宋儒張載，其學說認為性善情惡，
而統攝於一心。而《起信論》則認為一心同時開出作為淨法的真如門與染法的
生滅門，馬一浮則認為二者的模式顯然是類似的。他明確指出：

　　要知《起信論》一心二門方是橫渠本旨，性是心真如門，情是
心生滅門。心體即真如，離心無別有性，故曰唯一真如。〔註15〕

　　綜上所論，可見馬一浮以華嚴哲學幾乎處處可通於儒家，這種態度從他本
人承接宋明儒的學術路數上看，顯然與宋代理學中華嚴哲學的成分有關。宋
儒程、朱提出的「理一分殊」、「人人有太極，物物有太極」的觀點，與華嚴宗
「理事無礙」、「一多相容」、「一入一切，一切入一」的觀點，有直接的思想淵
源關係。——不過，宋儒對於佛家，總體來講採取的是「闢佛」，也就是批判
的態度。而在馬一浮的思想中，華嚴與儒學則體現出融合無間的一致性。如其
弟子曾記錄其所言的：

　　先生嘗謂《華嚴》以文殊表智，普賢表行，猶《中庸》言智仁
勇三達德，以大舜表智，顏子表仁，子路表勇。勇者所以行仁智也，

〔註12〕馬一浮：《太極圖說贅言》，滕復編：《馬一浮新儒學論著輯要》，北京：中國廣
　　　　播電視出版社，1995年，510頁。
〔註13〕參見魏道儒：《中國華嚴宗通史》，南京：江蘇古籍出版社，2001年。
〔註14〕馬一浮：《涵養致知與止觀》，見滕復編：《馬一浮新儒學論著輯要》，北京：中
　　　　國廣播電視出版社，1995年，93～94頁。
〔註15〕馬一浮：《示張立民》，見滕復編：《馬一浮新儒學論著輯要》，北京：中國廣播
　　　　電視出版社，1995年，379頁。

　　證文殊智者必修普賢行，普賢萬行悉是悲心，悲心即仁，運之則智
　　也。如來念念不捨眾生，故謂「能仁」……盡性者本與天地萬物渾
　　然一體，聖人無己，靡所不己，不見有眾生可捨，亦不見有眾生可
　　度，蓋莫非自己性分內事也。〔註16〕

　　這種圓融儒佛的思想態度，乃是近現代新儒家不同於他們的先輩宋明儒者的一個明顯取向，茲後的新儒家們亦多深入研究佛學並頗有所造，馬一浮當是一個重要的開風氣者。

二、熊十力與華嚴學

　　熊十力（1885～1968），為近代新儒家中影響後世思想界之最大者，他平生以「體用不二」、「翕闢成變」立宗，將佛家唯識義理統歸於《易》，開創其「新唯識論」體系，後來居於港臺地區號稱「第二代新儒家」的牟宗三、唐君毅、徐復觀諸氏皆其門人。1920～1922 年間，熊十力曾在支那內學院師從歐陽竟無學習佛學。後赴北大任教，講授唯識，在隨後的數年中，漸對佛教傳統唯識學體系發生不滿而欲以修正之。1932 年，出版代表其哲學體系形成的《新唯識論》。《新唯識論》問世後，在當時的佛學界曾產生熱烈爭論。

　　在關於圍繞熊氏《新唯識論》的論爭中，太虛大師當時已敏銳地察覺到，熊氏的思想體系及其針對奘傳唯識進行批判的理論風格，頗近於華嚴學，他指出：

　　頃熊君之論出，本禪宗而尚宋明儒學，斟酌性、臺、賢、密、
　　孔、孟、老、莊、而隱摭及數論、進化論、創化論之義，殆成一新賢
　　首學。〔註17〕

　　大概在太虛大師看來，熊十力既然不滿於唯識學系統，自然應與中國傳統的「如來藏」一系華嚴、天臺諸宗義理有所契合。今人孟令兵則明確指出：

　　（《新唯識論》哲學體系中）本體必須是能動的、具有生化機能
　　的，用熊氏的話說是「無為而無不為」的，只有這樣才能當下轉化、
　　顯現為萬用，此之「轉化」當然不是通常的含義，而是法爾如是、
　　自然而然的「恒轉」，「即」之為言，於中乃得體現，同時本體還要

〔註16〕馬一浮：《示語一》，見滕復編：《馬一浮新儒學論著輯要》，北京：中國廣播電視出版社，1995 年，384 頁。

〔註17〕太虛：《略評〈新唯識論〉》，見印順編：《太虛大師全書》25 冊，印順文教基金會光碟版，2006 年，144 頁。

本具純善而真實的特性。在中印佛學諸宗派中具備這種哲學思想特徵者，或許只有中國的華嚴宗最符合熊氏的理論期望，所以，熊氏體用相即的思想能夠處處顯現出與華嚴法界緣起思想若合符節，就是題中應有之義了。〔註18〕

按照孟氏的意見，熊氏平生所常言的「吾學貴在見體」，在其著作中，其「體」或表述為法界、一真法界、性海、真如、真心、本心等，這些都是華嚴宗所習用的與法界具有等同意義的名相。《新唯識論》中規定本體的如下諸義：「（一）本體是備萬理、含萬德、肇萬化，法爾清淨本然。（二）本體是絕待的，若有所待，便不名為一切行的本體了。（三）本體是幽隱的，無形相的，即是沒有空間性的。（四）本體是恒久的，無始無終的，即是沒有時間性的。（五）本體是全的，圓滿無缺的，不可剖割的。（六）本體是顯現為無量無邊的功用，即所謂一切行的，所以說是變易的，然而本體雖顯現為萬殊的功用或一切行，畢竟不曾改移他的自性。他的自性，恒是清淨的、剛健的、無滯礙的，所以說是不變易的。」〔註19〕——熊氏新唯識體系中的本體論特徵，幾乎皆與華嚴法界緣起或性起說的義理一一對應。

不僅如此，熊十力在其著作中，對於華嚴哲學亦屢有佳評。首先，在華嚴、天臺這些中土諸宗的理論來源上，他不同意內學院一系學者將之歸誣為承襲「偽經偽論」的看法，他指出這些宗派的義理，仍不出於空、有二宗之範圍：

佛家自小迄大，只分空有兩輪。小宗不及大宗，小有不及大有，故吾只扼住大乘而談也。雖中土自創之宗，如天臺、華嚴等，其淵源所自能外於大有大空乎？〔註20〕

而熊氏對於華嚴體系，則往往出以激賞的態度述之：

杜順之法界玄境，理事圓融。龍樹無著兩家，於此似都未及詳……此須大著眼孔，能於空有二家學各會其總要，然後知理事圓融之旨。要至中土杜順諸師圓融理事（理即法性，事即法相），然後玄旨暢發無餘矣。……言即於一微塵中而不壞此一微塵之相，卻即此已是全法界也。此義深微，學者宜忘懷體之。於一塵如是，一切

〔註18〕孟令兵：《論熊十力哲學體系中的華嚴宗思想特徵》，見《中國文化論壇》2004年3期。

〔註19〕熊十力：《新唯識論》，北京：中華書局，1985年，313頁。

〔註20〕熊十力：《新唯識論問答》，見《熊十力全集（卷八）》，武漢：湖北教育出版社，2001年，209頁。

法亦爾。略舉此門，已足會意。誰有智者玩心高明，而於此等妙義，乃不能契入耶？……覺其中自有許多勝義，甚可推崇。〔註21〕

並與馬一浮一樣，熊十力亦以華嚴義理可通於儒家，他說「華嚴四法界歸於事事無礙。到此，與吾儒無二致。會通四子、六經，便見此意。」亦認為《華嚴經》義理可通於《易》：

> （《華嚴經》）此經於現前所見的一一事物，皆說為神，就是泛神論的意思。又示人以廣大的行願，可以接近入世的思想。佛家演變殊繁，此經卻別具特色。……與儒家的大易，有可以融會貫通的地方。〔註22〕

對於與華嚴學相關的《起信論》問題，熊十力雖亦接受該書非為印度人撰述的意見，但絕不同意就此便將其義理價值全然抹殺的態度，他曾批評依據「本覺」與「本寂」劃分中印佛教並據以批判《起信論》的呂澂說：

> 偽論如《起信》，其中理，是否無本於梵方大乘，尤復難言。此等考據問題，力且不欲深論。但性覺與性寂相反之云，力竊未敢苟同。般若實相，豈是寂而不覺者耶？……吾以為性覺、性寂，實不可分。言性覺，而寂在其中矣。言性寂，而覺在其中矣。性體原是真寂真覺，易言之，即覺即寂，即寂即覺。二亡，則不見性也。主性覺，而惡言性寂，是以亂識為自性也。主性寂，而惡言性覺，是以無明為自性也。即曰非無明，亦是枯寂之寂，墮斷見也。何可曰性覺與性寂相反耶？〔註23〕

晚年的熊十力在所撰寫的《原儒》中，在闡述其宇宙論的四句義時仍說：「一為無量，無量為一，全中有分，分分是全。」〔註24〕這顯然仍脫胎於華嚴「一入一切，一切入一」的法界緣起世界觀。——熊十力傾向華嚴等中國佛教宗派的思想態度，為其弟子牟宗三、唐君毅諸氏所繼承，牟、唐後來皆深究佛學，並對華嚴、天臺諸宗的義理大加推崇和闡發。

〔註21〕熊十力：《十力語要·與湯錫予》，見《熊十力全集（卷四）》，武漢：湖北教育出版社，2001年，235～236頁。

〔註22〕熊十力：《新唯識論》，北京：中華書局，1985年，408頁。

〔註23〕呂澂、熊十力：《辯佛學根本問題：呂澂、熊十力往復函稿》，見《中國哲學》第11輯，北京：人民出版社，1984年，172頁。

〔註24〕熊十力：《原儒》，見《熊十力全集（卷六）》，武漢：湖北教育出版社，2001年，323頁。

三、方東美與華嚴學

方東美（1899～1977），為新儒家中廣泛涉獵西學並頗具詩人的浪漫情懷者。他早年遊心於中西哲學諸學派，最終融匯百家而歸於中國文化本位，以《易》「生生不息」的哲學精神為基礎建構起他的本體哲學架構。方東美認為，在佛教哲學中，華嚴宗以其「理事圓融」的本體論和「內具聖德」的人性論，典型地體現了中國大乘佛家的哲學智慧，乃是印度的佛學思想與中國哲學完美交融的產物〔註25〕。1975 年 9 月至 1976 年 6 月間，方東美在臺灣輔仁大學主講「華嚴宗哲學」，系統闡發其華嚴學思想，於逝後由其學生整理成書。

方東美認為，佛學亦宗教，亦哲學，而對於佛學而已，「人一體悟到極其深微的奧妙處，那便是超越語言文字，超越一切思想理路的最高的宇宙真理……華嚴宗的佛教思想，更可充分地表現出這種特色。」〔註26〕——《華嚴經》歷來被華嚴宗人尊為「經中之王」，是「如日出先照高山」的「稱法本教」，乃佛陀成道後直抒本懷的根本教法。方東美亦認為「佛陀一旦成道，自證無無上聖智，即先說《華嚴》，宣示廣大悉修圓融無礙之究竟真理，並持續不斷，以迄最後《法華》與《大涅槃》時止。若佛陀弟子與聞者在精神上能相契等，則其說法實不啻一字不說，蓋毋須費辭也」〔註27〕，故以華嚴為佛教最高和最究竟之學。

在《華嚴宗哲學》一書中，方東美通過梳理中國佛教哲學的發展歷程而總結華嚴宗產生的意義，他認為中國早期大小乘佛學中，依據印度小乘佛學的「業惑緣起論」發展出一套不徹底的唯實論或唯心論，「經過如此演變以後，到了大乘始教的佛學裏面，再把印度的空宗，也就是般若中觀的思想引進來。然後便針對那一套因果循環的主張，重新透過方便般若的觀照，文字般若的給予假名，……勢必還要攝相歸性來談空。這樣子一來，便從原始的成實論，半邊唯實論、半邊唯心論，才漸漸引導出以這個大乘空宗的佛學為媒介，而成立了法相唯識學的主張，即非空非有，亦空亦有的中道觀。」——但這樣問題仍然未解決，方東美繼又指出：「小乘佛學到法相唯識這一系統，都認為整個的世界可以把它展現在時間之流裏面，然後便可以看它的生滅變化。……整個宇宙都不斷地在生滅變化中，只是無常。假使這個宇宙只是無常，那麼宇宙另一

〔註25〕方東美：《生生之德》，臺北：臺灣黎明文化事業公司，1980 年，311 頁。
〔註26〕方東美：《華嚴宗哲學》上冊，臺北：臺灣黎明文化事業公司，1981 年，2 頁。
〔註27〕方東美：《中國哲學之精神及其發展》，臺北：成均出版社，1984 年，172 另一。

方面所謂『常』或永恆性我們又將怎麼去安排呢？」〔註28〕——由此而引出《大般涅槃經》中的「涅槃佛性」與唯識學系統中的「如來藏」來解決此宇宙之「常」的問題。而在涅槃、唯識各派之間，如來藏又有染淨、與阿賴耶同位異位的爭議，這些問題導出了《大乘起信論》的出現來解決。

關於《大乘起信論》的成書問題，方東美亦認為其文字「從頭到尾一氣呵成沒有翻譯的痕跡」〔註29〕，為中國人的撰述應無疑問，但與眾多新儒家的看法一致，方東美亦未因此而減少對《起信》義理的推崇，他指出：

> 《涅槃經》和如來藏系的經典，在理論上雖是完全對立的：——一個契入永恆；一個著重生滅變化。一個傾向完美；一個在裏面尚存留有污濁與罪惡……設法要把他們調和或折衷，其結果就產生了《大乘起信論》。……《大乘起信論》，就是要肯定佛法具有兩種法門：一個是永恆不變的法門，它那裡的最根本範疇，就是真如，從真如裏面顯現出來的本性是空性，所表現出來的相是具有偉大的生發作用。而事實上面，他的本身、本性不變，是永恆的，就是《起信論》中的「心真如門」，這是《涅槃經》的中心思想；至於第二方面，是說明宇宙是怎麼樣子來的，人生的出發點在什麼地方，在其變化過程裏面，它並不是沒有意義的……所以這第二個法門……是「心生滅門」了。……這是體用兼備的思想體系。所以《大乘起信論》雖然是一部偽書，但這一部偽書卻把中國從北魏以來，一直到梁陳時代，以及隋唐時代，這一個長時期裏面，中國大乘佛學衝突的理論，給予一個旁通統貫的調和。〔註30〕

然在方東美看來，《起信論》之「一心二門」說尚有「體用對立」的問題，尚未圓滿盡善，至華嚴宗的「法界緣起」出現，才真正是「二而不二，即體即用，無所不賅的形上學體系」，他指出：

> （華嚴宗法界緣起）不僅籠罩一切理性的世界，而且可以說明這個理法界才真正能夠說明一切世俗界的事實構成。然後才能形成

〔註28〕方東美：《華嚴宗哲學》上冊，臺北：臺灣黎明文化事業公司，1981年，388頁。

〔註29〕方東美：《華嚴宗哲學》上冊，臺北：臺灣黎明文化事業公司，1981年，398頁。

〔註30〕方東美：《華嚴宗哲學》上冊，臺北：臺灣黎明文化事業公司，1981年，402頁。

事事無礙法界，成立一個廣大無邊的、和諧的哲學體系。希望能透
過這一觀點，把從前佛學上面所講的十二支緣起論的小乘佛學，原
始佛教的缺點給修正過來。如此也能將對所謂賴耶緣起，如來藏藏
識緣起，那一派理論對立的矛盾性，都給一一剷除掉，然後《大乘
起信論》裏面體用對立的狀態，所迫切需要那種橋樑，也把它建設
起來，最後可以建議一個「二而不二、不二而二」的「即體即用、
即用即體」無所賅的形而上學的體系。〔註31〕

以上方東美通過回顧中國佛教哲學的邏輯歷程而闡發華嚴宗哲學出現的
重大意義，就事實上的佛教史而言，毋庸諱言，方氏的闡述不乏不盡不實和用
歷史迎合己意的主觀之處，但這種「六經注我」的做法，是哲學的，而非史學
的，乃是建構其華嚴哲學合理性的一種努力。

方東美之所以如此推崇華嚴哲學，在於他對《華嚴》「華藏世界」宇宙觀
的獨特理解，他認為這種宇宙構造「是引用隱喻的語言，根據詩意幻想奔放馳
騁，以及高度的詩韻幻想，而流露出這麼一個結構」〔註32〕——這種帶有詩人
氣質的理解方式，顯然亦是方東美的「詩哲」人格氣質之流露。進而，方氏認
為這種宇宙觀的奧妙在於：

雖是從器世界出發，但他不停滯在物質上面，在其領域中，它
也可以講物理，也可以講化學，但不論是物理或化學，它〔註33〕是
「基礎科學」。以這個基礎科學，便可以發現宇宙裏面更新奇的現
象，生命的現象……所以在這裡面有所謂生命的創新，心靈的創新，
證明這一個宇宙是一個創造的秩序。〔註34〕

顯然，在方東美看來，華嚴哲學乃是一個可涵蓋世間一切學術的圓滿體
系，這種體系優於現有的一切哲學，若以華嚴哲學為視野，來「判斷精神生命
的價值，然後不僅僅是產生知識，再把它化作智慧；不僅僅是智慧，更要把這
一種智慧融貫到我們生命的核心裏面去，所謂精神中心裏面，把哲學智慧、

〔註31〕方東美：《華嚴宗哲學》上冊，臺北：臺灣黎明文化事業公司，1981年，413
頁。
〔註32〕方東美：《華嚴宗哲學》上冊，臺北：臺灣黎明文化事業公司，1981年，120
頁。
〔註33〕筆者按：此「它」指華嚴哲學。
〔註34〕方東美：《華嚴宗哲學》上冊，臺北：臺灣黎明文化事業公司，1981年，125
頁。

宗教熱誠，融貫起來產生一個大的思想體系」〔註35〕——這種利用東方智慧
來統攝世間學術的體系構想，亦是近現代新儒家多有的文化致思方向，若馬
一浮的「六藝統攝論」、牟宗三的「二層存有論」皆作出了類似努力，體現了
他們挺立中國文化主體慧命於世界哲學之林的民族自尊意識。——由於將這
種文化意識援入其華嚴學研究，使方東美的華嚴哲學更具有時代特徵，可謂是
近現代新儒家中華嚴思想的典型代表。

四、唐君毅與華嚴學

　　唐君毅（1909～1978），是「第二代新儒家」中與牟宗三齊名的代表人物，
早年頗受梁啟超、梁漱溟、熊十力學術的影響，平生以道德理想主義貫穿始
終，1977 年出版《生命存在與心靈境界》一書，以「一心通三界九境」為宗
旨，熔中西印哲學系統於一爐，最終歸於心靈和生命的超越之境，是為其晚年
定論。勞思光先生認為，唐君毅的思想體系乃是一種「華嚴哲學」，華嚴學在
其思想體系的形成中具有關鍵的作用。

　　唐君毅在其哲學史巨著《中國哲學原論》中給予華嚴哲學極高的評價，對
於華嚴哲學的探討，亦佔據該書的《原道篇》《原性篇》中的很大篇幅。唐君
毅認為：

> 華嚴宗本其四法界、十玄、六相之論，以展示「無盡法界，性
> 海圓融，緣起無礙，相即相入」，如因陀羅網重之無際；「微細相容，
> 主伴無盡，十十法門，各攝法界」，而以之成觀，則可以拓學人之心
> 量，以致廣大；由華嚴之教觀以通於禪，以直契一念之中「明明不
> 昧，了了常知」之靈知，則可以導人於極高明。〔註36〕

　　在《原道篇》第十一章中，唐君毅對華嚴宗的思想淵源作了系統疏理，
認為是由地論宗之相州南道一系與南方般若學思想合流，以慧光為其開祖，
歷經傳承至智儼，又承杜順弘華嚴。若向上推究印度佛教的淵源，則又可歸
於西北印的彌勒、無著、世親一派。法藏則華嚴宗真正意義上的開創人，他
「上承杜順言五教止觀、智儼所敷之十玄、六相、與同別二教之義，又取《起
信論》之義，以通《華嚴》。」在經其後澄觀、宗密師徒繼之弘揚，華嚴宗始

〔註35〕方東美：《華嚴宗哲學》上冊，臺北：臺灣黎明文化事業公司，1981 年，129
　　　　頁。

〔註36〕唐君毅：《中國哲學原論‧原性篇》，北京：中國社會科學出版社，2005 年，
　　　　181 頁。

蔚為大觀。——而法藏之華嚴學說的意義在於「融通此般若與法相唯識二大宗，乃中國佛學思想中昔所未有，而為法藏之一思想上之創造。」——以上內容，張雲江兄在其有關研究中述之頗詳〔註37〕，這裡不再贅述。歸根結底，在以華嚴宗哲學為佛教哲學發展最高頂點之方面上，唐君毅與方東美的意見是一致的，他指出：

> 華嚴宗之精神，即在緊扣佛在自證境界中，只證此自性清淨之法界起心，為第一義，以立教。由此而在觀工夫上，即必然為由諸法之相攝相入之法界緣起，以求佛所自證之唯一之真心……此直接契入之所以可能，則在吾人眾生之真心，原即佛所證之真心；心佛眾生，乃三無差別。〔註38〕

華嚴宗之義理模式亦參與建構了唐君毅「心通九境」的哲學系統，「心通九境」得之於華嚴法界觀及華嚴宗判教方法的影響，據說這是唐君毅本人也承認的。〔註39〕——所謂「心通九境」，乃唐氏借用《起信論》中之體、相、用三分，以明心靈觀照的客觀對象和心靈自身的主觀活動。不同的體、相、用三觀相應於客觀、主觀、超主客觀三界，以此展示出心靈活動的九種境界，九境依次是：萬物散殊境，依類成化境，功能序運境，感覺互攝境，觀照凌虛境，道德實踐境，歸向一神境，我法二空境，天德流行境。這其中類於華嚴「萬法唯心造」之法界緣起的圓融模式之處，無疑亦甚為明顯。

五、小結

上述諸新儒家之華嚴思想，他們或以華嚴哲學為借鑒而建構自己的思想體系（如馬一浮、熊十力、唐君毅），或徑以華嚴寄託自己最高的哲學理想（如方東美）。近現代的新儒學界之所以如此推重佛教華嚴，當非偶然，其深層原因，應結合華嚴哲學的理論性格和近現代思想文化背景進行探尋。

近代佛教思想的重心轉向唯識，應以支那內學院的歐陽竟無為理論導引，這個轉向以唯識學中體現的理性主義成分為旗幟，加之由於他們對《大乘起信

〔註37〕 參見張雲江的碩士、博士畢業論文《心通九境——唐君毅與華嚴宗》（2005）、《大乘佛學的融攝與超越——論唐君毅對中國佛教思想的哲學詮釋》（2008）。

〔註38〕 唐君毅：《中國哲學原論·原性篇》，北京：中國社會科學出版社，2005 年，172 頁。

〔註39〕 參見單波：《心通九境——唐君毅哲學的精神空間》，北京：人民出版社，2001 年，266 頁。

論》進行的「辨偽」工作，使得推崇《起信》的天臺、華嚴學說頗受衝擊，華嚴思潮隨即在以學人、思想家為主體的近代居士佛教中漸告衰歇。而對於近現代新儒家而言，《起信》是否為中國人所作是無關緊要的，他們的看法，正如梁啟超所言的：「本論是否符合佛意且勿論，是否能闡宇宙唯一的真理更勿論，要之在各派佛學中能擷其菁華而調和之，以完成佛教教理最高的發展；在過去全人類之宗教及哲學學說中，確能自出一頭地有其顛撲不破之壁壘，此萬人所共認也。」〔註 40〕——華嚴等宗的學說中所體現出的一定的中國文化背景，恰恰與他們的儒學本位思想相投契，這恐怕就是為什麼熊十力等新儒家堅定反對他們的唯識學立場，反而著力闡揚內學院所反對的華嚴等宗派〔註 41〕的根本原因。

如果說早期啟蒙思想家章太炎、譚嗣同是將華嚴學理解為一種變革社會的理想主義，新儒家對於華嚴學的理解，可以說是一種「道德理想主義」，他們對華嚴學進行的「創造性詮釋」，其中蘊含了挺立中國文化慧命於世界哲學之林的歷史使命感。可否認為，如果說唯識學的復興，與近現代啟蒙文化中的理性主義遙相呼應；則華嚴學則對應的是啟蒙文化中的理想主義，華嚴與唯識，當如鳥之兩翼，車之兩輪，構成「近現代佛學復興」的重要兩極。

〔註 40〕梁啟超：《大乘起信論考證》，上海：商務印書館（民國），1934 年，5 頁。
〔註 41〕近現代新儒家中牟宗三更推崇天臺，是唯一一個例外。